润心教育让学校更美好

高巧玲◎著

中国石油大学出版社
CHINA UNIVERSITY OF PETROLEUM PRESS
山东·青岛

图书在版编目(CIP)数据

润心教育让学校更美好 / 高巧玲著 . -- 青岛：中国石油大学出版社，2023. 11

ISBN 978-7-5636-4230-4

Ⅰ. ①润… Ⅱ. ①高… Ⅲ. ①思想政治教育－研究－中国 Ⅳ. ① D64

中国国家版本馆 CIP 数据核字(2023)第 214327 号

书　　名：润心教育让学校更美好
RUNXIN JIAOYU RANG XUEXIAO GENG MEIHAO

著　　者：高巧玲

策划统筹：高建华(电话　0532－86981536)

责任编辑：高建华　朱纪寒(电话　0532－86981536)

责任校对：郭月皎(电话　0532－86981980)

封面设计：赵志勇

出 版 者：中国石油大学出版社
(地址：山东省青岛市黄岛区长江西路 66 号　邮编：266580)

网　　址：http://cbs.upc.edu.cn

电子邮箱：gaojianhua6@163.com

印 刷 者：沂南县汇丰印刷有限公司

发 行 者：中国石油大学出版社(电话　0532－86983437)

开　　本：710 mm×1 000 mm　1/16

印　　张：14

字　　数：266 千字

版 印 次：2023 年 11 月第 1 版　2023 年 11 月第 1 次印刷

书　　号：ISBN 978-7-5636-4230-4

定　　价：58.00 元

前言

PREFACE

争做孕育中国心的教育先行者

苏霍姆林斯基说："教育者最可贵的品质之一就是人性，对孩子们深沉的爱，兼有父母的亲昵温存同睿智的严厉和严格要求相结合的那种爱。"[①]"爱"是事物发展的根基、源泉和灵魂，爱是教育的起点。柏拉图在记录苏格拉底与格劳孔的对话时提出，教育是"一种使灵魂尽可能容易尽可能有效地转向的技巧"[②]。

"润心教育"是用心用爱润泽人心灵的教育，是用心用情滋养灵魂的教育，是用爱唤醒心灵成长的有温度的教育。"润心教育"即润育者对学生无声无息地滋润和培育，用知识的甘露浇开学生理想的花朵，用心灵的清泉润育学生情操的美果。润心教育的根本使命在于塑造学生完整的人格、培养学生纯粹的内心、创造学生更强大的生命力，让学生获得富有精神与灵魂意义的生存方式，发现人生的"真善美"，促进个性化发展，成为更加完整和谐的人。

"孕育一颗中国心"是润心教育理念指导下不忘教育初心的根本诉求，"中国心"即爱国、为国、护国之心。新时代的中国心，既是拳拳报国的挚爱之心（中国梦），又是胸怀世界的博大之心（地球村），还是悲天悯人的同理之心（人类命运共同体）。孕育中国心是新时代落实立德树人根本任务，牢记育人使命，弘扬民族精神和时代精神，加强爱国主义、集体主

---

① 苏霍姆林斯基．育人三部曲［M］．毕淑芝，赵玮，唐其慈，等，译．北京：人民教育出版社，2015：13.

② 柏拉图．理想国［M］．郭斌和，张竹明，译．北京：商务印书馆，2020：281.

义、社会主义教育，引导学生树立正确的历史观、民族观、国家观、文化观的教育，是凝聚人心、团结奋进、行稳致远的重要动力和来源。“孕育一颗中国心”就是希望教育者能以爱为起点，关注学生心灵成长，引导学生在润心环境下自由探究、快乐学习，促进学生健康全面地发展，孕育一颗赤诚的爱国心、中国心，成长为具有良好德性与健全人格的社会主义建设者和接班人。

“润心教育”是在实践中滋生出的理念，是扎根中国大地办教育的回应，必将在实践中丰盈和完善。

高巧玲

2023 年 9 月

目 录

CONTENTS

第一章

润心教育的理论溯源

如果说教育是社会发展的母机，那么教育理论则是启动母机的引擎。教育之为教育，正是在于它对于受教育者心灵的唤醒。在现代社会，随着经济全球化和知识经济时代的到来，经济和科技竞争日趋激烈，“培养什么人”与“怎样培养人”不仅关系到教育的目标和方向，还将是一个国际性的教育问题和世界关注的焦点。润心教育作为关注学生心灵成长的一种育人方式，旨在通过全方位、多角度、动态式、综合性、多元化的方式培育学生独立、健全和完善的人格，引导学生学会学习、学会生活、学会做人，更好地担当社会角色、实现人生价值，成为富有家国情怀、创新意识及良好思维品质的全面发展的时代新人。润心教育既有自身的实践逻辑，又有比较深厚的理论逻辑，探索和研究润心教育理论溯源具有重要的现实意义。

第一节　马克思关于人的全面发展理论

马克思是在他的“三大社会形态”理论的框架内，在批判了资本主义社会旧式分工给个人带来的片面、畸形发展的基础之上提出“个人全面发展”的理念的。人的全面发展就是“人以一种全面的方式，也就是说，作为一个完整的人，占有自己的全面的本质”。人的发展是人之为人的规定性的发展，即人的本质和人性的发展。人的全面发展，就是“人以一种全面的方式，也就是说，作为一个完整的人，占有自己的全面的本质”①。它体现了作为目的本身的人的本质力量的全面发展以及人性的全面生成和丰富。

---

① 马克思，恩格斯．马克思恩格斯全集：第 42 卷［M］．中共中央马克思恩格斯列宁斯大林著作编译局，译．北京：人民出版社，1979：123.

一、人的全面发展理论的内涵

马克思关于人的全面发展的理论体现了作为目的本身的人的本质力量的全面发展以及人性的全面生成和丰富。人性是人的特性或属性，人的本质是人成其为人的根据，也是人性的内在原因，它决定着人性，同时也从根本上规定着人的发展的内容。与人的本质和人性的丰富内容相联系，作为人的本质力量的全面发展以及人性的全面生成和丰富的“人的全面发展”表现出多方面的规定性。

（一）人的活动的全面发展表现为人的需要和人的能力的全面发展

需要和能力是活动主体的构成因素。需要是人的本性，是活动的动力和目的，“任何人如果不同时为了自己的某种需要和为了这种需要的器官而做事，他就什么也不能做”①。人的能力是实现需要的手段，是主客体对象性关系得以建立的必要条件之一，它是在社会实践中形成，并在主体和客体的对象性关系中表现出来的客观的、能动的力量，是一个由多种因素有机结合形成的复杂的系统。人的需要的全面发展意味着需要随着活动的全面发展形成包括生存、享受和发展等层次递进的丰富体系，个人按照自己的自主活动来发展一切合理的需要，并将较低层次的需要当作直接满足发展“自由个性”最高层次需要的前提。人的能力的全面发展意味着人全面发展自己的一切能力，即全面发展自己的体力和智力、自然力和社会力、潜力和现实能力等，并在实践活动中发挥自己的全部才能和力量。正如马克思所说，全面发展的个人，也就是用能够适应极其不同的劳动需求并且在交替变换的职能中，使自己先天和后天的各种能力得到自由发展的个人。

（二）人的社会关系的全面丰富、社会交往的普遍性和人对社会关系的全面占有与共同控制

社会关系是劳动实践活动的展开，社会关系实际上决定着一个人能发展到什么程度，“个人的全面性不是想象的或设想的全面性，而是他的现实关系和观念关系的全面性”②。人类初期不发展的特征之一就是个人没有丰富的社会关系，在范围上主要囿于血缘和地缘关系，在内容上由于活动本身的不发展，社会关系呈现出简单、贫乏的特征。社会关系的全面丰富意味着个人

---

① 马克思，恩格斯．马克思恩格斯全集：第 3 卷［M］．中共中央马克思恩格斯列宁斯大林著作编译局，译．北京：人民出版社，1960：266.

② 马克思，恩格斯．马克思恩格斯全集：第 46 卷（下）［M］．中共中央马克思恩格斯列宁斯大林著作编译局，译．北京：人民出版社，1980：36.

与他人，不但是作为社会群体中某一成员的身份，而且作为个人与他人发生相互的关系；人们摆脱了以往个体、分工、地域、民族的狭隘局限性，形成了各方面、各个领域、各个层次的社会联系；人们的经济关系、政治关系、法律关系、伦理关系、宗教关系、文化关系等全面形成，由贫乏变得丰富，由片面变得全面，并且得以协调和和谐发展。

人的社会关系的全面丰富必然包含着人的社会交往的普遍性。交往是指人与人之间物质和精神的交换过程，是社会主体之间的相互作用、相互沟通，是人与人之间发生社会关系的一种中介，是人类特有的存在方式和活动方式。它是人类所有活动的前提，也是社会关系形成的前提。交往的普遍性意味着随着生产力、分工和交换的发展，个人作为独立的主体越来越积极地参与各领域、各层次的社会交往，使得个体之间的交往、个体与群体和社会的交往得以广泛地建立和实现；人的物质交往和精神交往的充分发展，同时摆脱了相互之间的分离状态，它们不再独立地属于不同的人，而是在每个个体中有机统一起来，并形成良性互动；交往从自发的自然共同体交往、社会共同体交往转向世界共同体交往，个人越来越成为世界历史中的个人，成为世界性的公民，同整个世界的生产发展实际相联系，能够利用人类全面生产的一切积极成果丰富和发展自己。社会关系的发展不仅表现在其内容的丰富性上，还表现为个人之间的关系成为他们自己的共同的关系，联合起来的个人实现对他们社会关系的全面占有和共同控制。

（三）人的素质的全面提高和个性的自由发展

人是自然属性、社会属性和精神属性的统一体，人的全面发展表现为由人的实践活动和社会关系所决定的完整人性的发展，即人的自然属性、社会属性和精神属性的全面发展。人性的全面发展集中表现为人的素质全面提高和个性的自由发展。人的素质和个性随着人的活动的多样化、社会关系的丰富化形成和发展起来。人的素质的普遍提高，表现为人的身体素质、心理素质、思想道德素质和科学文化素质等的提高，以及各种素质之间的均衡和协调发展。人的个性的发展表现为个人主体性水平的全面提高，以及个人独特性的增加和丰富。也就是说，人的自觉能动性、创造性和自主性得到全面发展，个性的模式化、同步化、标准化被消除，个性的单调化、定型化被打破，每个人都追求并保持着独特的人格、理想、社会形象和能力体系，显现着自己独特的存在，呈现出与众不同的差异性，即个人的唯一性、不可重复性、不可取代性，社会因此而充满生机和活力。

人的全面发展不仅意指“全面”，还包含着“自由、充分发展”。全面发展与片面发展相对，是指人的本质的全面展开和丰富；自由发展指的是人作为主体自觉、自愿、自主地发展；充分发展是人们全面、自由发展的程度问题。事实上全面发展、自由发展、充分发展在每一个人的发展内部是相互联系、不可分割的。人的活动和人的需要及能力的发展、人们社会关系的丰富、人的素质和个性的发展之间也是相互联系、相互渗透、相互制约的，并在劳动实践中内在地统一起来。人的需要、能力是在实践活动中形成和发展的，而人的需要、能力的发展又扩展了人的活动领域。实践活动产生并决定着社会关系，人的活动、需要和能力又处于一定的社会关系之中，同时被既定的社会关系制约。人的素质和个性作为人性的集中体现，也是在人的劳动活动和特定的社会关系中形成和发展的；反过来，它又对人的活动和社会关系产生影响。人的全面发展的实际意思是指，每一个人在以上各方面充分和最大限度地发展，人由此从自然、社会和人自身中获得最大的自由，并从这种自由中获得最大的幸福。

二、关于人的全面发展理论的本质

人的全面发展是人的本质的全面发展。人的全面发展的主体是人。因而，人的全面发展的首要的和核心的内容应是人的本质的全面发展。

（一）人的全面发展就是人的解放

黑格尔曾说过："社会和国家的目的在于使一切人类的潜能以及一切个人的能力在一切方面和一切方向都可以得到发展和表现。"① 马克思在此基础上提出了人的全面发展学说。马克思说："人的全面发展意味着自己真正获得解放。"② 也就是说，人的全面发展就是人的解放，人自己的解放，真正的解放，自己获得的解放。其实，我们从马克思、恩格斯的另一些论述里也可以看到关于全面发展是人的解放的思想。"工场手工业把工人变成畸形物，它压抑了工人的多种多样的生产志趣和生产才能，人为地培植工人片面的技巧……个体本身也被分割开来，成为某种局部劳动的自动的工具。"③ "个人就是受分工支配的，分工使他变成片面的人，使他畸形发展，使他受到限制"④，而

---

① 马克思，恩格斯．马克思恩格斯全集：第 1 卷［M］．中共中央马克思恩格斯列宁斯大林著作编译局，译．北京：人民出版社，1972：59.

② 马克思，恩格斯．马克思恩格斯全集：第 46 卷（下）［M］．中共中央马克思恩格斯列宁斯大林著作编译局，译．北京：人民出版社，1979：286.

③ 马克思，恩格斯．马克思恩格斯全集：第 23 卷［M］．中共中央马克思恩格斯列宁斯大林著作编译局，译．北京：人民出版社，1979：399.

④ 马克思，恩格斯．马克思恩格斯全集：第 46 卷（下）［M］．中共中央马克思恩格斯列宁斯大林著作编译局，译．北京：人民出版社，1979：514.

教育在“使他们摆脱现代这种分工为每个人造成的片面性”[①]方面发挥作用。

马克思的上述论断针对性极强。全面发展就是要防止畸形发展，全面发展就是要避免片面发展，全面发展就是要使人不受压抑和限制，就是人的解放。所以，所谓“全面”，从量的意义上讲就是防止片面，从质的意义上讲就是避免畸形。而教育，促进人的全面发展的教育，则正是使人摆脱片面性、获得解放的教育。全面发展的根本，教育的根本使命，原来就是求得人的解放。

防止畸形，防止片面，不受压抑，不受限制，全面发展所包含的人的解放的含义是如此清晰。“唯一实际可能的解放是以宣布人是人的最高本质这个理论为立足点的解放。”“人就会解放成为人。”[①]马克思的理论就是人的解放理论，其立足点即“人是人的最高本质”，马克思的全面发展学说也就是人的解放理论的有机组成部分。这样，我们就更好地理解了教育，理解了全面发展，教育的根底就在于为了人的解放，为了让人解放成为人。具体地说，人的解放就是指“外部世界对个人才能的实际发展所起的推动作用为个人本身所驾驭”[②]。人的解放是外部世界的作用为个人所驾驭，而不是个人的发展为外部世界所驾驭。必须进一步指出，马克思所说的“人的全面发展”中的人，不是抽象的、孤立的人，而是现实的、具体的、社会中的人，不是某一个人，而是每一个人。因为“一个人的发展取决于和他直接或间接进行交往的其他一切人的发展”[③]，“要不是每一个人都得到解放，社会本身也不能得到解放”[④]。

（二）人的全面发展是人多方面能力的发展

全面发展的人是能力得到多方面发展的人，与之相对的是片面发展的人。在马克思看来，人的发展的实质是人的能力的发展，人的能力即人的本质力量，是人在实践这种对象性活动中所体现出来的力量，它既包括一个人所拥有的自然力，也包括作为主体的人在实践活动中形成并积淀的知识、经验、情感、意志等精神因素。换句话说，能力的发展应当是理性智慧、实践智慧、道德智慧等基本方面的协调发展。人的本质力量是物质力量的统一，在其外化状态中则体现为脑力劳动和体力劳动的统一。然而，在旧式分工存在

---

① 陈志尚，张维祥．关于人的需要的几个问题[J]．人文杂志，1998(1)：20-26.

② 马克思，恩格斯．马克思恩格斯全集：第46卷(下)[M]．中共中央马克思恩格斯列宁斯大林著作编译局，译．北京：人民出版社，1979：286.

③ 马克思，恩格斯．马克思恩格斯全集：第46卷(下)[M]．中共中央马克思恩格斯列宁斯大林著作编译局，译．北京：人民出版社，1979：515.

④ 马克思，恩格斯．马克思恩格斯全集：第3卷[M]．中共中央马克思恩格斯列宁斯大林著作编译局，译．北京：人民出版社 1979：318.

的社会条件下，人们不得不在狭窄的领域和职业上发展自己的能力。马克思曾借用勒蒙特的话说："我们十分惊异，在古代，一个人既是杰出的哲学家，同时又是诗人、演说家……现在每一个人都在为自己筑起一道藩篱，把自己束缚在里面……这样一来，人是缩小了。"① 这种"缩小了的人"也包括在旧式分工下脑力劳动和体力劳动相分离的人。而这一切的根源均在于私有制的存在。"在这里，每一个人都只能发展自己能力的一方面而偏废了其他各方面。"② 马克思正是痛感于旧式分工所造成的人的片面发展的种种弊端，从价值的角度强调人应当获得全面发展，即人的能力的多方面发展。他说："任何人的职责、使命、任务就是全面地发展自己的一切能力。"③"每一个人都无可争辩地有权全面发展自己的才能。"④

（三）人的自由个性的充分发展

人的自由个性主要表现为兴趣、爱好、性格、心理、气质、行为特点等。马克思认为，在"自然共同体"中，人与人相互依赖，个性不突出；在"经济的共同体"中，个性表现为物的依赖性，遭到压抑和束缚；只有在"联合体"中，个性才能得到充分发展，每个人才会成为自由发展而又各具特性的人。马克思还认为，共产主义社会是"每个人的全面而自由的发展为基本原则的社会形式"⑤。到了共产主义社会，"人终于成为自己的社会结合的主人，从而也就成为自然界的主人，成为自己本身的主人——自由的人"⑥。这时，"社会的每一个成员都能完全自由地发展和发挥他的全部才能和力量"⑦。人的本质、人的需要、人的素质的全面发展是一个有机整体，三者相互作用，相互促进，共同

---

① 马克思，恩格斯．马克思恩格斯全集：第 42 卷［M］．中共中央马克思恩格斯列宁斯大林著作编译局，译．北京：人民出版社，1979：135.

② 马克思，恩格斯．马克思恩格斯全集：第 46 卷（下）［M］．中共中央马克思恩格斯列宁斯大林著作编译局，译．北京：人民出版社，1979：223.

③ 马克思，恩格斯．马克思恩格斯全集：第 46 卷（下）［M］．中共中央马克思恩格斯列宁斯大林著作编译局，译．北京：人民出版社，1979：33.

④ 马克思，恩格斯．马克思恩格斯全集：第 22 卷［M］．中共中央马克思恩格斯列宁斯大林著作编译局，译．北京：人民出版社，1979：161.

⑤ 马克思，恩格斯．马克思恩格斯全集：第 23 卷［M］．中共中央马克思恩格斯列宁斯大林著作编译局，译．北京：人民出版社，1979：649.

⑥ 马克思，恩格斯．马克思恩格斯全集：第 42 卷［M］．中共中央马克思恩格斯列宁斯大林著作编译局，译．北京：人民出版社，1979：443.

⑦ 马克思，恩格斯．马克思恩格斯全集：第 42 卷［M］．中共中央马克思恩格斯列宁斯大林著作编译局，译．北京：人民出版社，1979：373.

推动着人的全面发展。其中，人的本质的发展在人的全面发展中起着主导性的、决定性的作用，它规定和制约着人的需要和人的素质全面发展的内容和方向；人的需要和人的素质的全面发展则丰富、体现着人的本质的全面发展和人的全面发展的本质。人的全面发展的本质归根到底是由人的本质决定的，而人的本质又在于人的社会性。因此，虽然人的发展是多方面、多层次的，但是人的全面发展的本质只能是人的社会属性和社会关系、社会性需要和精神需要、社会素质和能力素质的全面发展。

三、人的全面发展的时代特征

随着经济、科技的飞速发展和世界一体化、经济全球化趋势日渐彰显，精神文明建设、可持续发展和人力资源开发已成为人的全面发展的重要课题，从而赋予人的全面发展新的时代内涵。

（一）人的主体性不断提升和发展

人的主体性是人的本质的重要体现。所谓“人的主体性”，是指人在与客体的相互作用中应具有的能动性。这种能动性主要表现在两个方面：一是从人对自然、社会的认识、利用和改造方面来讲，表现为人的主动性、自主性、选择性、创造性；二是从人对自然、社会的责任方面来讲，又表现为人的道德性、理智性、自觉性等。人的主体性是这两方面能动性的统一，缺少任何一个方面都是对人的主体性的片面理解。只讲第二个方面而第一个方面得不到充分发展，则不能反映人的主体性发展的本质；只讲第一个方面而不讲第二个方面，就会滑向主观主义，甚至使人的主体性发展走向歧途，对自然、社会和人自身的发展构成危害。

在古代社会，由于生产力和科学实践不发达，人的自身的发展受到一定限制，再加上剥削阶级实行愚民政策，因此人的主体性受到抑制。随着科学技术的发展和社会的全面进步，人们逐步摆脱了以往的依附性和服从性，其独立性、自主性、选择性不断增强，主体性也越来越受到尊重。而且，在现代社会条件下，随着经济、科技的发展，特别是随着知识经济时代的到来，在主体人的发展和客观对象物发展的关系中，人的发展越来越成为主导方面，即经济的发展主要依靠科技，科技的发展依靠人才。这些都有利于并内在要求人的主体性的发展。人的主体性的发展与马克思主义关于“每个人的全面而自由的发展”的思想也是一致的。人的自由发展，实质上就是作为主体的人的自觉、自愿、自主的发展。

（二）人的思想和精神生活的全面发展尤为重要

就人的需要层面而言，人的全面发展是物质生活的全面发展与思想和精神生活的全面发展的高度统一。所谓“物质生活的全面发展”，是指不断满足人们物质文化需要，实现人们物质文化生活的高质量发展，是人的外在发展。所谓“思想和精神生活的全面发展”，是指人们的德与智、知识与能力、素质与职能、心理与生理的全面、协调发展，是人的内在发展。这种内在发展，既是社会发展的基础和条件，又是人们追求的生命质量和生活质量的更高目标和现代标志。从人类历史发展的过程来看，人的物质需要始终是基础，“为了生活，首先需要衣、食、住以及其他东西。因此，第一个历史活动就是生产满足这些需要的东西。所以第一个历史活动就是生产满足这些需要的资料，即生产物质生活本身”。在人类社会的低级阶段，物质需要的匮乏占主导地位，人类所要满足的最迫切的需要是物质需要，因而人类所要解决的最根本的问题是生存问题。但随着生产力的高度发展，人们的物质需要普遍地得到了比较充分的满足，精神需要相对突出出来，越来越成为人们追求的主要目标。特别是在现代社会条件下，面对激烈的社会竞争，面对强大的物质诱因，面对科技创新，有些人热衷于物质生活的提高，而不注重或者忽视了思想和精神生活的全面发展，以至于或缺乏参与竞争和可持续发展的后劲，或缺乏精神动力，出现精神空虚，甚至精神家园荒芜，思想和精神世界受到侵蚀。一个人在社会中担任的角色越重要，作用越大，一旦这个人的思想和精神世界受到侵蚀，那么他对社会的危害就越严重。这种片面发展不仅不利于个人的全面发展，还不利于社会的全面进步和发展。因而，人的思想和精神生活的全面发展显得尤为重要和突出。随着知识经济的到来，一个人只有不断提高自身素质特别是思想道德素质和科学文化素质，才能增强人生的动力、在社会中的竞争力和可持续发展的后劲，进而获得更加全面、持续的发展。

（三）人与自然、社会的协调发展是人的全面发展的本质要求

根据马克思主义的观点，人的全面发展是伴随生产力的不断发展和社会关系的不断丰富而不断发展的。在现代社会，随着经济、科技的发展，人的全面发展与社会发展的关系日益密切和强化。这是由“经济发展靠科技，科技发展靠人才”的现代社会发展的逻辑关系决定的。人的全面发展与社会发展是辩证统一的。一方面，人的发展与社会发展互为前提和基础。社会是由人构成的社会，离开了人的发展就谈不上社会的发展；而没有社会各方面的不断进步和发展，人的发展也只能是一句空话。另一方面，人的发展与社会发展相互促进、共同发展。也就是说，人的全面发展与社会发展应协调统一地发展。人们既要考虑个人的发展，又要适应社会发展的需要，遵循社会发展的客观规律以及社会的法纪、道德，在行为上要依法行事和依德行事，正如马克思和恩格斯所指出的那样：“只有在集体中，个人才能获得全面发展其才能

的手段，也就是说，只有在集体中才可能有个人自由。”而且，随着经济全球化、信息网络化趋势的不断发展，人的社会关系正在向更广阔的空间和领域发展，这必将进一步要求和促进人的本质的发展和人的全面发展。

自然界是人类及其社会赖以生存和发展的外部环境，人类及其社会存在和发展所必需的一切物质和能量，最终都来源于自然界。随着科技进步和社会生产力的发展，人认识自然、改造自然的能力大大提高，人类逐渐从依附于自然、从属于自然的被动状态转变成以征服者的姿态主动利用、改造和开发自然。虽然人类奇迹般地创造了前所未有的生产力，但同时也在一定程度上破坏了人类赖以生存的基础，人与自然的关系正在走向失衡，生态失衡和环境污染以及全球性的温室效应、臭氧层破坏等正在使人类面临严峻的生存危机，人与自然协调发展的问题日益凸显出来。正如恩格斯所说：“不要过分陶醉于我们对自然界的胜利。对于每一次这样的胜利，自然界都报复了我们。”在现代社会，随着自然日益成为人类改造、开发的实践对象，人与自然的关系逐渐发展为主要是人与社会化自然、人化自然的关系。这是人与社会的关系在现代社会条件下的延伸和发展。由此可见，实施可持续发展战略，实现人与自然、社会协调发展，是现代社会人的全面发展的内在要求和本质内容。只有实现人与自然、社会的和谐发展，才能从根本上保证和实现人的全面发展。

（四）人力资源开发成为人的全面发展的主要目标

就个体人的素质的全面发展而言，其目标大致有三个层次：一是基本的合理需要的满足；二是素质的提高；三是潜能的充分发挥，即人力资源的开发。人力资源主要包括人的生理素质、心理素质、知识、技能（职能）、精神动力和创造能力等，也可分为智力资源（知识和技能）和非智力资源（智力资源以外的资源）。在传统意义上，人的全面发展主要是指人的素质（包括德、智、体等方面）的培养和提高，而且主要通过教育手段来实现。随着社会的进步和发展，特别是随着知识经济的到来，随着科技、文化功能的强化，社会发展越来越依靠人的素质的全面提高，社会将越来越重视把人作为实践、开发的对象，人力资源越来越成为最重要的资源，人类的实践对象正在发展为以人的开发为主，因而人力资源的全面开发日益成为人的全面发展的主要目标。要实现这一任务，仅仅依靠教育手段是不行的，特别是人的非智力资源的开发，更多的要依靠科学管理和思想政治教育等才能实现。而且，在人的智能开发程度较高的现代社会，人的非智力资源开发已越来越成为制约人的智力资源开发和人的全面发展的主要因素及进行人力资源开发的重点。具体来说，人力资源开发主要包括四个方面的内容：一是人的知识的全面开发，即通过普通教育提高人力资源的知识水平。这是人的技能、精神动力和创造能力的基础。二是人的创造能力最大限度地挖掘。三是人的技能(职能)全面发展。在现代社会,随着人的主体性的提升,以及自主性、选择性的增强,人的职能的丰富和变动不仅是社会发展的客观要求,而且日益成为人的全面发展的内在需要。四是人的精神动力的开发,即人的积极性、自觉性、能动性的充分发挥。总之,人力资源开发,从根本上讲,就是要制定一系列政策措施,极大地调动人的积极性、主动性、能动性,解放人的思想,激发人的创造性,充分挖掘人的潜能。只有重视并进行人力资源开发,才能全面实现人的价值,使人获得真正的全面发展。

第二节　教育对人的发展的本质诉求

一、教育与人的本质

自从教育产生以来,一切教育都旨在培养人、促进人的发展。人是一种双重存在,既是自然的存在,又是社会的存在。教育对人的发展的本质诉求具有两层含义:一是自然性的发展,二是社会性的发展。作为自然的存在,人的发展是自然性发展,主要指人的有机体的发展;作为社会的存在,人与动物完全不同。人们冲破自然律的限制,在认识自我、改造自我的同时,依照自己的意志认识和改造外部世界,为自然立法,使外部世界变成人化世界,并按照一定的关系组织成社会。作为社会存在的人的发展是社会性发展,这种发展主要是指人认识世界、改造世界和认识自我、改造自我的能力的发展,其实质就是人的主体性实现和价值追求。教育的对象是人,教育的功能就是要促进人的成长和发展。①

(一)教育与人的自然本质

人的存在首先表现为自然实体,即人的肉体结构,其中最主要的是大脑和各种感官。“人有两件宝,双手与大脑”,大脑是人的高级神经系统,它指挥着人的双手和各种感官运作,创造出各种奇迹,使人成为“万物之灵”。通常所说的“遗传素质”,就是指人的这些自然实体,它们是人类长期进化的结果,是历史的产物。人的遗传素质是有差异的,有“上智”,也有“下愚”,有天才儿童,也有弱智儿童,这些都是少数,多数是一般儿童。就一般儿童来说,要没有先天的缺陷,就具备了向各方面发展的条件和可能性,关键在于良好的环境和教育。儿童有年龄特征,又有发展的最佳时期,教育者要很好地掌握这些知识,适时地促进其发展。即使是天才儿童,如果没有良好的教育,其

① 黄济. 对教育本质的再认识 [J]. 中国教育学刊,2008(9):1-4,23.

优越素质也无法得以发展，王安石在《伤仲永》一文中提供了很典型的例证。相反，一些具有先天性缺陷的儿童，在有针对性的教育和训练下，其缺陷可以得到一定的补偿，如一个听障儿童，可以通过视觉与触觉的发展来加以补偿，人的潜能是巨大的，关键在于教育和训练。可见遗传素质只是提供了人的发展的前提条件，但能否得到发展，发展的程度如何，还依赖于教育与环境。

（二）教育与人的社会本质

上面所说的人的遗传素质，只是人发展的先天条件，是发展的物质基础，但人的发展主要取决于后天的环境和教育，它是人的社会性的具体体现，也就是孟子所说的“人之所以异于禽兽者几希”。这点“几希”就体现在人的社会性上，也就是他所说的“人伦”和“仁义行”。

所以先天素质的发展离不开教育，后天品德的形成更离不开教育。人的思想和行为在环境和教育的影响下打上了社会的烙印。正是由此出发，马克思才提出人的本质从其现实性上来说是“一切社会关系的总和”。这里说的是“一切社会关系”，而不是阶级关系，包括了亲子关系、夫妇关系、朋友关系、师生关系等，教育工作就是要为全面地处理好这些关系服务。人在教育与环境的影响下发展，但每个人在接受教育过程中又离不开人的主体性的发挥，即主观能动性的参与。我们常常可以看到这种情况，在同一教育的影响下，在不同的教育对象中会产生不同的教育效果：有的受教育者接受了，产生了积极的效果；有的受教育者未接受；甚至有的受教育者还产生了逆反心理，其效果是适得其反。所谓“话不投机半句多”，就是越讲越容易引起对方的反感。这就要求教育工作者要充分了解教育对象，做到因材施教，创造良好的教育环境，做好教育转化工作，发挥教育的最大功能。

二、教育与人的发展

教育在人的发展过程中的作用，或者说教育促进人的发展的首要任务，在具体内容上有三个方面：一是人的身心（包括人的体力、心理、智力等）的发展，二是人的活动能力（包括从事生产劳动和社会实践等方面的能力）的发展，三是人的精神生活与精神世界的发展。我们知道，理想是人们对未来的观念性预设和追求，它属于人的精神世界，是人的精神生活的最高层次。因此，理想及其发展属于人的发展的第三个方面，即“人的精神生活与精神世界的发展”。教育能够给参与教育活动的人提供有关生活的知识，这是人们追求美好生活的前提。因此，教育的目的是使人认识并有条件过上一种幸福而现实的生活。没有幸福生活的人的存在只是在时间上的量的存在，而不具备质的内容。幸福是人特有的活动，是人的合德性的活动，但人的德性并非一种生来就具有的品性，也不是可以靠运气获得的，而是学得的。具备德性，提升人的自我意识，使人像人一样生活，教育并不是唯一的途径，但绝对是最主要的捷径。

（一）人是自身的目的，教育以人为目的

康德说过，人是目的，他在任何时候都不能被当作手段。人作为自己的目的而存在，他“不单纯是这个或那个意志所随意使用的工具，在他的一切行为中，不论对于自己还是对其他有理性的东西，任何时候都必须被当作目的”。接受教育只是为了使人作为人、人成为人得以更好地实现。教育如果过于注重为政治、经济服务，过于注重知识的获取，遗忘“人是目的”的绝对命令，必然会导致“人的异化”的后果。传统教育将儿童当作接受知识的“容器”，等待着教师的“灌注”，忽视了儿童自身的主动性与创造性。事实上，教育除了功利性的一面外，还有非功利性的一面。教育不仅要传授知识，还要担负起人之为人所应具有的德性。总之，教育要把人当作人来教育，以使人成为人为最终目的。教育的目的在教育过程之中，它追求的是教育中人的发展、完善，使人成为一个人。诚然，这样的教育目的具有理想性质，但教育无法缺少一种乌托邦精神，教育不仅要关注人是什么，同样还要关注人应当是什么，这是教育的价值理想，也是人们对美好人性的渴求。内在于教育过程之中的教育目的必然立足于教育过程，关注人本身，因而也是好的教育目的。

（二）教育是生活不可分割的一部分

“教育即生活。”杜威认为，“教育即生活，教育即生长”①，教育与生活是不能分离的。既然生活的目的只能在生活之中寻找，那么作为生活一部分的教育的目的同样也应该存在于教育的过程之中，而无须在教育过程之外给教育预先设定一个看似堂皇的目的。斯宾塞认为，“教育是为完满的生活做准备”，他在教育过程之外设置了一个目的，整个教育过程便是为实现这个目的而做准备，这种做法无疑是分割了儿童生活的整体性。事实上，儿童不是成人的准备，儿童本身即作为人而存在，从而具有人的价值。学校生活是社会生活的一种形式，将儿童的学校生活与其家庭生活、社会生活分离的做法是在否认儿童阶段在整个人生阶段的合法地位。教育为将来的生活做准备，那么学校所传授的东西的价值就“被认为多半要取决于遥远的将来；儿童之所以必须做这些事情，是为了他将来要做某些别的事情，而这些事情只是预备

① 杜威．杜威教育论著选［M］．赵祥麟，王承绪，译．上海：华东师范大学出版社，1981：5.

而已。结果是，它们并不成为儿童生活经验的一部分，因而并不真正具有教育作用”。人们接受教育，是因为教育能使人向善，从而过有理性的生活，教育生活本身就是有价值的生活，从这方面来说，教育是自足的。

（三）教育是一种关于人的实践

没有了人，教育也就不能称为教育，教育是一种人为的、为人的活动，“活动是人的存在方式，人唯有在他的实践活动中才能展现其存在”。亚里士多德将特别属于人的活动称为“实践的生命的活动”。教育是一种关于人的实践而不是技术。在亚里士多德看来，人类的两种行为——实践和制作是有明确区分的。他认为，“实践不是一种制作，制作也不是一种实践”，其理由有二：一是因为制作是使事物生成的活动，制作作为一种手段，其目的在于活动之外的产品，对它来讲，作为结果的某种产品高于活动本身；而实践虽然也常常以某种外在的善为目的，但实践活动本身也是目的，即自身的善，因此实践是一种以自身为目的的或者说目的内在于自身的活动。二是因为技术或制作的主体是制作者与被制作者的关系，是人与物的关系，只需服从一种自然原理即可，技术或制作的有效原因在于制作者而非被制作者，技术或制作只不过是作为手段服务于制作者的目的，而实践的研究是“对于变动的与多数人相关的人类事务的善的研究，与它相联系的实践理性的活动是属人的、多数人可以从事的活动”。因此，实践是关于人的、属于人的活动，本质上是一种终极的道德关怀，以实现善为目的。

三、人的发展与教育的本质

（一）人的发展

人的发展包括个体身体发展和心理发展，即身心发展。其中“个体的身体发展包括机体的正常发育和体质的增强两个方面；个体的心理发展是指认识过程和个性心理发展两个方面，包括感觉、知觉、记忆、思维、想象、情感、意志、气质、性格、能力等方面，是认知过程和个性心理统一的和谐的发展”。它是指“从出生到身体成熟和心理成熟的两个方面向积极方向进行有规律地发展完善的变化过程，是由简单到复杂、由低级到高级不断上升的运动过程”，在人身心发展的整个过程中，身体发展和心理发展既相互制约，又相互促进。人的身心发展具有不平衡性、阶段性、互补性和个别差异性，身与心的共同发展是人发展的理想境界。

（二）教育的本质

什么是“教”？什么是“育”？我国东汉的许慎在《说文解字》中将其解释为“教，上所施，下所效也；育，养子使作善也”。而现代教育学家陶行知则认为生活即教育，教育即生活。所谓教育的本质，有学者认为“教育的本质应该是单一普遍性的多样特殊，它不应当是唯一的。教育的首要价值追求就是人的发展（普遍性）；教育是一定社会的教育，并打上了社会烙印，这就表现为教育的直接现实性（特殊性）；在一定社会条件许可的范围内是否尽可能地促进人的发展，教育就是这样”。总而言之，教育就是在特定的社会环境下实现人的全面发展。

（三）在教育过程中实现人的身心全面发展

人具有自然属性、精神属性、社会属性三个方面。自然属性是人本身具有的与动物相同的生命体征，是一种天生的自然现象。精神属性和社会属性则是在人的成长和受教育过程中逐渐形成的完整且成熟的系统。人的身体，特别是神经系统发展的状况和水平制约着人的思维、情感、意志、性格等。教育要促进人健康发展，提高人的精神层次，完善人的社会属性。真正的教育应该是用真诚的爱去完成对学生心灵的召唤，并把他们推向一个更高的境界，使他们学会自我修正、自我成长。首先，教育必须遵循人的身心发展规律。个体的身心发展遵循着某些共同的规律，这些规律制约着我们的教育工作。遵循这些规律，利用这些规律，可以使教育工作取得好的效果；反之，则可能使教育工作事倍功半，甚至挫伤受教育者。例如：有些父母望子成龙心切，对孩子的期望过高过急，挫伤了孩子的成长积极性与主动性；不尊重孩子的兴趣与天赋，片面强调知识学习或特长培训，扼杀了他们的天性，使其不能成长为真正的自己，甚至因为压力过大而产生逆反心理。所以，对于教育而言，无论是思想品德的修养，还是知识技能的传授，都应由简到繁，由具体到抽象，由低级到高级，循序渐进地进行。不能“揠苗助长”，也不要“凌节而施”。针对受教育者的年龄阶段不同而给予不同的施教内容与方法。其次，教育应该尊重人身心发展的个别差异性。在人的成长过程中，由于天赋、环境等因素的影响，每个人逐渐发展成为具有个别差异性的独立个体。因而教育切勿盲目遵循教条主义，照搬教育理念，而应该充分尊重学生的个性，发挥每个学生的天赋和特色，挖掘每个学生的潜力和优势，弥补每个学生的短处和不足。孔子曰“因材施教”“择其天性而育之”，教育工作只有从学生的实际出发，做到因材施教、长善救失，才能使每个学生都在和谐的环境下获得最大限度的发展。真正做到“要以人的方式对待人，把人当成独立、自主、有情感、有尊严、有自我成长的潜力和能动性的人，并为人的自然成长和自我实现提供必要的条件与环境”。再次，教育还应强调情感培养，注重人文关怀，发展学生适应社会的能力。教育一方面是向学生传授系统的科学知识，另一方面是要发展人在自然与社会中独立生活的能力，丰富、发展人的社会关系，使自然的生物的人进入社会生活，成为社会人。系统的科学知识是不断引导并促进学生获得身心和谐健康发展的中介和工具，而一定的社会生存能力特别是创造能力是主体实践能力的核心。教育工作者在传授专业知识技能的同时，应注重教育的情感培养和人文关怀作用，“寓教于乐”，让受教育者享受身心的陶冶和情操的培养，潜移默化地影响学生的人格发展。只有在健全人格、健康心理下，学生才能真正地发挥自身优势，适应社会发展。教育者一方面必须指导受教育者全面、理性地面对现实生活，跟上现代紧张快速的发展步伐，发挥特长，融入其中；另一方面还需培养受教育者的创造能力、价值判断和价值选择能力、批判性思维能力等，帮助受教育者既服务于现实社会，又能够不满足于现实生活，充分发挥主观能动性，不断地进行自我改造，批判和变革现实社会，从而创造新的社会生活，成为社会历史活动的主体。

每位教育工作者都必须始终站在学习者的角度看问题，尊重其兴趣偏差、天赋各异的发展征象，发现每位学习者的内涵和个性，并加以科学引导，使每个学习者蕴藏的能量得以最大限度地开发，实现人的身心全面发展。这才是教育最淳朴的功能所在。故而，真正成功的教育应该以人为本，培养有个性的、鲜活的、个体的人，而不是制造统一的产品。教育就是帮助学习者成为他们真实的自己，使他们的天性自然成长，潜能得到自由全面的发展，从而实现真正的人的身心发展。

第三节　新时代中国特色立德树人的根本要求

2014 年 4 月，教育部颁布了《关于全面深化课程改革落实立德树人根本任务的意见》，这是教育部落实“立德树人”根本任务的一项重大举措。党的十八大以来，以习近平同志为核心的党中央围绕培养什么人、怎样培养人、为谁培养人这一根本问题对教育改革发展给予了高度重视。“在党的坚强领导下，全面贯彻党的教育方针，坚持马克思主义指导地位，坚持中国特色社会主义教育发展道路，坚持社会主义办学方向，立足基本国情，遵循教育规律，坚持改革创新，以凝聚人心、完善人格、开发人力、培育人才、造福人民为工作目标”，致力于“培养德智体美劳全面发展的社会主义建设者和接班人，加快推进教育现代化、建设教育强国、办好人民满意的教育”。①

① 吴晶，胡浩．习近平在全国教育大会上强调 坚持中国特色社会主义教育发展道路 培养德智体美劳全面发展的社会主义建设者和接班人[J]．人民教育，2018(18)：6-9.

一、立德树人重要论述的提出背景

立德树人贯穿中国特色社会主义教育发展过程始终，以根本任务、价值目标、价值方向、评判标准等规范指引着中国特色社会主义教育发展道路，集中体现了中国特色社会主义教育发展道路的根本价值取向，新时代立德树人重要论述的提出主要有以下几方面的考虑。

（一）基于对学校育人目标的重审

根本任务的落实是立德树人对教育目标的统一，换言之，是对人才培养模式进行重审的过程。长期以来，我国教育实践中主要是通过数据的量化方法对学生的智力培养水平进行考察，教师也常采用一贯性的思维方式，从知识的掌握程度上对学生的成长与发展进行评价，但从批判性、创新性的思维和意识上来说，对学生的发展普遍缺乏关注，没有能够真正考查学生的个性特长、内在潜能的培养和发挥。因此，在学校育人过程中，不应该将学生的考试分数作为学校的育人目标，而应该关注学生的创造性以及个性发展等方面，这也就要求学校不仅应该转变目标的理念，还应该在评价方式上予以跟进。学生可以通过比赛、测验等来检验自己的知识掌握情况乃至智力发展情况，而学生的创造性、思想品德等较为隐性的内容不能仅仅通过考试这种方式进行，还应该参照学生在活动中的表现以及生活中的实际行为等进行评判，以综合性的评价对学生展开全方位的评价。此外，学校在外在的管理上以隐性和显性的方式，通过文化氛围的熏陶、育人活动的开展对学生进行道德教育，以榜样的力量带动全校的文明发展。因此，学校在确定育人目标时，应该遵照智慧与文明并存的原则，为学生的全面发展奠定基础。

（二）基于中国特色社会主义人才培养的思考

立德树人的思想自古有之，从先秦时期伊始，我国便强调德行的重要作用，其思想可追溯至古代重教崇德的传统。新时代下立德树人的思想内涵不仅包括中国优秀的传统文化，也包括习近平新时代中国特色社会主义思想。因此，在新时代，我们要以国际视野正确看待各国之间的文化交流与融通，当前的人才培养必须首先立足于传统，继而展望世界，只有推陈出新与沟通交融，才能培养出服务于中国特色社会主义需要的优秀人才。

二、立德树人重要论述的内涵分析

旨在培养崇高的思想品德，是为立德；培养高素质的人才，是为树人。前者指向道德养成，是前提；后者重在能力培养，是目标。“立德树人”中的“立德”和“树人”两者之间是辩证关系，核心要义是服务于学生全面健康成长，以德为先，以学生为本，培养中国特色社会主义事业合格的建设者和接班人。

而习近平总书记关于立德树人的重要论述对教育本质特征的概括是基于价值、目标、任务、过程、结果等维度的高度概括，回答了培养什么人、为谁培养人和怎样培养人这三个教育的根本问题，具有丰富的科学内涵。

（一）教育的本质是培养人

立德树人的目的是通过“德”以“树人”，而“树人”指向培养人，这无疑与我国教育的本质相契合。习近平总书记曾多次指出教育的根本目的是培养中国特色社会主义事业合格的建设者和接班人，也就是要求所树的人能够服务于社会主义事业，能够在党和国家的领导下服务于人民，能够为改革开放以及现代化国际交流搭建桥梁。

（二）全面促进人的发展是教育的根本目的

立德树人要求学生在“德”的规划下成为一个完整的人，使学生从“自然人”转化为“社会人”。道德层次的提升不仅需要德育的发展，更需要学生智体美劳等方面的共同发展。教师作为传道授业解惑者，其更重要的价值在于在为学生授业和解惑的过程中传道，用自己的学识、阅历、经验点燃学生的热情并潜移默化地影响学生的行为表现，以培养学生的道德品格。因此，德性成长作为学生全面发展的重要保障，其实现需要教师乃至社会人士、学校乃至社会场所合力促进，这既是教育理论的重大创新，也是学生全面发展目的的实现条件。

（三）为学生谋幸福始终是教育的根本价值所在

为学生谋幸福就是让全体学生能够在快乐生活、健康成长的同时获得自身发展以及必备的社会能力。首先要实现教育公平。立德树人的论述强调全员性，指出要面向全体学生，使每个学生都享有更公平的教育，有机会展示自己、奉献社会。其次是学生自身的发展。立德树人中全面发展的指向就是要实现德性成长与提高能力素养。立德树人的提出满足了国家对公民的要求和个体对自身幸福的期盼，使教育的根本价值得到彰显，从理论和时间两个维度为教育的发展提供了方向指引。

（四）立德树人的核心内容是德

“德”是思想、道德和学生个体心理品质的总和，起到的是重要的基础和引领作用。政治思想的概念内涵是社会政治关系的反映，也是与政治息息相关的品格和观念的总和，对学生思想政治的教育要坚持马克思主义的世界观、人生观和价值观，培养学生形成正确的政治观念，引领学生发展的方向。政治思想是方向的引导，指导人的政治行为，只有在思想正确并符合时代潮流的前提下，学生才能自觉践行相关理念，展现出符合社会要求的行为规范。

因此，只有坚持社会主义方向，才能解决好成才的方向性问题，才能保障育德育才的正确价值导向。

三、立德树人重要论述的价值意义

（一）对党的教育理论的继承、丰富和发展

德育在我国发展的过程中，一直为国家所重视。自中华人民共和国成立以来，我们就确定了全面发展受教育者的德、智、体各方面的素养的方针，20世纪70年代末，进一步以法律的形式提出“教育必须为社会主义现代化建设服务，必须与生产劳动相结合，培养德智体等方面全面发展的社会主义事业的建设者和接班人”的教育方针。在这两个时间点上，国家都把德育摆在了重要的位置。秉持继承的理念，习近平总书记准确把握了我国的教育发展现状及需求，从能够更好地培养人的立场出发，将立德树人作为教育的根本任务。该观念是党在对现实背景和德育价值的准确判断下提出的，丰富发展传统德育思想，为道德教育注入新活力，也丰富和完善了党的教育理论，有利于国家的现代化建设。

（二）对教育本质属性的尊重与回应

教育以人为本，而人的成长和发展需要“德”的扶持。在我国传统文化历史的长河中，孙子、管仲、墨家学派等的学说都闪耀着德性的光辉。在西方的文化传统中也有着重视德育的影子。但丁认为，智慧的缺陷通过道德的发展可以弥补，而道德的缺陷远远无法通过对智慧的培育和发展进行弥补。因此，从中外的思想可以看出，“德”不仅是人要追求的毕生目标，还是国家生存的精神支柱。但现今，教育的本性更多地脱离了人这一主体，在一些地区中更加关注学生知识的掌握以及分数的取得，以分数论高低的思想普遍存在，这对育人这一目标的实现造成了阻碍。教育忽视学生的兴趣和学习的规律而只关注考试成绩，不仅会打消学生学习的内驱力，还会使社会形成恶性循环。因此，立德树人的思想为教育的本性回归提供了新的路径指引，抓住了问题的核心和实质，是一个“正本清源的重要命题”。

（三）与新时代人才培养目标的高度一致

长久以来，随着社会经济的进步发展，教育领域中的功利主义也越发严重，家长们受传统思想的影响，过于关注学生的成绩，导致学校乃至社会将考分的高低以及就业率和升学率视为衡量学校的标准。学生之间的隐性竞争、家长和社会对学生报以过高的期望等都给学生带来了沉甸甸的压力，再加上对学生幸福生活的目标失去了足够的重视，使得学生的不良品质滋生，忽视

了社会责任的承担。立德树人思想的论述，对教师和家长、学校都提出了更高的要求，新的理念更加关注“人”这一主体，要求我们站在学生的立场思考和把握问题的导向，在继承和创新思想的基础上，强调“以德量才”和“成德达才”，注重德性，凸显德才兼备。

四、立德树人是新时代发展教育的根本要求

我国是中国共产党领导的社会主义国家，党和国家坚持以马克思主义为指导，要求教育的发展同党和国家事业的发展相适应，一贯把培养社会主义事业的建设者和接班人作为发展教育的根本主张。在改革开放的新时期，党和国家提出了培养和造就“有理想、有道德、有文化、有纪律”的“四有”新人的目标，坚持教育为社会主义现代化建设服务、为人民服务的发展方向。我国的教育发展“要全面贯彻党的教育方针，坚持育人为本、德育为先，实施素质教育，提高教育现代化水平，培养德智体美全面发展的社会主义建设者和接班人”[①]。“育人为本”表明育人是教育的立身之本，“德育为先”强调要把思想道德教育摆在育人工作的首位。提出教育以“育人为本”、以“德育为先”，就是明白宣示，教育要把培养符合党和国家事业发展要求的合格人才作为自己的任务。在当代中国，中国特色社会主义的教育要“把立德树人作为教育的根本任务，努力培养德智体美全面发展的社会主义建设者和接班人”[②]。

中国特色社会主义进入新时代，当代中国马克思主义面对新形势审时度势、旗帜鲜明，在发展什么样的教育事业、培养什么样的人才这些事关教育之根本的问题上，牢牢把握正确的政治方向，明确要求教育为人民服务、为中国共产党治国理政服务、为巩固和发展中国特色社会主义制度服务、为改革开放和社会主义现代化建设服务，将“立德树人”以培养中国特色社会主义的合格建设者和可靠接班人，确立为我国教育事业战略发展的根本要求；在加快推进教育现代化、建设教育强国的实践中，正如习近平总书记在全国教育大会的重要讲话中所指出的：“党的十八大以来，我们围绕培养什么人、怎样培养人、为谁培养人这一根本问题，全面加强党对教育工作的领导，坚持立德树人，加强学校思想政治工作，推进教育改革，加快补齐教育短板，教育事业中国特色更加鲜明，教育现代化加速推进，教育方面人民群众获得感明显增

---

① 中共中央文献研究室．十七大以来重要文献选编（上）[M]．北京：中央文献出版社，2009：29.

② 胡锦涛．坚持把教育摆在优先发展战略地位 努力办好让人民群众满意的教育[N]．光明日报，2006-08-31（001）.

强，我国教育的国际影响力加快提升，13亿多中国人民的思想道德素质和科学文化素质全面提升。”①

第四节　用延安精神教书育人的基本理念

延安精神是马克思主义和中国革命实践相结合的产物，它继承和发展了井冈山精神、长征精神等革命精神，继承和发扬了中华民族的优秀传统。延安精神是中华民族解放和振兴的精神支柱，是与时俱进、历久弥坚、实现中华民族伟大历史复兴的原动力。新时期，运用延安精神教书育人，对于学校树立坚定、正确的政治方向，端正解放思想、实事求是的科学态度，贯彻全心全意为人民服务的宗旨，继续发扬艰苦奋斗的创业精神，打造学校文化品牌，有效提升学校育人质量和管理水平，具有重要的现实意义。

一、延安精神的科学内涵

延安精神是我们党在新民主主义革命时期培育形成的最重要的精神文明成果，是在毛泽东思想的形成过程中，由先进的无产阶级革命精神与中华民族的优秀传统文化相结合而产生的一种崭新的时代精神。它是一种坚定的共产主义理想、信念和追求与脚踏实地的顽强拼搏作风于一体的具有鲜明民族特色的革命精神，是中华民族解放和振兴的精神支柱，是实现中华民族伟大历史复兴的原动力。②它的内容十分丰富，主要可以概括为以下几个方面：以抗大精神为典范，坚定正确的政治方向；以整风精神为典范的解放思想、实事求是的科学态度和批评与自我批评的作风；以张思德和白求恩精神为典范的自觉地、真诚地、一贯地为人民服务的精神和密切联系群众、无私奉献的精神；以南泥湾精神为典范的自力更生、艰苦奋斗的创业精神。其中，坚定正确的政治方向是延安精神的灵魂；解放思想、实事求是的科学态度是延安精神的精髓；全心全意为人民服务的道德情操是延安精神的核心；自力更生、艰苦奋斗的创业精神是延安精神的标志。③新时期，充分发挥延安精神在教书育人中的特殊作用，对于提高学校的人才培养力、综合竞争力，促进我国

---

① 吴晶，胡浩．习近平在全国教育大会上强调 坚持中国特色社会主义教育发展道路 培养德智体美劳全面发展的社会主义建设者和接班人[J]．人民教育，2018(18)：6-9．

② 刘建德．大力弘扬延安精神办人民满意的大学[J]．高校理论战线，2005(10)：41-42．

③ 康均心．论延安精神与构建和谐校园[J]．华中农业大学学报(社会科学版)，2006(5)：22-28，32．

由教育大国迈向教育强国具有重要的意义。延安精神是延安时期中国共产党及其领导的根据地军民在革命实践中所表现出来的一种积极向上的精神风貌和优良作风，具有丰富的内涵。

（一）坚定正确的政治方向是延安精神的灵魂

为共产主义理想而奋斗是延安精神的出发点和归宿。中国共产党自成立起，就把追求中华民族和全人类的解放、实现共产主义作为自己的远大理想和奋斗目标，并为之奋斗不息。抗日战争期间，延安成为革命者向往和敬仰的地方，数以万计的进步青年，为了追求理想和信念，以及正确的政治方向，奔赴革命圣地延安。他们在这座革命的大熔炉中，经过血与火的洗礼，使自己的灵魂得到净化，思想境界得到逐步升华，从而坚定了共产主义信念，将共产主义远大理想作为一生的奋斗目标。有了坚定、正确的政治方向，有了坚定的信仰，人们就会有一种“砍头不要紧，只要主义真”的英雄气概，有一种以苦为乐的无产阶级的乐观情怀。可以说，崇高的革命理想和坚强的革命信念是延安精神的灵魂，它是延安时期共产党人和革命者的精神支柱和力量源泉。

（二）解放思想、实事求是的思想路线是延安精神的精髓

中国共产党开展的延安整风运动（从 1941 年 5 月开始，到 1945 年 4 月结束）是一次普遍的马克思主义教育运动。经过整风，党内开始盛行的宗派主义和教条主义的流毒在思想上得到清算，全党确立了一切从实际出发、理论联系实际、实事求是的辩证唯物主义的思想路线。经过整风，党达到了空前的团结和统一，凝聚力和战斗力大大增强。也正是在延安整风时期形成了中国共产党特有的三大优良作风：实事求是、密切联系群众、批评与自我批评。实事求是是一种科学精神，它主张靠真理吃饭，靠科学吃饭，而不是靠吓人吃饭，靠迷信吃饭；实事求是也是一种实践精神，它反对夸夸其谈、言行不一，主张理论联系实际、有的放矢。真理只有在实践中才能产生，也只有在实践中才能发挥作用，产生实效。实事求是是科学精神和实践精神的统一，说老实话、办老实事、做老实人是实事求是精神的人格要求。解放思想、实事求是的精神贯穿于延安精神的各个方面，是延安精神的精髓。

（三）全心全意为人民服务的根本宗旨是延安精神的核心

全心全意为人民服务是中国共产党的根本宗旨，也是共产党人的根本立场。共产党人的一切思想行动，必须合乎最广大人民群众的最大利益。延安时期，是中国共产党历史上党群关系最密切、党的群众路线执行得最好的时期之一。无论是党政工作人员，还是干部、战士，都自觉地为人民谋利益、办

好事，培养了党和人民的鱼水之情。为了减轻人民的负担，党领导了陕甘宁边区的大生产运动；采纳党外人士李鼎铭的意见，实行“精兵简政”；推广刘建章合作社的经验，为人民办实事，等等。这充分体现了我党时刻关心群众，一切为了群众，虚心听取群众意见和尊重群众首创精神的思想。正是由于充分相信群众，依靠群众，才使党的凝聚力、感召力不断增强，从而形成了延安时期党的空前团结与统一的局面，奠定了人民战争的深厚基础，直到夺取抗日战争的最后胜利。因此，密切联系群众，全心全意为人民服务，成为党领导革命事业蒸蒸日上的根本原因。它既是延安精神的核心，又是党的一切工作的核心。

（四）自力更生、艰苦奋斗的创业精神是延安精神的重要特征

自力更生、艰苦奋斗是无产阶级的政治本色，也是延安精神的重要特征；是党在长期革命斗争中形成和发展起来的优良传统，也是党战胜困难、求得胜利的一件重要法宝。延安时期，由于日本侵略者的疯狂扫荡和蒋介石的经济封锁，解放区军民的生活和财政经济遇到了严重困难。在严峻的形势下，党领导广大抗日军民开展了生产自救的大生产运动。他们吃小米，住窑洞，穿补丁衣服，开荒种地，纺纱织布，以无比顽强的意志、坚韧不拔的精神克服和战胜无数艰难险阻，在异常困难的情况下取得一个又一个胜利，在实践中培育了自力更生、艰苦奋斗的创业精神。这种精神仍然是社会主义建设时期的重要法宝。

上述四个方面构成了延安精神最主要的深层内涵。延安精神是中华民族精神的升华，是中国革命精神的结晶和时代精神的体现。

二、新时期继承和发扬延安精神的现实意义

在新的历史时期继承和发扬延安精神，并不是某些人的心血来潮，也不是简单地基于对既往激情岁月深切怀念而产生的“延安情结”，而是由我们所处主客观环境和条件决定的。

（一）延安精神是保持党的先进性和纯洁性的一大法宝

党的十六大把“三个代表”重要思想同马克思列宁主义、毛泽东思想、邓小平理论一道确定为党的指导思想，具有十分重大的政治意义。我们的党员特别是党的领导干部，只有真正实践“三个代表”重要思想，才能使党始终保持中国工人阶级先锋队的性质，同时成为中国人民和中华民族的先锋队，也才能更好地发挥中国特色社会主义事业的领导核心作用。邓小平同志说过，办好中国的事情，关键在人，关键在党。在我们这样一个多民族的发展中大国，要集中和凝聚全体人民的意志和力量，全面建设小康社会，推进社会主义

现代化，必须始终保持党的先进性和纯洁性，加强党的建设，改进党的领导，提高党的执政能力和领导水平，提高拒腐防变和抵御风险的能力。如果背离了延安精神，丢掉了革命传统，没有了理想信念，脱离了人民群众，一味地追求个人享乐，还怎么谈得上党的先进性和纯洁性呢？

（二）延安精神是全面建设小康社会，构建社会主义和谐社会的精神动力

党的十六大确定了全面建设小康社会的奋斗目标，在此基础上，到21世纪中叶，要基本实现社会主义现代化，把我国建设成富强、民主、文明的社会主义国家，进而实现中华民族的伟大复兴。党的十六届四中全会通过的《中共中央关于加强党的执政能力建设的决定》强调，要坚持最广泛最充分地调动一切积极因素，不断提高构建社会主义和谐社会的能力。这既是百余年来我们的先辈梦寐以求的宏伟目标，又是前人从来没有尝试过的空前伟业。伟大的事业需要依靠伟大的团结，伟大的实践需要有伟大的精神作为支撑。在战争时代，夺取政权需要延安精神；在和平时期，巩固政权、建设社会主义和谐社会更离不开延安精神。我们所要建设的社会主义和谐社会是民主法治、公平正义、诚信友爱、充满活力、安定有序、人与自然和谐相处的社会，要达到政治上、经济上、思想文化上、党群关系上、军民关系上都和谐，必然要求共产党人发扬革命传统，发扬延安精神，使延安精神真正转化为凝聚人心、团结奋斗、和谐发展的强大精神动力。

（三）延安精神是从容应对国内外复杂环境，应对激烈国际竞争给我们带来的严峻挑战的思想武器

我国的社会主义现代化建设，是在一个极为复杂的国内外环境下进行的。从国内来看，由于实行改革开放和发展社会主义市场经济，我国社会经济成分、组织形式、就业方式、利益关系和分配方式日益多样化，各种新的社会矛盾更趋复杂。如果不能清醒地对待这些问题，不能妥善处理这些矛盾，就可能引发社会危机，危及国家的稳定和发展。从国际来说，世界多极化和经济全球化趋势进一步发展，科技进步日新月异，综合国力竞争日趋激烈。这种形势既为我国提供了发展机遇，又大大增加了维护民族尊严和国家主权、争取世界和平与发展的严峻挑战。事实上，西方敌对势力从来没有放松过反共反社会主义的思想渗透，国内有些人也从未放弃宣扬全盘西化的思想观念。在这种情况下，如果我们没有了民族精神，全国人民不能团结一致、同舟共济，怎么能保证国家的独立和民族的利益？延安精神就是应对这种复杂环境和尖锐斗争有力的思想武器。

（四）延安精神是增强民族凝聚力，培养社会主义事业合格接班人的重要保障

我国是一个多民族的发展中国家，如果没有伟大的民族精神把13亿人的力量凝聚起来，就会像旧中国那样一盘散沙、四分五裂，不仅现代化实现不了，还必然陷入混乱的深渊。延安精神是中华民族伟大民族精神在特定历史时期的体现和深化，在新的历史时期弘扬延安精神，必定会使我们的民族精神升华到一个新的高度，进一步增强民族凝聚力。培养教育下一代，直接关系到中华民族的整体素质，关系到国家的前途命运，社会主义事业的合格接班人首先必须在思想政治上合格。当今的青年人，没有经过艰苦岁月的磨炼，对中国的国情也了解不深，一些人怕艰苦，图享受。尤其在市场经济负面效应的影响下，不少青年崇尚金钱至上，强调自我价值，奉行所谓的“理想理想，有利就想；前途前途，有钱就图”，导致人生价值观的扭曲。延安精神以为人民服务为核心，这也是我们党的根本宗旨，是无产阶级的人生观。为人民服务代表了国家民族的根本利益，要求我们把为绝大多数人谋利益看作人生的崇高目标和最大幸福，不计得失，甘于奉献。只有这样才能实现青年真正的人生价值，树立正确的世界观、人生观和价值观。所以，延安精神是培养教育青少年和加强思想道德建设的宝贵教材。用延安精神培育合格人才，努力提高青少年的思想道德素质，培养有理想、有道德、有文化、有纪律的“四有”新人，是我们党一项重要的战略任务，是党和国家事业后继有人的重要保障。

三、用延安精神教书育人的特殊意义

（一）弘扬延安精神是教书育人的思想保证

依据延安精神的重要内涵，坚持正确的政治方向、树立崇高的革命理想信念与坚持社会主义的办学方向完全一致。在遵循基础教育发展规律，推动我国由基础教育大国向基础教育强国迈进的过程中，必须牢牢把握社会主义的办学方向，这样才能培养合格的社会主义建设者和接班人，才能适应并促进经济社会持续健康发展。只有继承和弘扬延安精神，教育和引导学校管理干部和广大教职工像革命前辈那样，牢固树立中国特色社会主义的坚定信念和共产主义的远大理想，忠诚于党和人民的教育事业，以马克思主义、毛泽东思想和科学发展观为指导，锲而不舍地学习、探究、实践现代基础教育管理思想、理论、方法，才能培养和造就一支具有崇高理想信念的高水平的教育家、管理家和教职工队伍。也只有这样，我们才能真正坚持社会主义的办学方向，以培养“四有”人才的高度责任感和促进国家发展的历史使命感，思考教书育人问题，谋划学校发展，提高育人质量。

（二）弘扬延安精神是教书育人的内在要求

提高学校的教书育人水平，归根到底是要切实提高学校的办学质量，办学效益，以及服务经济建设、社会发展的能力，办人民满意的学校，办社会需要的学校。也就是说，要真正提高学校的教书育人水平，就必须继承和弘扬延安精神，时刻牢记和实践全心全意为人民服务的根本宗旨，要以学生是否满意、教职工是否满意、人民是否满意、能否为经济社会发展做出重要贡献作为学校教书育人水平和办学能力高低的检验标准。实践延安精神，提高学校的教书育人水平：一方面，要以人民群众的期望和经济社会发展的需要为出发点和落脚点，合理配置现有的教育资源，优化基础教育结构，推进基础教育体制改革和办学形式的多样化，提高办学质量、办学水平和办学效益；另一方面，要坚持以人为本，充分考虑广大师生的学习、工作和生活需要，通过深化内部管理体制改革，完善工作机制，优化资源配置，改进服务态度，创新服务方式，提高服务水平，增强学校的凝聚力和竞争力。

（三）弘扬延安精神是提升学校教书育人水平的重要内容

提高学校的教书育人水平，必须解决好办学思想、办学理念问题，也必须解决好制度建设和队伍建设问题，而这些问题的解决必须坚持作为延安精神精髓的解放思想、实事求是的科学态度和思想方法。只有解放思想，牢固树立新的教育价值观、人才观、质量观和发展观，才能总结和形成既有传统特色，又有时代精神，既符合基础教育发展规律，又适应经济建设和社会发展需要的明确的办学指导思想和清晰的办学理念，为学校的全面、健康、持续发展奠定坚实的思想基础；才能在先进的管理思想和理论的指导下，创新管理制度和改进队伍建设措施，不断提高学校的核心竞争力。只有坚持实事求是的科学态度，才能客观分析经济社会发展和基础教育改革发展的新形势、新要求，正确认识学校发展的问题与矛盾、机遇与条件，以主动适应和服务地方建设为动力，大力弘扬优良的办学传统，努力寻找和发挥自身办学优势，统筹并妥善处理规模、结构、质量、效益的关系，处理好教学工作与其他工作、制度改革与队伍建设、人才培养与科学研究等重大关系，不断提高管理水平、办学质量和办学效益，推动学校各项事业又好又快发展。

（四）弘扬延安精神是“穷国办大教育”的需要

我国是一个财力有限的发展中国家，又是一个学校众多的教育大国。我们需要大力弘扬自力更生、艰苦奋斗的延安精神，破除墨守成规的思想，从政策上鼓励和引导学校立足现有的资源和自身的比较优势，学习发达国家的先进经验，积极探索和实践与地方政府、国内外学校、企事业单位和社会各界合作办学的新路子，最大限度地吸纳各种社会资源，支持和促进学校快速健康发展。与此同时，要教育和引导学校管理干部、广大职工始终保持谦虚谨慎、不骄不躁、顽强拼搏、艰苦创业的作风，把自力更生、艰苦奋斗精神落实到工作中来，不断创新、创优、创业，振奋精神，埋头苦干，以一流的工作业绩加快推进学校教书育人水平的提升。

四、用延安精神教书育人的现实路径

（一）坚持坚定正确的政治方向，努力培养社会主义事业接班人

坚定正确的政治方向是毛泽东同志在为中国人民抗日军政大学题写的训词中提出的基本要求。共产党之所以能够培养千千万万个坚定的革命者和建设者，首先是因为延安时期确立了坚定的政治方向。今天，面对纷繁复杂的国际国内环境，“学校应该永远把坚持正确的政治方向放在第一位”，在学生思想政治和理想信念教育中充分重视延安精神的继承与发扬，努力培养合格的社会主义建设者和可靠的接班人。特别是在多元文化交流激荡的新时期，各级各类学校要大力通过延安精神的教育和宣传，提高学生的思想政治觉悟，教育学生树立正确的世界观、人生观和共产主义理想。在科教兴国的伟大事业中，学校仍然需要用延安精神教育和培养具有广阔的国际化视野、强烈的爱国主义精神、坚定的共产主义信念和顽强的创业精神的新型建设者与接班人。

（二）贯彻全心全意为人民服务的宗旨，坚持以人为本

没有全心全意为人民服务的根本宗旨，就不会有坚定正确的政治方向。新时期，“三个代表”重要思想是对延安精神的继承和发展。“三个代表”重要思想中，“代表最广大人民的根本利益”坚持把人民的根本利益作为党工作的出发点和归宿，与延安精神中把全心全意为人民服务的宗旨作为核心，本质上是完全一致的。对于学校来说，贯彻全心全意为人民服务的根本宗旨，就是要在办学实践中坚持以人为本，全面落实科学发展观，通过转变管理模式，提高办学质量和办学效益，从师生最现实、最关心、最直接的利益入手，切实解决师生工作、学习、生活中的突出问题，让所有师生都能享受到管理水平、办学水平和办学效益提高的成果，都能得到发展和提升的实惠。

（三）发扬艰苦奋斗的创业精神，努力做强基础教育

中国共产党是靠艰苦奋斗起家的，也是靠艰苦奋斗发展壮大、成就伟业的。自力更生、艰苦奋斗作为党的优良传统和作风，作为马克思主义政党的政治本色，是凝聚党心民心、激励全党和全体人民为实现国家富强、民族振兴而共同奋斗的强大精神力量，是党保持同人民群众血肉联系的一个重要法宝。

越是改革开放和发展社会主义市场经济，学校越要特别注意弘扬艰苦奋斗的精神。

（四）用好延安精神，打造校园文化品牌

校园文化是指学校在长期的发展过程中把学校内部全体成员凝聚在一起的价值标准、道德规范和行为准则，它反映和代表了学校成员的整体精神、共同的价值标准、合乎时代的道德品质和追求发展的文化素质，它是增强学校凝聚力、向心力和持久力，保证学校行为的合理性，推动学校发展的意识形态的总和。[①] 学校文化品牌建设的关键是从小学的发展历程、优良传统等方面提炼自己的学校精神，并且要适应新形势，坚持与时俱进，不断对学校精神进行丰富和完善，赋予学校精神新的内涵。在新的历史时期，要始终坚持和发扬艰苦创业的优良传统，坚持不懈地用延安精神教书育人，为国家造就一大批靠得住、用得上的栋梁之材和合格建设者，并在运用延安精神的过程中凝练学校精神，铸就独具特色的学校文化品牌。

---

① 吉兆麟．学校管理文化的消极失范及其对策［J］．江苏教育学院学报（社会科学版），1999（1）：24-26.

第二章

润心教育学校的顶层设计

第一节　润心教育内涵解读

教育是一项关乎人的精神成长与灵魂净化的事业，是人的生命质量不断提升的过程，教育的对象是人，教育本身应该是温暖、润泽、富有情感的实践活动，教育肩负着唤醒学生成长意识、开发学生心理潜能的使命。因此，学校应以学生的成长成人为本，尊重学生的人格，注重学生个性的发展和潜能的开发，在润心教育孕育之中以促进学生自由全面的发展，实现人的健康快乐成长，培养具有理想人格和文明素养的人。

一、创建润心教育的缘起

在全国教育大会上，习近平总书记指出："我国是中国共产党领导的社会主义国家，这就决定了我们的教育必须把培养社会主义建设者和接班人作为根本任务，培养一代又一代拥护中国共产党领导和我国社会主义制度、立志为中国特色社会主义奋斗终生的有用人才。我们的教育绝不能培养社会主义的破坏者和掘墓人，绝不能培养出一些'长着中国脸，不是中国心，没有中国情，缺少中国味'的人！那将是教育的失败。"与此同时，在学校多年的教育实践中，也发现一些学生缺乏自尊、自爱、自信、自立、自强的精神，容易出现嫉妒、自卑、自私、任性、孤僻、逆反心理等，导致"空心病"现状严重，而这些问题的根源在于从小缺乏正确的引导。同时，学校在实践中还发现，在学校教育教学中缺乏对学生发展认知现状的研究，导致出现众多的违背教育规律的教学行为。为此，笔者在延安市新区第二小学深入实践，在结合校情的基础上激发办学活力、提升办学质量、保障办学方向的视角，最终确立了"关注心灵成长，润育一颗中国心"的润心教育理念。

（一）基于素质教育本质的深度思考

现代教育模式认为教育是促进生命成长的事业，其不仅仅是为了传授知识技能，更是要对学生的道德情操和心理品质进行综合培养和训练，使他们具备良好心理特质和健全人格的系统工程。作为当今教育主流方向的素质教育是破解当前国内诸多教育问题的有效路径。因此，学校欲在素质教育的实践上做一点有益的探索。素质教育重视人的思想道德素质、能力培养、个性发展、身体健康和心理健康教育，是以全面提高人的基本素质为根本目的，尊重人的主体性和主动精神，注重开发人的智慧潜能，注重形成人的健全个性为根本特征的教育。通过素质教育，能让青少年成为身心健康的人、人格健全的人、学有所长的人。而关注心灵成长的教育通过对学生成长规律、教师发展规律和教育教学规律的遵从，从最深层次的情感、品质、人格、精神出发，旨在促进学生生动活泼地发展。

（二）基于人工智能带来挑战的出路探索

教育越来越趋向于成为一种关注作为“整体”的个体发展和心灵成长的学问，若忽略人的情感心智层面，人将越来越成为“空心人”，甚至会沦为人工智能的附庸。在信息时代，人工智能的发展，使得学生现有的学习效率得到很大的提升，人们将逐渐从单纯的知识与技能的掌握中解放出来，掌握知识已经不是人类所面临的首要任务，人们为生存而做的很多工作将会慢慢地被智能化的科技取代。而心灵的成长、精神的成长和灵魂的升华却永远不会消失，也是人生而为人的独特性。因此，对学生心灵成长和品德情感的关注逐渐成为未来教育的趋势。此外，越是未来，越是本来；越是发达，越会更加趋向本真或返璞归真。人工智能的发展，学习效率的提升，使得个体对情感品质、智慧能力的渴求越来越明显。因此，教育要回到以人为本，回到对人生命和心灵的关照中，即教育本来就是要唤醒一个人内在成长的力量。正如印度哲学家克里希那穆提所言：“教育就是要把心灵从‘自我’的有限能量中解放出来。”[①]学校不仅要引导学生在学业上非常出色，还要关心对人的全面培养，必须帮助学生和教师自然地绽放。所以，教育本来的样子就是实现师生心灵的绽放。

（三）基于基础教育阶段学生特质的思考

“基础教育是指为一个人的终身发展打基础的教育。”[②]心理学研究表

① 克里希那穆提．教育就是解放心灵[M]．张春城，唐超权，译．北京：九州出版社，2010：36.

② 马恋．改革开放以来我国基础体育教育改革价值取向变迁的研究[D]．长沙：湖南师范大学，2015.

明，小学阶段是学生健全人格培养、心智开发、大脑塑造的关键期。所以说，小学阶段在学生的成长中起着关键的作用。此外，在现代社会，青少年心理健康问题突出，出现了越来越多的心理问题。因此，关注心灵成长的教育依据学生特质和脑科学，为培养具有健全人格的学生在学习和成长方面提供科学依据，进而通过发现人，实现发展人。

（四）基于立德树人教育任务实施路径的探索

立德树人就是要培养具有家国情怀、良好道德素养与行为规范的全面发展的时代新人。而全面发展的基础是身心健康，尤其是心理健康。只有拥有健康的心灵做基础，只有先培育学生健全的人格，才能达到培养其富有家国情怀的立德树人的育人目标。学校就是通过关注学生的心灵成长，同时挖掘延安红色文化基因，建构育人新模式，从而回答“培养什么人、为谁培养人、怎样培养人”的问题，进而全面贯彻落实立德树人的根本任务。

（五）基于脑科学的成长性思维培养的思考

未来教育的重要特征是建立基于大脑、适于脑、促进脑的学习体系，教育活动的开展要以大脑为导向、以思维为核心、与脑科学研究成果相结合，但国内传统的教育方式往往忽略大脑的科学培养。此外，《义务教育课程方案和课程标准（2022 年版）》对小学教育中的创造力提出了新的要求，由于国内缺乏系统科学的研究机构，在对小学生的脑力研究上并没有重大的进展。相关研究表明，人的毕生发展期间，正常大脑具有根据经验与学习而重组神经路径的终身能力，即大脑具有可塑性，大量的练习和不断的努力会加强神经联系，反复练习不仅能让人在某一方面的技能表现得更加出色，还可以带来大脑结构的变化。

（六）扎根中国大地办教育的需要

习近平总书记在全国教育大会上明确指出，要坚持扎根中国大地办教育。这是对教育事业基本规律的深化认识，更是引领我国教育事业发展、办好中国特色社会主义教育的“指南针”“定盘星”。延安市新区第二小学地处革命圣地延安，延安精神是我们坚守初心、淬炼党性、立德树人的精神家园。延安精神是我党的宝贵精神财富，抗日战争和国内战争取得胜利的根本法宝就是坚持正确的方向。正如抗大时期的教育，重在思想认识，旨在“育心”。所以，延安市新区第二小学从一开始就坚持立足延安、面向世界，以延安精神立德树人，坚持从本土立身去放眼世界、包容世界，培育具有中国心和人类命运共同体意识的人类命运担当者。

基于此，延安市新区第二小学立足中国大地办教育，坚持立德树人根本任务，在遵循教育基本规律、儿童成长规律、教师成长规律、学校发展规律的基础上，确立了“关注心灵成长，润育一颗中国心”的润心教育办学理念。

二、润心教育理念

（一）关注心灵成长

心灵教育的根本使命是塑造学生完整的人格，培养内心资质，创造生命力，让学生获得人生意义的生存方式，发现人生的“真善美”，成为更加完整和谐的人。而教育需要专业的思考和科学方法，它不是简单的服务。要给学生最好的教育，就应该关注学生心灵的成长，讲究教育方法的科学性。柏拉图说：“教育非它，乃是心灵的转向。”马克思说：“人以一种全面的方式，也就是说，作为一个完整的人，占有自己的全面的本质。”那么，何为“完整的人”？如何培养“完整的人”？随着时代的发展，由于物质主义和狭隘功利主义的影响，教育的人文关怀和人文精神不断被蔑视，掌握知识已经不是人类所面临的主要任务，我们为生存而做的很多工作将会慢慢地被智能化的科技取代，但是心灵的成长、精神的成长和灵魂的升华将永远是教育关注的重点。

关注学生心灵成长并不是要忽视或否定世俗生活（如学生的学习成绩），而是要让学生体会在所追求的成功与名誉、权力与财富、安全与满足的背后，真正渴望的真我的实现（即自我的实现），简言之，就是要让学生在关注学生成长的教育乐园里活出灵魂的特质——自由、真理、爱和喜悦。因为学生的成长应该是心灵和知识之间的和谐发展，二者不可偏废其一。心灵与知识是一体两面的关系，两者之间互为目的和手段。如果我们的教育以掌握知识为目标，关注学生心灵成长应该是最根本的手段；如果我们的教育以心灵成长为目标，知识也是最重要的途径。因此，我们关注心灵成长的教育是注重道德和智慧，是要向人推送生命的气息，提升人心灵境界的教育。

（二）润育一颗中国心

1.“润育”的内涵

“润”古义：雨以润之（《易·说卦》）；水曰润下（《说文解字》）；润，渍也（《广雅》）；润之以风雨（《易·系辞》）；雨润万物（《论衡·雷虚》）；温润而泽（《礼记·聘义》）。唐代诗人杜甫在《春夜喜雨》里讲的“随风潜入夜，润物细无声”就是这个意思。《康熙字典》中有：泽也，滋也，益也。“润”今义：加油或水，使不干枯；潮湿；细腻光滑；使有光泽（指修改文章）。“育”古义：《说文解字》中曰：“育，养子使作善也。”“育”本义：生养；引申为德育、智育、体育、美育、培育、教书育人，即按照一定的目的长期地教导和训练。综上所述，“润育”即为滋润培育使其向好，即为“随风潜入夜”地慢慢地滋润、温暖地滋润、耐心地滋润、无声地滋润、潜移默化地培育学生，促其健康成长。在现代学校治理体系下，学校需要创设良好的学习、生活环境，潜移默化地影响学生的思想、行为、情感，充分发挥环境、情感、文化的育人作用。

2.“中国心”的内涵

何为“中国心”？在全国教育大会上，习近平总书记说：“我国是中国共产党领导的社会主义国家，这就决定了我们的教育必须把培养社会主义建设者和接班人作为根本任务……我们的教育绝不能培养社会主义的破坏者和掘墓人，绝不能培养出一些‘长着中国脸，不是中国心，没有中国情，缺少中国味’的人！那将是教育的失败。教育的失败是一种根本性失败。我们绝不能犯这种历史性错误！这是推进教育现代化、建设教育强国必须把握的大是大非问题，没有什么可隐晦、可商榷、可含糊的。”“中国心”其实就是爱国心。

“爱国”最早出现在汉代荀悦的《汉纪·惠帝纪》：“封建诸侯各世其位，欲使亲民如子、爱国如家。”强调亲近老百姓要像亲近自己的儿子一样，爱国就像爱自己的家一样。晋代葛洪在《抱朴子·广譬》中说：“烈士之爱国也，如家。”清代汪懋麟的《奉送益都公致政归里》中有：“爱国心难尽，忧时色每形。”古之“爱国”皆为对国家的忠诚、赤子之心。司马迁“常思奋不顾身，而殉国家之急”，曹植“捐躯赴国难，视死忽如归”，李希仲“当须徇忠义，身死报国恩”，陆游“位卑未敢忘忧国”，等等。《现代汉语词典》（第7版）对“爱国”解释为，热爱自己的国家，体现的是人们对自己祖国的深厚感情，反映了个人与祖国的依存关系，是人们对自己故土家园、民族和文化的归属感、认同感、尊严感与荣誉感的统一。它是调节个人与祖国之间关系的道德要求、政治原则和法律规范，也是民族精神的核心。

教育是以知识为工具教会他人思考的过程，思考如何利用自身所拥有的创造更多的社会财富，实现自我价值。教育的本质是培养人，培养什么样的人，怎么培养人。现在的青少年长期生活在和平环境中，没有体验过民族生死存亡的苦难，没有经历过血与火的考验，没有参加过艰难困苦的斗争，人生阅历有限，如果不加以正确引导和长期教育，难以树立正确的理想信念，甚至可能走偏。润育一颗中国心就是像“随风潜入夜”一样，慢慢地滋润，温暖地滋润，无声地滋润，耐心地滋润，潜移默化地培育学生，促进其健康成长。

（三）润育一颗中国心的重要途径

“润育一颗中国心”，需要做好以下六个方面：

第一，要在坚定理想信念上下功夫，树立国家意识，树立共产主义远大理想和中国特色社会主义共同理想。我们要加强中国历史特别是中国近现代史、中国革命史、中国共产党党史、中华人民共和国史、中国改革开放史等的教育，坚持不懈地培育和弘扬社会主义核心价值观。

第二，要在厚植爱国主义情怀上下功夫。我们要教育和引导学生把自身的理想同祖国的前途、把自己的命运同民族的命运紧密联系在一起，树立和坚持正确的历史观、民族观、国家观、文化观，时刻不忘自己是中国人。我们要教育和引导学生热爱和拥护中国共产党，立志听党话、跟党走，立志扎根人民、奉献国家。

第三，要在加强品德修养上下功夫，定位教育使命。人无德不立。立德为先，修身为本，这是人才成长的基本逻辑。

第四，要在增长知识见识上下功夫。《论语》中讲："博学而笃志，切问而近思，仁在其中矣。"既要重视知识的宽度，又要重视学习的深度，做到敏于求知、勤于学习、敢于创新、勇于实践。

第五，要在培养奋斗精神上下功夫。"志不立，天下无可成之事""古之立大事者，不惟有超世之才，亦必有坚忍不拔之志"。我们要对学生开展时代使命教育和责任意识教育，使其树立高远志向、勇于奋发的精神状态、乐观向上的人生态度，真正做到知行合一、刚健有为、自强不息。

第六，要在增强综合素养上下功夫，传承民族文化。社会主义建设者和接班人必须是全面发展的，我们要教育和引导学生培养综合能力、创新思维，创造"处处是创造之地，天天是创造之时，人人是创造之人"的教育氛围。

三、润心教育校训

（一）"立德树人"和"知行合一"的内涵解读

1."立德树人"内涵的阐释

何为"立德树人"？从其出处来看，"立德"最早可追溯到《左传·襄公二十四年》中"太上有立德，其次有立功，其次有立言，虽久不废，此之谓不朽"。意思是：要成为不朽的人，首先应该做的是要树立起德行。这是对"立德"最早的直接概述，强调了"德为先"的重要地位。"立"是树立的意思，"德"是德行、道德，"立德"就是将"德"深入人心、根植人心的过程，促使人成为有道德、有德行的人。"树人"一词可追溯到《管子·权修》中记载的"一年之计，莫如树谷；十年之计，莫如树木；终身之计，莫如树人"。"树人"是有意识地塑造人才、打造人才的过程，"树人"力争将自然属性一致的人逐渐培养成具有不同知识体系、专业技能，能够满足不同领域需求且具有较高思想道德素养的全面发展的个性化人才。因此，"立德树人"可理解为"立育人之德"和"树有德之人"。树立德行，用正面的教育引导人、教化人，使人成为真正的人，简而言之，"德因人而立，人因德而树"。

德与人的具体价值内涵随着时代的发展变化不断丰富。自2012年党的十八大以来，党中央高度重视培养社会主义建设者和接班人的相关工作，党的十八大报告首次提出，要坚持把“立德树人”作为根本任务，实现了“立德”与“树人”在新时代的高度有机融合。在新时代中小学教育中，贯彻落实这一根本任务具有深刻的理论渊源，体现了我国进入新历史方位的现实需要，契合了新时代社会主要矛盾变化给教育带来的新要求，契合了培养担当民族复兴大任的时代新人的历史性任务。立德树人是育人与育才相统一的过程，“立德”是“树人”的先决条件，“树人”是“立德”的价值旨归，人才培养的辩证统一决定了离开“立德”谈“树人”会偏离方向，而离开“树人”谈“立德”只能流于形式。《管子·权修》中树人理念明确指出社会延续与进步的决定性因素在于人的成长与提升，“树人”也因此成为文明社会追求发展与创新的核心要素和最高追求。

2. “知行合一”内涵的阐释

“知行合一”是明朝哲学家王阳明先生最重要的思想之一，是中国传统文化关于认识论和实践论的重要论述，是关于道德修养和道德实践方面的思想认识和方法论。王阳明在批判朱熹“先知后行”观点的基础上，提出了“知行合一”的观点。他认为，真知必行，不行不为真知，“未有知而不行者”，“知是行之始，行是知之成”（《王文成公全书·卷一·语录一》）。王阳明“知行合一”思想中的“知”主要是道德认知，“行”则是道德实践。“知行合一”重点是把人的道德认知和道德实践结合起来，不仅是要认识事物（道德），还要践行道德。古代知行学说的特点具有明确的价值取向和伦理道德诉求。

马克思在批判旧唯物主义哲学家的时候也鲜明地指出“知行合一”的观点，“以往的哲学家只是以不同的方式解释世界，而问题在于改变世界”。当然，类似的观点还有很多。尽管他们的语言表达方式不一样，却在诉说同一个真理：作为人之为人的主体性活动，知行在本性上是一体的，是不可分离的。在知行合一的理解和把握上，我们更多地关注知行二者之间的逻辑辩证关系，而忽视知行合一的价值追求。在过去的一段时间内，我们片面地追求经济发展，知行合一被工具理性绑架，几乎完全忽视了思想道德的提升，导致道德世界观的倒置，比如人与自然关系的失衡，比如培养出来的人“长着中国脸，没有中国心”。

基于此，对“知行合一”的理解就有了时代内涵，我们所理解的精神实质和意义就是对知行合一的工具理性思维方式进行扬弃和超越，使其道德主体回归到“过美好生活”和“我们应该如何在一起”的伦理道德轨道上来，使学生在追求美好生活的道路上有所为和有所不为，在道德与自然、个体与实体的矛盾中坚持知行合一的价值优先。习近平总书记在考察北京大学时曾勉励学生:“道不可坐论,德不能空谈。于实处用力,从知行合一上下功夫,核心价值观才能内化为人们的精神追求,外化为人们的自觉行动。”因此,“知行合一”在思想道德层面具有积极的理论意义,是中华文化传统美德的重要组成部分,在促成学生道德信念、激发道德意识、培育道德精神、指导道德实践等方面有着重要的现代价值。

(二)“立德树人,知行合一”校训的教育定位

党的十八大以来,党中央为教育事业确立了立德树人的根本任务,也为新时代中小学教育指明了根本方向。中小学校肩负着培养中国特色社会主义事业合格建设者和可靠接班人的重大使命,立德树人根本任务在中小学的落实具有特殊的重要性。“国无德不兴,人无德不立”,那么如何“立德”呢?习近平总书记指出:立德“要从自己做起、从身边做起、从小事做起,一点一滴积累,养成好思想、好品德”。基于立德树人,习近平总书记又提出“培育和践行社会主义核心价值观,贵在坚持知行合一、坚持行胜于言,在落细、落小、落实上下功夫”。

“知行合一”可以内化为人的道德品质,潜移默化地影响人的价值观念和道德情感,可以外化于道德行为,在立德树人育人任务的落实中起着重要的促进作用。“知行合一”是落实“立德树人”育人目标的中介和桥梁,只有在“知行合一”中才能实现立德树人。

“知行合一”与苏格拉底的“知识即美德”遥相呼应,是知识道德与行为实践最关键的节点,是道德与实践两个向度的合一。“立德树人,知行合一”校训不仅揭示了根本任务与实践路径的关系,指向行为规范与处世态度,即要实现立德树人,贵在知行合一;也揭示了路径与目的、过程与目标的关系,指向立德树人的教育方向,即践行知行合一才能落实立德树人。

“立德树人,知行合一”校训的教育定位在于:它既为学校德育指明了未来的发展方向和路径,也是对当前我国教育的总体性关切的理论成果。立德树人的根本任务拓展了教育的实践领域,为整个社会中包括学校教育、家庭教育以及其他教育形式在内的各级各类教育提出了更高的教育目标。

“一种真正的人的教育就在于按照社会境况的种种可能性和必然性给天生自发的活动以一种理智的指导”,立德树人教育根本任务的落实自然应该在方法论层面探索这种“理智的指导”何以可能,这是立德树人根本任务能否落到实处或者将以何种方式落实的基本要求。立德树人实践的推进在方法论意义上,就是要追求这种知与行的统一,即要实现立德树人,贵在知行合一,践行知行合一,才能落实立德树人。

（三）"立德树人，知行合一"校训的场域逻辑

立德树人是教育的根本任务，落实好这一根本任务必须发挥教育主渠道的作用，使教育真正成为立德树人的主导力量。需要说明的是，立德树人语境中的教育不仅仅局限于学校教育，从场域上而言，其必然是学校、社会、家庭等教育场域的共生和作用的聚合。因为，"在家庭、社会和学校的教育发生矛盾时，学校的教育作用就会受到严重的干扰，降低以至抵消它的教育效果"。在这个意义上，立德树人实践的教育主导逻辑包括学校教育引导、社会教育促动和家庭教育在场的"三位一体"的逻辑。其中，学校教育引导逻辑指的是学校通过课程教学实施、学校文化建设和教师言传身教等一系列教育活动，把立德树人作为学校一切活动开展的出发点和落脚点，既不标新立异，又不随心所欲、脱轨失序，以"人无德不立"的高远认识谋划学校教育发展。

社会教育促动逻辑就是充分利用社会资源，加强学校与社会的联系，在社会资源的利用和社会力量的参与中，一方面盘活立德树人实践的单调局面，另一方面让立德树人实践真正在社会真实情境中得以深刻体悟。家庭教育在场逻辑就是要把家庭纳入立德树人教育的整个体系中，使其成为推进立德树人教育实践的帮手，密切家校合作，以家校教育的一致性增大立德树人教育的合力，让学校和社会立德树人实践通过家庭教育得以巩固、彰显。家校深度合作的互渗机制中，学校是立德树人的主阵地，学校教育是立德树人的主渠道。这并不意味着家庭在立德树人教育根本任务落实中是"旁观者"，恰恰相反，学校和家庭在立德树人过程中可以发挥各自独特的作用。一方面，学校教育是一种有目的、有计划、有组织的系统性教育活动，这种活动具有典型的制度化设计特征，可以保障学生在不同阶段树立并发展与这一阶段相适应的德，这种德是学生成长成才的关键。另一方面，家庭作为学生成长的重要场域，在很大程度上是学生德性发展的首站。家庭成员的言行举止、家风传统等，都会对学生的德性发展产生不可低估的、深远的影响。相比于学校制度化的德育，通过家庭教育进行德育更具有生活性，更生动具体，是真正可以润物无声的具身德育途径。

长期以来，立德树人的实践过于依赖学校教育，家庭教育似乎无足轻重，这大大折损了立德树人实践的实效性，也让立德树人实践处于学校教育外无路可走的局面中。特别是随着社会发展，留守儿童教育问题、非原生家庭教育问题等出现，立德树人实践更加需要考虑家校深度合作。这种合作机制指的是家庭学校双方彼此正视并重视其在立德树人中的角色、作用，并由此达成合作共识，保持密切沟通，共同督促学生的德性发展。立德树人是基于家校合作的学校德育制度建设，是推进家校合作的家庭德育跟进，是指向学生

德育发展的家校合作方式调适等。总之，家校深度合作的机制，就是要突显家庭和学校在立德树人实践中相互依赖、相互渗透的作用。唯其如此，立德树人实践中学校才不再“孤军奋战”，家庭才不再“隔岸观火”。家校深度合作，才能使学生在身临其境中真正将德内化于心，外化于行。

“无论什么样的时代，教育的问题，从来都不限定于学校内部，不止于教育本身。”学校是立德树人的主场域，但仅仅依靠学校难以推进立德树人的长足发展。家庭对子女的期待、社会对人才的诉求都是立德树人的重要导向。因此，理念引领要真正彰显引领作用，还应重视与家庭教育观、社会取才观等理念的统一。同时，关注与这些观念相匹配、相一致的行动的跟进，要让立德树人成为学校、社会、家庭育人的道德法则，而不是高悬的口号。如此一来，理念之间互通了，行动跟进了，这样的理念与行动才具有整合意义，也才可能把立德树人实践推向深入，最终走向知行合一。总而言之，发挥教育在立德树人根本任务落实中的主导作用，就必须破除学校、社会和家庭三方教育的各自局限，使三方在相互衔接和系统整合中实现优势互补，最终推进立德树人教育任务走向知行合一。

四、润心教育校风

先说延安市新区第二小学的校训，再引用毛泽东主席为中国人民抗日军事政治大学(简称抗大)亲笔题词的“团结、紧张、严肃、活泼”校训。这八字作风不但成为人民军队院校的校风，而且成为中国共产党及其领导下的人民军队的光荣传统，主要着眼点是对人的思想作风和道德人格的培养。这既是社会、政治的要求，又是人生哲学的提炼。无论是军队、学校，还是机关、企业，团结、紧张、严肃、活泼都是各种团体、各种活动应该追求的完美境界。

“团结”分开来看，“团”意为会合在一起，“结”意为被联结的状态。“团结”有和睦、不可离间的寓意，用以比喻为了集中力量实现共同理想或完成共同任务而联合。紧张：“紧”，作急促、迫切、猛烈之意；“张”，作“拉紧”讲。紧张是人体在精神及肉体两方面对外界事物反应的加强，意为激烈或紧迫。严肃：“严”，不放松，认真；“肃”，严正，认真。“严肃”，一是作风、态度等严格、郑重、认真，二是严谨而有法度。活泼：“活”指有生气，生动、活泼。“活泼”指气氛活跃热烈或富有生机和活力。孟子说：“天时不如地利，地利不如人和。”学校的校风继承和发扬了传统文化的精神，并赋予新的时代精神。“关注心灵成长，润育一颗中国心”，以立德树人为指向，营造团结、紧张、严肃、活泼的校风。领导班子团结、领导与教师团结、学校与家长团结、教师之间团结、教师与家长团结、教师与学生团结、学生与学生团结，形成团结互助、互敬互爱、严格高效的学习和工作作风，认真紧迫的学习和工作态度，紧张急促的学习和工作氛围，使各项工作做到秩序井然、有条不紊、节奏分明、有张有弛。遵循规章制度，不违法乱纪，不徇私舞弊。师生仪表端正，仪容整洁，举止大方，行为庄重，工作态度一丝不苟，严肃认真。打造朝气蓬勃的团队，营造轻松愉悦的氛围，为教师与学生搭建施展才华的平台，让学校教育富有持久的生机与活力。创建温暖、智慧、开放、共生的校园，培养富有家国情怀、创新意识、良好的思维品质和健全人格的有情、有志、有识、有恒的全面发展的人。

五、润心教育教风

（一）用心教

（1）学科渗透形成心理健康教育的互补。“心育”不是心理教师的个人行为，也不是心理健康教育课能单独解决的问题，应该是各科教学的自然组成部分，各科教学与“心育”有着千丝万缕的联系，全体教师都应该以主人翁的姿态成为学校心理健康教育的参与者。学校要提高学生的心理健康水平，必须首先提高教师的心理素质。随着社会竞争的日益加剧，教师的心理压力已逐渐成为阻碍学校教育健康发展的一个重要因素，师源性心理障碍正逐渐成为学生心理障碍的一个重要诱因。教师通过理论学习，要能运用有关心理学原理，针对学生情况，在本学科的教学活动中挖掘学生的心理潜能，培养学生良好的学习心理品质。“心育”有机地渗透学校教育教学之中，使素质教育质量再上一个新台阶。

（2）教育需要建立在科学的基础上，脑科学与教育的深入融合已成为未来教育科学化发展的重要特征。当下，以学生科学高效学习为核心，减轻学生学习负担，让学生拥有持续学习的热情、科学的学习方法、强健的体魄和健康的心理，实现德智体美劳全面发展，是教育的职责所在。为了适应智能时代线上线下混合学习、个性化学习等多种学习方式并存的发展趋势，学校应以脑科学、行为科学、心理学等的科学理论来指导师生学习，提高学生学习能力，促进教育改革创新。

（3）引导家长关注学生心理健康，形成教育合力。在多年的教育过程中，我们发现，学生的心理问题中有很多与其所处的家庭生活环境有关。有一些家长在教育观念、原则、方式与方法上存在不同程度的问题。为此，学校举办了智慧父母公益大讲堂，请教育教学经验丰富的专业心理教师做专题系列讲座，向家长们传授心理教育原则和科学的方法，介绍成功的家教经验，让家长与专家对话、与智者交流，学校教育与家庭教育形成合力，使学校的“心育”工作事半功倍。

（二）用爱育

教育是爱的事业，积极、正面的“教育情”实际上就是“教育爱”，它更多地指向教师对学生纯洁、纯粹和纯真的爱心，是活化、驱动教育事业发展的源泉和引擎。我们以爱育为支点，撬动、助推学校事业新生长、新发展，使美丽校园时时处处都弥漫着“爱”的气息，成为一方“爱满菁园”的理想教育场。以爱“养”师，以爱育爱，则是我们实施爱育的一种重要策略，也是其中起引领和支撑作用的一个重要维度。

（1）“四有”教师的时代要求。习近平总书记向我们发出做“四有”好老师的号召，其中一“有”就是“有仁爱之心”。他说“爱是教育的灵魂，没有爱就没有教育”，还说“好老师应该把自己的温暖和情感倾注到每一个学生身上，要用爱培育爱、激发爱、传播爱”。在2018年9月全国教育大会上，习近平总书记还要求广大教育工作者教育、引导学生“成为有大爱大德大情怀的人”。这些精神是学校开展工作、培育新人实践的最高遵循。

（2）爱为根基的育人“律令”。《中小学教师职业道德规范》前3条分别为爱国守法、爱岗敬业和关爱学生，都直接指向“爱”；《中小学生守则（2015年修订）》中出现最多的一个字就是“爱”。爱是中小学教育最重要的价值因素和动力源泉。

（3）传承美德的重要使命。爱是中华优秀传统美德中最重要的内容。无论是《论语》中的“仁爱”理念，还是孟子的“民本”思想；无论是成人社会的仁、义、礼、智、信，还是《三字经》《弟子规》等蒙学读物，都无不在表达和传导爱。《关于实施中华优秀传统文化传承发展工程的意见》特别强调，“传承发展中华优秀传统文化，就要大力弘扬自强不息、敬业乐群、扶危济困、见义勇为、孝老爱亲等中华传统美德”，爱正是这些传统美德的交集。

（4）裨补缺漏的迫切需要。爱育确实为当前中小学教育中一个普遍存在的薄弱环节；确实有相当一部分中小学生不知爱、不（理）解爱、不行爱、不献爱，也不会爱。为他们种下一颗爱的种子，和他们一起育下一棵爱的苗子，带他们一道长出一片爱的林子，这是学校教育的当务之急。

（三）用心学

“用”指集中注意力，专心、用心听讲，勤奋、勤勉或用功，以精力集中为特征。“心”指自己的思想行为、心思智慧、方法路径。“学”，即学习。爱心是连接教师和学生的纽带，教育本身就是一种心灵的影响活动。在教师的心中，每个学生的心灵都是一根独特的琴弦，它们只有在教师倾注全部感情和爱心时才能演奏出那美妙、和谐、动人的乐章。正是教师那份对学生真挚的关爱和对教育事业的执着，才谱写成一曲曲动人的凯歌。法国作家卢梭说过：

“榜样！榜样！没有榜样，你永远不能成功地教给儿童以任何东西。”法国作家罗曼·罗兰也说过：“要撒播阳光到别人心中，总得自己心中有阳光。”每个教师的师德就如同这里的榜样和阳光。作为学生，我们应修身律己，加强自身的道德修养。修身，是说在学习中不断完善自我；律己，是说无论在何时何地都要遵守自己的做人准则。陶行知说，手脑双全，是创造教育的目的。当然，这也是国家和社会对年轻一代的要求。青年一代要向前辈学习，要在日常学习、工作和生活中自觉磨炼自己，培养吃苦耐劳、不畏艰险、不断进取和奋发向上的艰苦精神。作为学生，我们应树立终身学习的观念，不断学习，不断进步。当然，我们还要积极实践。只有这样，我们才能使自己最终成长为一个出类拔萃的优秀人才。基础教育阶段以培养创新精神和实践能力为重点的素质教育是当今教育改革的主旋律，学校教育、家庭教育是培养学生创新精神和实践能力的阵地，与时俱进精神引导学生用心学，加强思想道德教育，才能让学生全面和谐地发展。

（四）用德行

“用德行”：“用”即用心；“德”指品德修养，指直视“所行之路”的方向，遵循本性、本心，顺乎自然；“行”，即行为。“现在把自己的品德培育得越好，将来人就能做得越好。”在习近平总书记看来，少年儿童的成长要坚持品德为先。“用德”，即将知之德付诸行动。西周中期的《师旦鼎铭》载：“用乃孔德逊纯，乃用心引正，乃辟安德。”这是古人用德的明确主张。孔子曰：“知之者不如好之者，好之者不如乐之者。”（《论语·雍也》）这里的“好之”和“乐之”也是强调用德于实践的重要意义。在古人用德的思想中，有两个突出的准则：一是以德匡行。古人主张人的“一言一行、一语一默，须要尽合道理”（《小学·善行》），绝不能违“礼”背“仁”，做不符合道德伦理的事。二是知行统一。古人用德的基本要求是言行一致，表里如一。孔子说：“君子名之必可言也，言之必可行也。君子于其言，无所苟而已矣。”（《论语·子路》）孔子又说：“君子耻其言而过其行”（《论语·宪问》），“君子欲讷于言而敏于行”（《论语·里仁》）。孔子认为道德评价必须“听其言而观其行”。

“立德”语出《左传》：“太上有立德，其次有立功，其次有立言，虽久不废，此之谓不朽。”“树人”语出《管子·权修》：“一年之计，莫如树谷；十年之计，莫如树木；终身之计，莫如树人。”立德树人的内涵就是，教育要围绕国家富强、民族复兴和人民幸福的中国梦，培养道德高尚、有独立人格、身心健康、理想信念坚定、全面发展的人才。人首先应该做的是要树立起德行，成为有道德、有德行的人；要从自己做起，从身边做起，从小事做起，一点一滴积累，养成好思想、好品德。国无德不兴，人无德不立。一个国家如果没有道德的力量，就不可能成为一个真正强大的国家、一个受人尊敬的国家。一个人如果没有道德理想，没有崇高的精神追求，心灵就会没有皈依处，就会变成欲望的奴隶和物质的犬儒。

第二节 润心教育新样态学校系统设计

习近平总书记在全国教育大会上指出："培养什么人，是教育的首要问题。我国是中国共产党领导的社会主义国家，这就决定了我们的教育把培养社会主义建设者和接班人作为根本任务，培养一代又一代拥护中国共产党领导和我国社会主义制度、立志为中国特色社会主义奋斗终生的有用人才。"所以，"有用人才""时代新人"是新时代教育最为重要的育人特征。延安市新区第二小学立足中国大地办教育，以立德树人为根本任务，遵循教育规律，创办关注心灵成长的教育，润育一颗中国心。学校以"北斗领航，群星共辉"为实施路径，知行合一，倡导师生"做好自己，奉献祖国"；秉承"让教科书融入生活，让生活成为教科书"的生活教育理念，打造"润心课程"；实施"全景评估"，培养富有家国情怀与创新意识、良好思维品质与健全人格的全面发展的时代新人。学校的办学目标基于这样的育人目标，学校深入思考、科学规划、合理构建，不断探索现代学校治理视域下的科学发展路径，夯实学校生态底色。

一、创建"党建引领"品牌，解决办学方向问题

学校以党建统领教育教学全盘工作，认真开展思想政治教育，努力创建"润心党建"品牌特色，树立全员参与政治学习和主题教育的思想，开展灵活多样的教育活动，把教师的思想政治学习和教育教学实践结合起来，促进学校各项工作的顺利实施。学校认真贯彻执行《中国共产党支部工作条例（试行）》，加强党支部标准化、规范化建设，党员干部的综合素养得到了很大提高。一是认真落实"三会一课"制度。党支部定期召开党员学习会议，组织全体党员上党课，让全体党员明确"入党为什么""在党干什么""为党做什么"，滋养党心、提升党性、升华党魂，有力地提升了广大教育工作者的思想政治建设水准，增强了全体师生的爱党爱国意识。二是学校发挥党员先锋模范作用，组织"党旗在课堂飘扬"教学示范活动，帮助青年教师提高业务水平，同时选拔优秀教师积极开展纳新工作，使"双培养"工作落到实处。三是推进"两学一做"常态化、制度化。学校充分利用好党建云平台、"党员小书包""学习强国"等网络学习平台，丰富学习方式，提高学习效率；通过知识竞赛、积分考核、主题党日活动等形式，强化理论修养，增强学校的凝聚力和向心力。

为了促进教师的专业成长，学校邀请了中国教育科学研究院、陕西师范大学、延安大学、延安市教育教学研究中心等单位的专家教授，深入年轻教师的课堂进行听评课指导及专业能力提升交流研讨活动。授课教师结合课堂教学效果积极进行课后反思，提出困惑，大家各抒己见，有效提升了课堂教学效果。学校结合教学内容和年级特点，组织教师每天下午开展“黄金30分”组本教研活动，针对教材解读、目标确定、教法学法选择、教学准备、教学预设、课堂建构等问题进行研讨、交流，对教师教学中存在的问题进行针对性指导，从而有效提升了教师课堂教学能力和研修能力。

二、确立科学发展目标，构建现代治理体系，为学校长效发展积蓄力量

学校全面贯彻党的教育方针，紧紧围绕“立德树人”的核心目标，以“润育一颗中国心”为办学理念，以“培养富有家国情怀、创新意识，注重思维品质、人格成长的全面发展的时代新人”为办学目标，全面实施精细化管理，深化课堂教学改革，加强学生的养成教育，提高教育教学质量，为创办关注心灵成长的教育而不懈努力。

学校立足实际校情、教情，认真分析发展现状、办学优势，理清办学思路，并把握和审视当前教育发展的动向和要求，对学校的发展目标做出科学、准确、适度、超前的定位。经过反复研讨，制定了学校章程和五年发展规划。同时，对学校的办学理念、育人目标进行了细致解读，并确立了学校“规范办学—初具特色—凸显品质”螺旋式上升的科学合理的发展规划。

为了推进各项工作的有序运行，学校建立了“北斗领航，群星共辉”现代学校治理体系，即校长工作室、学科教学中心、育人研究中心、生态生活中心、全景评估中心协同创生中心和年级工作坊。各中心通过自主招募成员、学校统筹协调的方式进行组建，更好地实施了学校精细化管理，落实管理责任，将管理目标和职责具体化、明确化。各中心每一个成员既是管理者，又是被管理者，把工作做到位、尽到职，对工作负责，对岗位负责，人人都管理，处处有管理，事事见管理。

学校在建立治理体系的基础上，结合学校自身发展特点制定并逐步完善了各项岗位职责、工作规范、考核制度。制定了《党风廉政建设制度》《师德师风考核评价制度》《教职工代表大会制度》《考勤制度》《教学管理制度》《教职工量化考核办法》《教师培训制度》《学籍管理制度》《财产管理制度》等，编印了《延安市新区第二小学管理制度汇编》。制度细化，有据可依；管理精细，工作高效。责任到岗、到人，变一人操心为大家操心，将管理责任具体化、明确化。

三、关注心灵成长，打造“润心课程”体系，致力于素质教育的思考与实践

学校着力构建“润心课程”体系，开设了“心灵在线”“润心沙龙”“润心讲堂”“电影学堂”“行走的课堂”“全科诵读”“学科拓展”“班队活动”“社会实践”等系列课程，致力于形成“关注全科教育、积淀多元素养、提升综合能力”的课程品质。结合学生的行为表现，应用现象教学法，针对具体现象研究对策，构建德育课程体系。学校充分利用班队活动、少先队活动、晨会、国旗下讲话、社会实践、志愿者服务，开展丰富多彩、生动活泼的教育实践。通过班队会、每周的升旗仪式及重大节假日，对学生进行爱国主义教育、集体主义教育、理想教育和革命传统教育，帮助学生树立正确的荣辱观；组织学生开展校外安全教育实践活动，如网络安全教育宣讲、志愿者交通疏导、进社区做好事等，以此来增强学生的安全意识，培养他们的社会责任感。我们将学生们在延安市新区第二小学的一天生活编创成“礼仪操”，融日常教育于无痕，达到寓教于乐的目的。

为了更加科学、有效地构建课堂，落实各学科教学目标，优化和提升课堂教学效果，真正实现“堂堂清”，学校探索、实施了“30+10”创智课堂教学模式，通过课堂集中学习和当堂达标检测相结合，落实学科教学目标。正因为我们的学习目标在课堂上得到了有效落实，所以目前学校在校的一至三年级学生均无书面家庭作业，取而代之的是书香读吧、心灵在线、我当小老师等综合实践活动。我当小老师，既是对当日学习内容的巩固，又是学生语言表达能力锻炼、自信心培养、知识重构的过程，真正实现减负增效的目的。

四、实施全景评估，搭建大数据平台，开启人工智能下的新教育

学校建立大数据平台，构建科学、持续的评价体系，实施全景评估。育人研究中心对学生的成长实施动态跟踪，坚持过程性评价与终结性评价相结合、主观评价与客观评价相结合、他人评价与自我评价相结合的原则，把学生在学校学习、生活、活动全方位的表现纳入评价体系中，实现多维度、多元化、综合性、动态式评价。全景评估中心利用科学信息技术，建立大数据平台，全方位、动态式地掌握学生学习、生活情况，上传至学校数据中心，学期末就学生一学期的表现进行动态分析。学生们放假时收到的是一个涵盖了个人学习、生活各个方面的动态的二维码数据链接，家长查收、扫描二维码就会看到学生一个学期以来的表现。后期，我们还将加强数据收集的多样化和有效性，并逐步形成基于学生个体的横向、纵向数据分析，以及学段的平行分析，进而实施更有针对性的教育。

学校依据教育教学工作实际，建立“100+N”的教师综合评价体系，对每位教师最基础的教育教学工作实施全方位量化考核。学校鼓励教师参加各类教学成果评选和各类教学竞赛，学校给予适当量化加分，并纳入绩效工资发放、评优晋职中，极大地激发了教师的工作积极性、主动性、创造性。学校还建立了教师师德师风年终考核、评模等各类激励机制，通过认真有效地落实，全体教师职业认同、职业价值得到进一步提高。

学校在全校开设编程课程，着手构建“双师课堂”，充分利用现代网络平台、资源和科学技术实施人机对话，不断创新教育教学形式。

五、凝聚教育合力，建设育人共同体，打通家校沟通“最后一公里”

各班级在充分了解家长的具体情况后，成立了班级家长委员会。学校在各班级家长委员会代表的推选下，组建了校级家长委员会，搭建了家校沟通的平台，便捷、规范、有效地处理家校之间的相关工作。本学期，我们还将实行“周校长制”，每周由一位家长代表驻校，全天候、无死角、全方位地参与学校的教育教学活动，真正打通家校沟通“最后一公里”。学校聘请心理学专家，开展每周一期“润心讲堂”智慧父母公益讲堂，对家长们就家庭教育问题给予专业的指导，让家长们既学习了教育孩子的方法，增长了家庭教育的智慧，也了解了学校的教育教学理念，形成了家校共育的良好氛围。利用每周末，各班级针对学生的具体情况召开分层家长会，就学生的学习、生活、活动、习惯等方面进行深入、系统地交流，针对性地解决学生个性化问题，使家校之间更好地形成教育合力，增强教育效果。

2020年寒假，学生们不能正常返校上课，“停课不停学”，延安市新区第二小学的第一次线上学习从家长开始。居家期间，家长与孩子相处的时间最长，学校安排了4期的家长空中课堂。同时，家长在线上教学时还要承担起教师的角色，此时我们的家校互动就非常关键。连续四期家长空中课堂线上培训，我们每期都会提前做调研，了解家长们的迫切需求，从而进行及时性的有效指导。整个寒假线上学习，家校互动非常积极，开学前还安排了第五期的家长空中课堂，期望家长帮助孩子做好返校前的身心调节和其他准备工作。作为一所正在快速发展的学校，延安市新区第二小学的教育教学工作正在稳步推进，学校的发展方向初步明确，发展定位基本确立，学校治理体系有序运转。今后学校将不断完善学校发展必需的基础设施建设，稳定和壮大既有的教师队伍，乘着延安教育发展的东风，遵循现代教育规律，坚持立德树人根本任务，为创办关注心灵成长的教育、为办好人民满意的学校而不懈努力。

第三节　润心教育的育人目标

教育目标反映了一定社会对受教育者的要求，是教育工作的出发点和最终目标，也是确定教育内容、选择教育方法、检查和评价教育效果的根据。党的十八大提出要全面贯彻党的教育方针，坚持教育为社会主义现代化建设服务、为人民服务，把立德树人作为教育的根本任务，培养德智体美劳全面发展的社会主义建设者和接班人。在党的十九大报告中，习近平总书记强调建设教育强国是中华民族伟大复兴的基础工程，要求全面贯彻党的教育方针，落实立德树人根本任务，发展素质教育，推进教育公平，培养德智体美劳全面发展的社会主义建设者和接班人。要求以培养担当民族复兴大任的时代新人为着眼点，强化教育引导、实践养成、制度保障，发挥社会主义核心价值观对国民教育、精神文明创建、精神文化产品创作生产传播的引领作用。

一、核心概念解读

新时代教育目标：一是培养孩子的基本生活和生存能力；二是为孩子的学习创造良好的条件，帮助孩子养成良好的学习习惯，配合学校教育的正常进行；三是增强孩子体育运动和身体锻炼意识，保障其身体健康；四是引导孩子树立正确的人生观和价值观，保障孩子思想品德和健康人格发展。立足以上要求，学校提出“培养富有家国情怀、创新意识，具有良好思维品质和健全人格的有情、有志、有识、有恒的全面发展的人”的育人目标。

（一）家国情怀与创新意识

家国情怀与创新意识是培养有情、有志、有识、有恒的全面发展的人必备的基本素养，是一个人着眼于未来发展，以及立足于未来社会必须具备的情怀、品格和能力。

“家国情怀”是中华优秀传统文化的基本内涵之一，是主体对共同体的一种认同，并促使其发展的一种思想和理念。其主要内涵包括家国同构、共同体意识、仁爱之情，强调个人修身、重视亲情、心怀天下，与行孝尽忠、民族精神、爱国主义、乡土观念、天下为公等传统文化相关联。

“创新意识”是指在实践中获得、形成的思想、方法、策略等几个层面的创新，包含创造动机、创造兴趣、创造情感等，也可以分为动力意识、质疑意识、超越意识、风险意识、协作意识。

（二）思维品质与健全人格

一个人思维品质和人格的发展决定着是否能够遵循生命成长规律和事物发展的客观规律进行学习、生活、实践，决定着一个人的生命质量、生活品质和工作效能。

“思维品质”指学习活动中形成的人在思维过程中表现出来的不同特点，如敏捷性、灵活性、广阔性、深刻性、独创性和批判性等。

“健全人格”是指个体在对事、对人、对己等方面的社会适应中行为上的内部倾向性和心理特征，表现为能力、气质、性格、动机、理想和价值观等方面的整合，主要包括知觉现实能力、自我认可感、情绪调节能力、人际交往能力等。

（三）有情、有志、有识、有恒

伟大的爱国主义诗人陆游在《病起书怀》中写道：“位卑未敢忘忧国”，告诉我们要时刻谨记国家危难，心中常怀民族大义。明末清初著名思想家、史学家、语言学家，与黄宗羲、王夫之并称为“三大儒”的顾炎武曾参加抗清斗争，后致力于学术研究，著有《日知录》。著名的“天下兴亡，匹夫有责”就出自此书。原句是“保国者，其君其臣肉食者谋之；保天下者，匹夫之贱与有责焉耳矣”。意思是说，为了国家的兴盛或衰亡，每个普通人都有责任。

曾国藩在家书中提出了读书六字真言：有志、有识、有恒。“盖世人读书，第一要有志，第二要有识，第三要有恒。有志则断不甘为下流；有识则知学问无尽，不敢以一得自足，如河伯之观海，如井蛙之窥天，皆无识者也；有恒则断无不成之事。此三者缺一不可。”

“有志”指要有志气。只有有了志气，才能不无故中断，不自甘落在人后。有志气者，不会让自己长期处于碌碌无为之中，不会让自己每天在琐碎的生活中浑浑噩噩，无聊度日。

“有识”指要有见识。不能因为自己有一点心得体会就知足，就骄傲自满，不知道天高地厚。有见识，就是要有自己独立思考和独立判断的能力，能不被表面现象迷惑，能透过现象看到事物的本质。曾国藩曾经说过：“古代擅长作诗写古文的人，功夫都在诗歌和古文之外。”因此，他劝导家中子弟不能死读书，要在实际生活中不断增长见识。只有眼界开阔了，才能更好地治学，学到真知。

“有恒”指要有恒心。没有恒心去坚持，什么事都无从谈起。古人云：行百里者半九十。就是要告诫我们，做任何事情都不能半途而废、放松懈怠，即使一百里路走完了九十里，眼看就要成功了，也只是相当于走了一半，更应该小心谨慎、持之以恒，直到最终取得成功。

宋代文学家苏轼说：“古之立大事者，不惟有超世之才，亦必有坚忍不拔之志。”意思是说，要想成就一番事业，坚忍不拔的意志必不可少。而立志不坚，即便有旷世之才，也难以济世。明代哲学家、教育家王阳明著名的教诲四则《教条示龙场诸生》(龙场悟道)的首则便是“立志”:“志不立,天下无可成之事。虽百工技艺,未有不本于志者。”王阳明强调:志向不能立定,天下便没有可做得成功的事情。

《论语·述而》:“善人,吾不得而见之矣;得见有恒者,斯可矣。”《朱熹集注》中曰:“恒,常久之意。”荀子在《劝学》中写道“骐骥一跃,不能十步;驽马十驾,功在不舍”。意思是,千里马(骐骥)一跃,却不到十步,而老马走一步没多远,却不放弃,相比之下,当然老马走得更远了。此句用来比喻做学问应该持之以恒。“锲而舍之,朽木不折;锲而不舍,金石可镂”也在强调如果做事情不懂得坚持,那么腐朽的木头都不能轻易折断;如果做事情能持之以恒,那么即使是金石那么坚硬的物体也能雕出美丽的花纹。《孟子·告子上》中《弈秋》一文:“弈秋,通国之善弈者也。使弈秋诲二人弈,其一人专心致志,惟弈秋之为听;一人虽听之,一心以为有鸿鹄将至,思援弓缴而射之。虽与之俱学,弗若之矣。为是其智弗若与?曰:非然也。”该文章以生动的故事同样告诫我们要专心致志、持之以恒。圣人孔子曾说:“吾十有五而志于学,三十而立,四十而不惑,五十而知天命,六十而耳顺,七十而从心所欲,不逾矩。”意思是说,我十五岁立志学习,三十岁立足于社会,四十岁掌握了知识而不致迷惑,五十岁了解并顺应了自然规律,六十岁听到别人说话就能明辨是非真假,七十岁可以随心所欲,又不超出规矩。这也证实了成功的取得更多的是依靠志向与恒心。

培养学生爱祖国、爱人民、爱集体、爱家乡、爱学习、爱劳动是教育的基本目标。引导学生从小树立远大理想,有追求、有志向,坚持不懈、努力奋斗,对一个人一生的发展有直接且深远的影响。在不断学习实践的过程中,逐步形成的情感体系、认知体系以及良好的思维品质和健全的人格更是关系到一个人在未来生活中的担当与责任意识以及综合能力、综合智慧的形成与良性发展,这无论是对个人、对国家还是对社会,都有着重要的影响。

家国情怀、创新意识、思维品质、健全人格等方面的培养是现代教育所追求的目标,是时代发展的需求。培养“有情”之人,要引导学生从小培养家国情怀,培养学生爱党、爱国、爱中华民族,爱生命、爱人类,爱家庭、爱集体、爱家乡。从小树立远大志向,对一个人的一生具有深远的影响。培养“有志”之人,引导学生在学习、生活等认知过程中形成符合自身特质的自愿追求的目标、志向、志趣,并在此过程中养成坚忍不拔的意志品质。培养“有识”之人,不仅仅是建构丰厚的知识体系,还包含见识、格局,以及获得知识,形成认知的方法、能力。培养“有恒”之人,给予学生坚持不懈的意志品质,这种品质更是决定一个人的理想能够顺利实现的基础。

因此,“培养富有家国情怀、创新意识,具有良好思维品质和健全人格的有情、有志、有识、有恒的全面发展的人”正是适应现代教育发展需求，符合教育发展规律而确定的育人目标。

二、学校办学目标

（一）温暖、智慧

教育应该是有温度的，校园应该是温暖的，学校应该营造温馨和谐的校园环境，让师生有家庭般的温暖和归属感。教育不是冰冷的规矩和惩罚，要打造温暖的人文管理。知识是冰冷的，教育是温暖的，因为教育塑造的是人，教育要关注人心、关注个性，注重人文管理，注重每个学生的个性发展，将学生放在课堂的中央，让学生成为学校的主人。教育要时刻顺应儿童的天性，保持儿童的本性，温暖儿童的心性，塑造儿童的品行，培育儿童的习性，张扬儿童的个性，发展儿童的特性，用教师的温暖引导他们的心理健康发展，为他们营造一片晴朗的心空。

智慧指有聪明才智，能够超越世俗的认识，达到把握真理的能力，也有辨析判断、发明创造的能力。《墨子•尚贤中》曰：“若此之使治国家，则此使不智慧者治国家也，国家之乱，既可得而知已。”这里的“智慧”，即聪明才智之意，与今义相近。三国时期魏国的嵇康在《大师箴》中写道：“下逮德衰，大道沉沦。智惠日用，渐私其亲。”宋朝的梅尧臣在《桃花源》中云：“英雄灭尽有石阙，智惠屏去无年华。”袁鹰在《篝火之歌•为家乡画图样》中写道：“用双手把图样变成现实，靠你，靠我，靠人民的智慧和力量。”《大智度论》中写道：“般若者，一切诸智慧中最为第一，无上无比无等，更无胜者，穷尽到边。”北齐颜之推在《颜氏家训•归心》曰：“万行归空，千门入善，辩才智惠，岂徒《七经》、百氏之博哉？”《敦煌变文集•维摩诘经讲经文》：“神通能动於十方，智惠广弘於沙界。”所谓“智慧”，即能启迪人生，贴近灵魂，能完善人的精神世界的一种心境或意识。

（二）开放、共生

“开放”在《现代汉语词典》里有解除封锁、禁令、限制等，允许进入或利用之意，可以引申为接纳、包容、奉献等。在党的十八大中，习近平总书记提出的新发展理念中就有开放。2012 年 12 月 5 日，习近平总书记同在华工作的外国专家代表座谈时指出：“我们要坚持对外开放的基本国策不动摇，不封闭、不僵化，打开大门搞建设、办事业。”开放，就是接纳新理念、顺应时代以获得发展。对学校而言，开放就是思想上的解放、观念上的更新、认识上的前卫、工作上的包容、行动上的奉献，从而海纳百川、互利共赢、进步发展。视野开放，全方位、立体式；思想解放，不封闭、不僵化；观念超前，有前瞻性、包容性。资源开放，学校基础设施对外开放，提供与社会需求相一致的教育，校园周边公共服务设施共建共享，使基础设施的利用最大化。校内教学资源共享，校外教育信息互通，使教育资源利用最优化。管理开放，管理公开、透明，教师、学生全员参与，社会、家庭深度参与。

“共生”一词源于生物学，是指两种不同生物彼此互利地生存在一起，缺此失彼都不能生存的一类中间关系，若互相分离，两者都不能生存。“共生理论”认为，共生是自然界、人类社会的普遍现象。共生的本质是协商与合作，协同是自然与人类社会发展的基本动力之一，互惠共生是自然与人类社会共生现象的必然趋势等。共生的深刻本质是共存共荣，但共生并不排除竞争，它不是自身性质和状态的摒弃，而是通过合作性竞争实现单元之间的相互合作和相互促进。这种竞争是通过互动单元内部结构和功能的创新以及互动单元之间功能的重新分工定位和合作实现的。

教育与人类社会的发展进步密不可分，社会滋养教育，教育是人成长的摇篮，是社会发展进步的奠基。学校作为教育的主阵地，为推动人类社会发展培养全面发展的人才。对学校而言，教育就是学校、家庭、社会，教师、学生、家长的相互依存，各就其位，协同合作，共同进步，形成一个共生共赢的发展共同体。目标同向，顺应社会发展，紧跟时代步伐，契合教育需求，相互促进、协同进步、共存共荣；行动同步，教师教书育人，学生刻苦学习，家长关爱呵护，步调一致地培养学生成人成才、融入社会；教学同进，学科知识互动，师生合作互融，教学体系互生，形成互促互融、和谐发展的共同体。

“温暖、智慧、开放、共生”，大爱温暖人生，知识启迪智慧，行动促进开放，发展实现共生。办润心学校，成润心人才，创润心教育。培养学生爱祖国、爱人民、爱集体、爱家乡、爱学习、爱劳动是教育的基本目标。引导学生从小树立远大理想，有追求、有志向，坚持不懈、努力奋斗，对一个人一生的发展有直接、深远的影响。在不断学习实践的过程中，逐步形成的情感体系、认知体系以及良好的思维品质和健全的人格更是关系到一个人在未来生活中的担当与责任意识以及综合能力、综合智慧，这无论是对个人、对国家还是对社会，都有着重要的影响。

第四节　润心教育实践路径

一、润心教育研究梳理

在中国知网上分别以“教育”和“润心”为主题和关键词进行精确检索，

总共检索到230篇文献，其中2021年发文量最高（65篇）。通过发文量分布趋势图（如图2-1所示）可知，该领域的研究成果在逐年递增，近几年尤为突出。

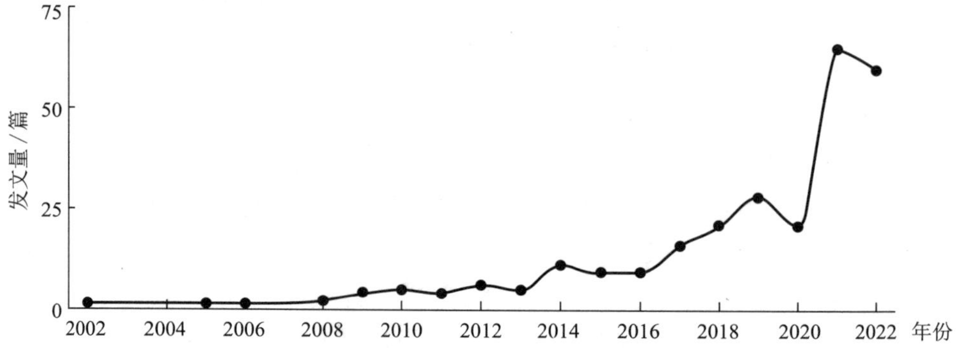

图2-1　润心教育发文量年度分布趋势图

通过进一步分析可知，研究主题集中在心理健康教育、劳动教育、党史学习教育、情感教育、德育渗透、办学理念、学校文化、感恩教育、文化建设、家校合作、班级文化、实践课程、人文素养、班主任工作等方面，概括起来发现润心教育的研究内容主要体现在润心理念、润心课程、润心德育品牌、思政润心、心理、劳动、美育润心等维度（如图2-2所示）。通过办学理念、育人目标、育人任务、课程建设、学科教学、治理体系、评价体系、后勤保障等全领域进行润心教育生态体系建构的综合研究少之又少。而“润心”教育又是回归对生命根本的呵护和润养的教育，需要在了解并尊重生命本身发展规律的基础上，通过学校生活的方方面面为每个学生成长提供全方位的润泽，以此激发每个生命的内在生长力，最终实现个体的自主发展和全体的多元成长。

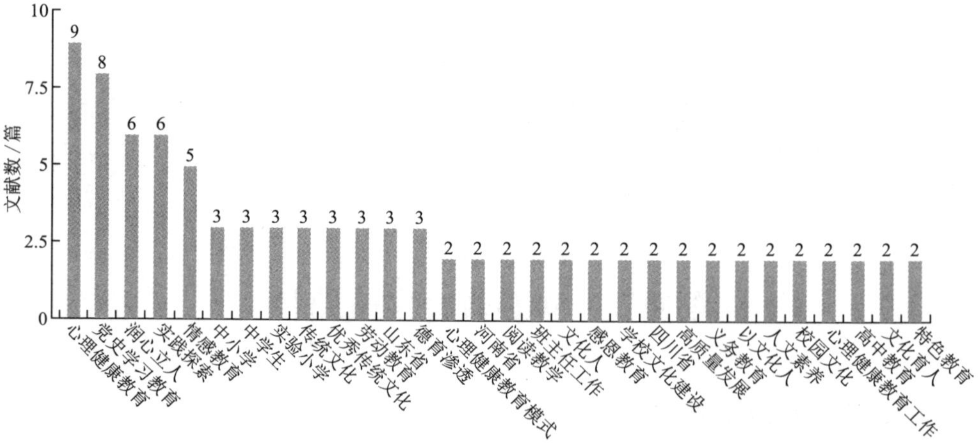

图2-2　润心教育研究主题可视化分布图

二、润心育人研究内容

润心育人研究以培育富有家国情怀、创新意识、思维品质、健全人格的“有情、有识、有志、有恒”全面发展的时代新人为目标，坚持学生发展水平的深入研究，以科学的学生认知水平、生理发育为育人基点，以师生在学校的日常生活为研究对象，探究全域办学行为现象产生的根源，从本质上提出解决思路，深度破解或提出科学适切的解决策略。坚持以人为本，坚持“三全”育人，坚持以爱国主义、集体主义、社会主义教育为主线，以行为规范、生活规范、学习规范为重点，继承和弘扬中华民族传统美德，加强对中华优秀传统文化的挖掘和阐发，围绕社会主义核心价值观主线，积极开展各类主题教育实践活动，巩固全体学生践行社会主义核心价值观的思想文化根基，实现为国育才、为党育才，立德树人根本任务。

（一）指导思想

深入贯彻习近平总书记系列重要讲话精神和治国理政新思想新战略，以学校“关注心灵成长教育，润育一颗中国心”的办学理念，大力培育和践行社会主义核心价值观，以培养学生的良好思想品德和健全人格为根本，以促进学生形成良好行为习惯为重点，以行走的课堂、心智课程、节日活动、校园文化、学生自治、教师自治、“三全”育人等为抓手，坚持教育与“润心课程”、生产劳动、社会实践相结合，坚持学校教育与家庭教育、社会教育相结合，不断完善学校育人工作长效机制，全面提高育人研究工作水平，为中国特色社会主义事业培养合格建设者和可靠接班人。

（二）基本原则

（1）坚持正确的方向。全面贯彻党的教育方针，坚持社会主义办学方向，牢牢把握学校育人理念、育人目标，培育合格的“润心好少年”。

（2）坚持遵循规律。根据学生年龄特点、认知规律和教育规律，注重“立德树人，知行合一”，强化道德实践、情感培育和行为习惯养成，努力增强育人工作的吸引力、感染力和实效性。

（3）坚持研究育人。以科学的、符合学生年龄特征的学生认知水平、生理发育为育人基点，以师生在学校的日常生活为研究对象，探究全域办学行为现象产生的根源，从本质上提出解决思路，深度破解或提出科学适切的解决策略。

（4）坚持协同育人。发挥学校主导作用，引导家庭、社会增强育人责任意识，提高对学生道德发展、成才成人的重视程度和参与度，形成学校、家庭、社会协调一致的育人合力。

（5）坚持常态开展。推进育人工作制度常态化，创新途径和载体，将育人工作贯穿融入学校各项日常工作中。

（三）育人目标

育人总目标：培养富有家国情怀、创新意识、思维品质、健全人格的有情、有识、有志、有恒全面发展的人。

低段育人目标：教育引导学生热爱中国共产党，热爱祖国，认识国旗、国徽，学唱国歌；热爱中国少年先锋队，认识队旗、队徽，学唱队歌；学习革命先烈英雄事迹，发扬革命传统，爱人民、爱集体、爱老师、爱学习；孝敬父母、长辈，团结同学；热爱班集体，愿意为班集体服务；讲究卫生，爱护公物；遵守学校纪律，听从老师教导；养成基本的文明行为习惯；做好自己，送给自己。

中段育人目标：教育引导学生热爱中国共产党，热爱祖国，热爱人民，热爱家乡，认识和理解党旗、党徽；热爱科学，热爱劳动，掌握生活劳动技能；遵守校规校纪和社会公德，能自觉以《小学生日常行为规范》来约束自己的言行；保护环境，爱惜资源；懂得尊重老师，孝敬长辈，能和谐、融洽地与人相处；拥有良好的意志品质、思维品质、创新意识和健全人格；做好自己，影响他人。

高段育人目标：教育和引导学生热爱中国共产党，热爱祖国，热爱人民；了解家乡的发展变化和国家历史常识，了解中华优秀传统文化和党的光荣革命传统；理解日常生活中的道德规范和文明礼貌，初步形成规则意识和民主法治观念，养成良好生活和行为习惯；珍爱生命，保护生态环境；形成诚实守信、友爱宽容、自尊自律、乐观向上等良好品质；做好自己，奉献祖国。

（四）育人内容

（1）理想信念教育。加强中国历史特别是近现代史教育、革命文化教育、中国特色社会主义宣传教育、中国梦主题宣传教育、时事政策教育，引导学生深入了解中国革命史、中国共产党党史、改革开放史和社会主义发展史，继承革命传统，传承红色基因，深刻领会实现中华民族伟大复兴是中华民族近代以来最伟大的梦想，培养学生对党的政治认同、情感认同、价值认同，不断树立为共产主义远大理想和中国特色社会主义共同理想而奋斗的信念和信心。

（2）社会主义核心价值观教育。把社会主义核心价值观融入国民教育全过程，落实到中小学教育教学和管理服务各环节，深入开展爱国主义教育、国情教育、国家安全教育、民族团结教育、法治教育、诚信教育、文明礼仪教育等，引导学生牢牢把握富强、民主、文明、和谐国家层面的价值目标，深刻理解自由、平等、公正、法治社会层面的价值取向，自觉遵守爱国、敬业、诚信、友善公民层面的价值准则，将社会主义核心价值观内化于心、外化于行。

（3）中华优秀传统文化教育。开展家国情怀教育、社会关爱教育和人格修养教育，传承发展中华优秀传统文化，大力弘扬核心思想理念、中华传统美德、中华人文精神，引导学生了解中华优秀传统文化的历史渊源、发展脉络、精神内涵，增强文化自觉和文化自信。

（4）生态文明教育。加强节约教育和环境保护教育，开展大气、土地、水、粮食等资源的基本国情教育，帮助学生了解祖国的大好河山和地理地貌，开展节粮节水节电教育活动，推动实行垃圾分类，倡导绿色消费，引导学生形成尊重自然、顺应自然、保护自然的发展理念，养成勤俭节约、低碳环保、自觉劳动的生活习惯，形成健康文明的生活方式。

（5）心理健康教育。开展认识自我、尊重生命、学会学习、人际交往、情绪调适、升学择业、人生规划以及适应社会生活等方面的教育，引导学生增强调控心理、自主自助、应对挫折、适应环境的能力，培养学生健全的人格、积极的心态和良好的个性心理品质。

（6）特色课程教育。利用“行走的课堂”建立文化、体育、音乐、美术、科技、健康、劳动等各类特色课程，以活动为载体激发、培养学生兴趣、技能及创造力，从而有效地促进学生创新意识、思维品质、健全人格的形成。

（7）行为养成教育。开展学生行为规范教育，利用《中小学生守则》《延安市新区第二小学学生日常行为规范》加强学生文明礼貌教育和行为训练，以促使学生从小养成良好的行为习惯，增强公民责任意识、法治意识和规矩意识。

三、润心教育实施途径

（一）研究育人

学校把研究育人作为培养学生的重要形式，让生活成为教科书，以师生在学校的日常生活为研究对象，通过全景观察确立育人方向和内容，以学生生理特征、认知水平为基点，从本质上找到解决思路，用科学适切的解决策略培养学生守法、守纪，学会生活、学会做人。

（二）课程育人

学校充分发挥“润心课程”的主渠道作用，将育人内容细化落实到各学科课程教学目标中，融入教育教学全过程。严格落实德育课程，按照《义务教育课程方案和课程标准（2022 年版）》，上好道德与法治课。发挥其他课程的育人功能，根据不同年级和不同课程的特点，充分挖掘各门课程蕴含的育人资源，将育人内容有机融入各门课程的教学中。用好地方和学校课程，结合地方自然地理特点、民族特色、传统文化以及重大历史事件、历史名人等，因地制宜地开发地方和学校“润心课程”，引导学生了解家乡的历史文化、自然环境、人口状况和发展成就，培养学生爱家乡、爱祖国的感情，增强维护祖国统一、加强民族团结的意识。

学校统筹安排地方和学校课程，开展法治教育、反邪教教育、文明礼仪教育、环境教育、心理健康教育、劳动教育、毒品预防教育、影视教育等专题教育。

（三）文化育人

学校依据办学理念，结合文明校园创建活动，因地制宜地开展校园文化建设，使校园秩序良好、环境优美，校园文化积极向上、格调高雅，让校园处处成为育人场所。

（四）活动育人

学校以节日教育、主题教育为契机精心设计、组织开展主题明确、内容丰富、形式多样、吸引力强的教育活动，以鲜明正确的价值导向引导学生，以积极向上的力量激励学生，促进学生形成良好的思想品德和行为习惯。利用爱国主义教育基地、公益性文化设施、公共机构、企事业单位、各类校外活动场所、专题教育基地资源，开展有益于学生身心发展的实践活动，不断增强学生的社会责任感、创新能力和实践能力。

（五）管理育人

学校完善管理制度，明确岗位责任。制定班级民主管理制度，形成全体师生广泛认同和自觉遵守的制度规范。建立实现全员、全程、全域育人的具体制度，明确学校各个岗位教职工的育人责任，规范教职工的言行，提高全员育人的自觉性。

学校积极争取家庭、社会共同参与和支持学校德育工作，引导家长注重家庭、注重家教、注重家风，营造积极向上的社会氛围。建立健全家庭教育工作机制，统筹家长委员会、智慧父母公益讲堂、家长周、校长家访等各种家校沟通渠道，丰富家庭教育指导的服务内容。建立社会共育机制，主动联系本地公安、司法、文化、共青团、妇联、社区、关工委等部门建立多方联动机制，搭建社会育人平台，实现社会资源共建，助力学生健康成长。

（六）组织实施

学校加强队伍建设，优化育人队伍结构，建立激励和保障机制，调动工作人员积极性和创造性。构建科学合理的评价体系，开展评优树模，打造学校荣誉文化。积极探索新时期育人工作特点和规律，创新育人工作途径和方法，增强育人工作的科学性、系统性和实效性。

第三章

润心课程体系建构

第一节　润心视域下的国家课程校本化建构

一、课程设计理念

在我国基础教育阶段课程改革不断深入的今天，课程的设计越来越为人们所重视，并且成为当前学校课程改革的重点。[①]“河汉纵且横，北斗横复直。”自古以来，北斗七星就是中国人辨明方向、把握时节的标志。如今，一颗颗北斗导航卫星闪耀天际，组网形成全球卫星导航系统，为人类提供一流的卫星导航服务，指引着人们追逐梦想、走向远方。作为中国自主创新的结晶，北斗导航系统为我们带来的将不仅是更精准的定位与更精确的数据，更是充足的战略底气和安全感。正如北斗一号卫星总指挥李祖洪所说：“北斗的研制，是中国人自己干出来的。‘巨人’对我们技术封锁，不让我们站在肩膀上，唯一的办法就是自己成为巨人。”未来，闪耀在苍穹的北斗卫星，也将引领人类的梦想和脚步走向更远的远方，为绘就一个更加智能、更加便捷、更加美好的未来作出应有的更大贡献。2014年，习近平总书记在联合国教科文组织总部演讲时说：“让收藏在博物馆里的文物、陈列在广阔大地上的遗产、书写在古籍里的文字都活起来，让中华文明同世界各国人民创造的丰富多彩的文明一道，为人类提供正确的精神指引和强大的精神动力。”此外，少年儿童是祖国的未来，是实现中华民族伟大复兴的后继力量，要实现科教兴国战略，就必须树立可持续的教育发展观。小学阶段的基础教育是整个教育事业的基础，对学生的成长成才起着重要的导航引领作用，要想提高整个教育事业的质量，就必须从小学教育做起。鉴于此，学校在遵循教育教学规律、学生成长规律、教师发展规律的基础上，紧紧抓住“文化强国”战略建设的新机遇，大力挖掘北斗文化内涵与北斗技术在教书育人领域的作用价值，通过从语文、数

---

① 潘洪亮．中小学综合科学课程设计的理念与策略［J］．教育发展研究，2002（2）：77-79.

学、科技、艺术、体育、心理等学科的角度对北斗文化进行学科交叉融合研究，对实现从基础教育阶段培养学生对科学的浓厚兴趣以及培养学生的创新精神和实践能力[①]，最终让每个学生都意识到自己可以成为浩瀚“星河”中灿烂的一颗星，指引每一位学子向着星辰大海不屈进发的教育目标有深刻的指导价值。因此，学校以北斗 STEAM 课程（见表 3-1）学习为切入点，打通学科边界，建立学科间的横向联系，为学习者创设问题情境，培养学生的创新思维、核心素养和解决问题的能力。

表 3-1　延安市新区第二小学北斗 STEAM 课程

<table>
<tr><td>启智课</td><td>健体课</td><td>养心课</td><td>培根课</td><td>铸魂课</td><td>追梦课</td><td>力行课</td></tr>
<tr><td>阅　读</td><td>体　育</td><td>心　理</td><td>传统节日</td><td>思　政</td><td>科　创</td><td>劳　动</td></tr>
<tr><td>书香读吧</td><td>心智成长</td><td>心灵在线</td><td>融＋</td><td>四　史</td><td>智慧场</td><td>北斗七园</td></tr>
<tr><td colspan="2">良好思维</td><td>健全人格</td><td colspan="2">家国情怀</td><td colspan="2">创新意识</td></tr>
<tr><td colspan="7">立德树人</td></tr>
<tr><td colspan="7">润心少年</td></tr>
</table>

二、润心课程体系

基础教育为培养专门人才打基础[②]，课程作为基础教育系统的核心要素，承担着将教育理念转化为教育实践的重要使命，而基层学校作为真正实施课程、发生教育的地方，只有基于自身教师和学生群体的认知现状与现实需求才能真正发挥课程育人的作用。

（一）润心课程提出缘由与意义

课程体系作为全面反映学校教育观和人才观的教育规划，课程体系的科学建构可实现基于学生个性特质、原生认知发展能力的课程育人作用。当前，课程育人的提出体现了教育观念和育人理念层面的变革，是人们对课程的教育价值和社会功能不断认识的结果。[③] 正如：每一所学校都是一个独特的实体，校本课程体系又因校而异，因而更能凸显学校的办学特点。为此，学校在“关注心灵成长，润育一颗中国心”的育人理念指导下，通过对学情的科学分析与精准把握，确立了五育并举的校本课程探索实践—— 润心课程体系，

① 田伟，辛涛，胡卫平．义务教育阶段的科学教育：关键问题与对策建议[J]．北京师范大学学报（社会科学版），2021（3）：82-91.

② 程斯辉．试论基础教育的本质[J]．中国教育学刊，2004（1）：15-19.

③ 宋时春．论课程育人的三种逻辑与当代选择[J]．教育科学研究，2021（12）：56-61.

它不仅是学校育人理念在课程中落实的载体，同时，通过润心课程体系的建构，实现了“智慧、温暖、开放、共生”的办学愿景。每个学生在个性化的课程学习中，都能似星光般绽放，进而让“星光”照亮校园，这也为学校培养富有“家国情怀、良好思维品质、创新意识、健全人格”的新时代润心好少年提供了课程赋能。此外，学校润心课程体系更是对国家要求的在执行国家课程和地方课程的同时，应视当地的具体情况，结合本校的传统和优势、学生的兴趣和需要，开发或选用适合本校的课程政策号召的具体回应。

（二）润心课程体系介绍

“课程”与“教学”是教育的两大核心要素[①]，润心课程体系是以学生原有的认知发展水平为课程参考依据，以学生的生活实践作为课程资源，以课程标准和学科素养为导向，以合作探究作为课程学习的主要形式，以良好思维品质的形成、创新意识的培养、综合素质的提升、情感的丰盈作为课程评价的标准，以知行合一、回归实践作为课程学习归宿的一种融合国家课程、校本课程在内的完整课程体系。

学校润心课程体系包含自主开发的校本特色课程与拓展课程，诸如“润心讲堂”“心灵在线”“思政大课堂”“劳动实践”“书香读吧”“全科诵读”“心智成长”等；润心课程体系还包括严格落实的国家课程方案，即学校通过与育人目标相结合，依据学生的实际学情，对国家课程进行的二次创新，例如，英语课通过“人机对话”实现双师课堂，信息技术课中引入编程教学，体育课融合感统训练（如图 3-1 和图 3-2 所示）。这些拓展课程的开设，使学生的学习资源得到充分拓展；国家课程的加工使学生的学科素养得到充分提升。

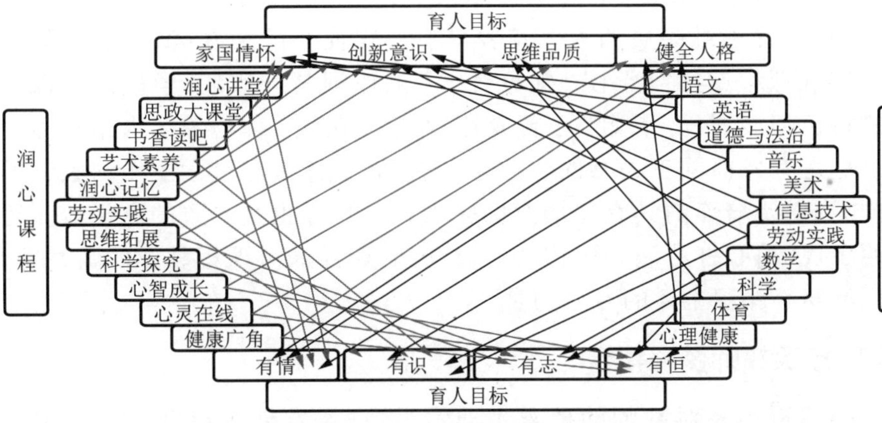

图 3-1　延安市新区第二小学润心课程体系结构图（一）

① 杨修平. 论“课程育人”的本质[J]. 大学教育科学，2021（1）：60-70.

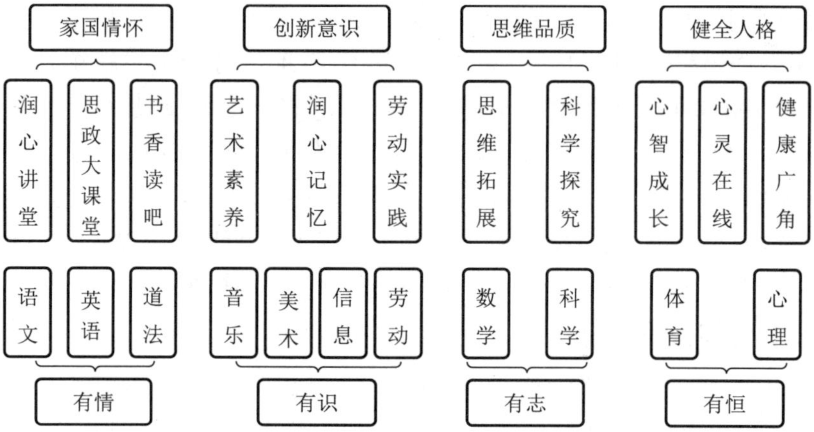

图 3-2　延安市新区第二小学润心课程体系结构图(二)

三、润心课程体系与育人理念和育人目标一脉相承

课程育人是课程与教学从分离走向整合的现代教育革新,是促进人发展的重要手段。自从教育产生以来,一切教育都旨在培养人、促进人的发展。①润心课程体系作为国家课程校本化实施载体与学校基于对未来教育趋势分析、当下基础教育阶段学情把握、立德树人根本育人任务思考的基础上确立的"关注心灵成长"的育人理念和注重学生智慧的生成、情感的充盈的育人目标有着很大程度的融合。其中润心课程体系"7A"特点中的始于原生、见于思维、成于创生这一课程目标就恰好达到了育人理念的要求。学校育人目标定位为培养富有家国情怀、创新意识、思维品质、健全人格的有情、有志、有识、有恒的润心好少年,而润心课程体系中见于思维、成于创生的课程目标与创新意识、良好思维品质的人才培养具有不谋而合的关联;润心课程体系中的归于实践课程归宿与学校"知行合一"的校训是一致的;学校润心课程体系中的特色拓展课程,诸如"心智成长""心灵在线"都与健全人格培养这一育人目标是有异曲同工之妙的。此外,润心课程体系注重学生全科素养的培养,这与我们要培养的具有知情意的完人育人目标也是一致的。学校正迈着坚实的步伐,精心打造润心课程的心灵绿洲,彰显润心课程教学的灵动智慧,高位积淀润心课程主体的专业力量。

四、授课教师资源整合

润心课程体系对教师的要求也非常高,动态发展目标确定后还需配合建立相适应的多元化、柔性化的目标成果评价体系,确保师资队伍按照既定

① 王南方. 促进人的发展:理想教育的本质使命[J]. 教育与现代化,2007(3):11-15.

的发展目标稳定提升。[①] 为科学整合课程方案，我们确定了“突出主体、模块整合，关联指导、反思升华”的课程整合原则[②]，在课程整合中，突出了五个重点：一是突出师德和现代教育教学理念的课程模块，二是突出现代教育技术运用的课程模块，三是突出基础教育课程改革的课程模块，四是突出专业知识拓展更新的课程模块，五是突出校本课程与社会资源整合模块。因此，学校在将校内教师资源进行细分的基础上，进一步引进家长及社会力量，让这部分社会资源兼职临时教师，作为对校内教师资源的补充。

学校校内教师资源主要包括校长、班主任、大队辅导员、学生、心理教师、语文教师、数学教师、英语教师、道法教师、美术教师、音乐教师、体育教师、信息教师、思政教师等。学校社会教师资源主要包括家长、交警、医生、景点讲解员、曲艺馆演员、陕北民歌演员、公安干警、保安、清洁工、社区工作人员、培训机构专业教师等。

五、课堂教学

课堂教学是教师与学生交流的主场所，是教学与学习交互的主渠道，这意味着课堂教学的发展方向与趋势，不仅决定着教学模式的重构，还决定着学习方式的转变；不但决定着教师专业发展路径的调整，还决定着学生校园生活质量的高低。正是基于这样的考虑，不管对课堂教学多么重视，与其重要性相比都是应该的，也都是不够的。“育人当是课堂教学的本体功能。任何淡化、丢弃或虚化、放弃育人功能的课堂教学，既不符教学本质意义，也有悖教学的内在逻辑，终不是真正意义的教育活动。”[③] 因此，正是立德树人这个根本任务的提出，让我们再次将课堂教学研究聚焦到了教育目的上，明确了课堂教学在育人上的针对性，从而清晰过程有效性的具体所指。

（一）课堂教学主体

课堂教学是一种尊重学生理性思维能力、尊重学生自由意志，把学生看作独立思考和行动的主体，在与教师的交往和对话中，发展个体的智慧潜能、陶冶个体的道德性格，使每一个学生达到自己最佳发展水平的活动。那么，如何在课堂教学中落实立德树人这个根本任务，有效地完成立德树人对课堂教学提出的任务与要求[④]，就需要正确理解课堂教学的主体。从已有关于学习

① 慕玮，杨春平．论高职院校师资队伍整合的出发点及路径[J]．黑龙江高教研究，2017(3)：138-140.

② 王敬良．小学骨干教师省级培训课程、师资整合的实践与思考[J]．山东教育学院学报，2002(2)：26-27.

③ 李铁安．让课堂彰显育人的本体功能[J]．教育研究，2018，39(10)：85-92.

④ 周彬．论回归立德树人的课堂教学建构[J]．中国教育学刊，2020(4)：48-53.

主体的理解来看，大部分主要是从主客体的关系层面来探讨学习主体，但课堂教学中的学生并非抽象和孤立的个体存在，而是一种与他人共处和共事的关系性存在。因此，理解学习主体还应将其置于人与人的关系情境中来考察。

学校润心课程的实施基于各学科特征，为学生建立不同情境的课堂组织形式以及发挥学生个性的授课地点和作业形式等。在课堂教学中，教师要将三者统一，使学生的思维、行动处于积极的状态，促成学生核心素养的持续发展。因此，使教师用心教，学生用心学，让“润心课程”因用心而精彩。

（二）课堂教学的基本形态

课堂教学的基本形态不是线性的，而是非线性的、“场性”的。基于能量场的概念，我们可以用“场”的视角理解教育。教育的影响本身就是一种能量场的作用，在教育能量场中，学生通过潜意识所得到的，往往比有意识所得到的更多、更有效。人的心理结构、认知结构也应建立“场”的概念。心理结构、认知结构都不是实体，而是一个“场”，一个随时生成、运动、变化的场，一个包含内在次序和空白的场。因此，课堂教学的形态是教学问题场、教学情景场、教学情境场、个体意境场和个体意向场嵌套层叠、和谐交互作用的动态过程，全体学生在和谐中发展的动态过程。

1. 组织形式

教学组织形式，是指为完成特定的教学任务，教师和学生按照一定的制度和程序相互作用的结构形式，或者说，是师生的共同活动在人员、程序、时空关系上的组合形式。教学组织形式是历史发展到一定阶段的产物，并随着社会的变革而发生一定的变革，是教学活动呈现的载体。学校教学工作是通过一定的组织形式进行的。教学组织形式是指教学活动中教师与学生为实现教学目标所采用的行为方式的总和。

常见的教学组织形式包括以下几种：

（1）班级授课。班级授课就是把一定数量的学生按年龄和知识程度编成固定的班级，根据周课表和作息时间表安排教师有计划地向全班学生集体进行教学的制度。

（2）分组教学。分组教学就是为了适应学生的学习程度，适应学生的个性差异，对班级上课制实行改良或改革的实践，把学生分成小组进行授课的制度。其属于改良班级上课制的分组教学。

（3）个别教学（分层教学）。个别教学就是教师在同一时间以特定内容面向一个或几个学生进行教学。这种教学组织形式办学规模小、速度慢、效率低，却能较好地适应个别差异。

（4）导生制。导生制就是教师选择年龄大些、成绩好些的学生为“导生”，先给他们讲授知识，再由他们转教其他学生的授课制度。

（5）开放教学（特色课程）。开放教学（特色课程）强调尊重儿童的天性、兴趣和需要，强调儿童的自然发展，不拘泥于传统教学的结构，没有固定的教学计划、教材和教室，不同年龄、不同程度的儿童聚集在一起，根据各自的爱好选择各种学习活动的授课方式。

2. 授课地点

课堂教学的活动过程，包括学生外部活动"场"转化为"境"的协同与内部活动"情"融化为"意"的融合。外部活动主要指感知、操作、言语等活动组成的"场"与"境"，如讲、听、看、写、操作、交往、社会实践等的协同。内部活动主要指思维活动、心理活动产生的"情"与"意"，如认知、情感、意志、审美、创意、表达活动等。教师在课堂教学中唯有做到将学生外部活动和内部活动相统一，学生的学习收获才是多种多样的，浸润心灵的。因此，配合"场"的转换就有了课程的多样性，见表 3-2。

表 3-2　课程教学场地安排表

课　程	科　目	授课地点
校本课程	语　文	教　室
	数　学	教　室
	英　语	教室 + 人机对话室
	音　乐	音乐教室 + 合唱室 + 舞蹈室
	体　育	球类运动场 + 田径场
	美　术	教室 + 美术室 + 书法室
	道德与法治	教室 + 活动体验区
	科　学	教室 + 实验室
	信息技术	机　房
社团课程	小小记者	教　室
	英语故事屋	教室、社区
	英文歌曲俱乐部	教　室
	自然拼读俱乐部	教　室
	趣味写作	教　室
	主题阅读	教　室
	趣味汉字	教　室

续表

课　程	科　目	授课地点
社团课程	小小主持人	教室、社区
	巧学奥数	教　室
	少儿编程	计算机室
	机器人	机器人室
	航　模	航模室
	3D 打印	3D 打印室
	心智开发	阶梯报告厅
	益　智	益智堂
	无土栽培	无土栽培室
	围　棋	室　内
	象　棋	室　内
	啦啦操	艺体楼
	拉丁舞	舞蹈室
	羽毛球	艺体楼一楼
	腰　鼓	艺体楼
	网　球	室外场地
	乒乓球	艺体楼二楼
	跆拳道	艺体楼
	花样跳绳	艺体楼
	轮　滑	室　外
	玩转花棍	连　廊
	陶　笛	音乐教室
	合　唱	合唱室
	舞　蹈	舞蹈室
	声　乐	音乐教室
	形体训练	一号楼一楼大教室
	吹塑纸版画	美术室
	创意黏土	美术室
	剪　纸	美术室

续表

课　程	科　目	授课地点
社团课程	华　服	华服室
	摄　影	教　室
	硬笔书法	书法教室
	书　法	书法教室
	陶　艺	陶艺室

3. 作业形式

学校的作业形式采用多种方式，主要包括：① 30+10 课堂达标检测；② 周末知识梳理；③ 我当小老师（说一说，写一写，画一画，演一演）；④ 手工（贺卡、手抄报、海报、绘画、手工制作）；⑤ 学科拓展；⑥ 健康小账单；⑦ 书香读吧；⑧ 游戏（师生、生生、亲子互动）；⑨ 综合实践（小实验、养殖养护、创编歌词歌曲、家务小能手、文明小使者）。

第二节　润心课程校本化实施的北斗 STEAM 课程

学校基于 STEAM 教育理念，依据不同阶段学生的认知规律和发展特点，以发展学生核心素养为目标，以培养学生“求知、探索、实践”能力为导向，激发学生对科学科技探索的浓厚兴趣，发展学生的创新精神和实践能力。基于 STEAM 理念的课程体系反映了课程回归生活、回归社会、回归自然的本质诉求。学校开发北斗 STEAM 课程体系旨在促进学生核心素养的发展。

一、北斗 STEAM 课程学习目标

STEAM 教育是起源于美国的舶来品，需要符合我国的教育体制现状、课程文化体系和学生学情等实际情况。STEAM 教育是长时期的、持续性的、螺旋上升式的教育，STEAM 教育目标需要贯穿以及渗透到 STEAM 教育课程和全过程中。因此，STEAM 教育校本化是使 STEAM 教育在我国落地生根的必由之路。与科学融合的 STEAM 教育校本化实施是指立足于 STEAM 教育与小学科学教育融合需求，精准理解和达成 STEAM 教育与小学科学教育培养目标，全面分析并构建 STEAM 教育与小学科学教育融合的 STEAM 课程资源，制定学校 STEAM 课程落实的教学策略与实践方案，是 STEAM 课程在学校层面具象化的过程。

在课程目标领域，怎样研制教学目标及目标达成度如何等问题备受关注，而教学目标是否应该及如何转化为课程学习目标这一问题却被忽视。事实上，只有“教学目标”转化为“学习目标”，才能深达学生学习的层面以指引和促进学生的有效学习。学习目标不仅要描述让学生做什么，要做到什么，还要描述学生怎样才能知道自己是否成功，或者学生能够使用什么样的策略来达到目标。这样，学习目标就不仅是“结果”，更意味着、开启着和指示着“路径”或“方法”。[①] 所有学生特别是学习困难的学生，清楚地认识这些“路径”或“方法”，是保证他们能够主动学习、成功学习并自我监控和调节自己学习活动的一个关键。

北斗 STEAM 课程（如图 3-3 所示）学习旨在通过引导学生在搜集资料、制作模型、讲述故事、编写诗歌、制作玩具、树立梦想目标等过程中初步了解、熟知“北斗”具象化物体；并在此基础上发挥“北斗文化”“北斗精神”对学生的精神指导和激励作用，培养学生对科学科技探索的浓厚兴趣以及创新精神和实践能力；最终让学生在过程性评价、项目化学习、学科融合式思维中学会自主创设问题情境、多维开展项目式学习、自觉打破学科界限，成为拥有创新意识、思维品质、核心素养和综合解决问题能力的全面发展的时代新人。

图 3-3　北斗 STEAM 课程示意图

① 曾文婕．从“教学目标”到“学习目标”：论学习为本课程的目标转化原理[J]．全球教育展望，2018，47（4）：11-19.

二、北斗 STEAM 课程具体内容

STEAM 教育的培养目标在于培养学生的 STEAM 素养，并进一步发展学生的核心素养。STEAM 素养是一个综合的概念，主要包括科学、技术、工程、数学乃至艺术等方面的综合素养，强调跨学科、探究性、项目化学习形式，注重学生对科学、工程及社会问题的探讨，培养学生紧密联系生活探究问题、解决问题、批判性思考等多方面的高阶思维能力，要求学生成为具备一定文化底蕴、科学精神、学习能力，身心健康、注重实践、勇于创新的能承担一定社会责任的时代青年。

学科融合是指在承认学科差异的基础上，不断打破学科边界，促进学科间相互渗透、交叉的学习方式。北斗 STEAM 课程学习活动中围绕"北斗"这一核心目标展开，在具体的课程活动实施中，随处可见学科融合的痕迹。其中"北斗七星真神奇"涉及的是数学和科技知识；"北斗七星的形象"模块中，引导学生利用废旧的纸盒、瓶子、铁丝等工具制作北斗卫星的三舱、太阳能电池翼等，属于美术手工制作课程中的知识；"北斗七星真美丽"引导学生搜集、创编关于"北斗"的诗歌、散文、故事等，涉及的是语文学科的知识；"北斗七星的韵律"学习中，搜集、创编关于"北斗"的歌词和游戏，涉及的是音乐和体育学科的知识；"我的学校是北斗"模块学习中，面向北斗许愿等活动，涉及的是道德法治与心理学科中理想信念的知识学习。

北斗 STEAM 课程与科学教育相互融合的校本化实施要以学生的 STEAM 培养目标与科学核心素养培养的需求作为起始点，进行校本化目标的分解，制定包含科学知识，科学探究，科学态度，科学、技术、社会与环境明确、具体且可实施的北斗 STEAM 课程具体内容（见表 3-3），使其具有更强的可实施性、可操作性。

表 3-3　北斗 STEAM 课程具体内容表

学习对象	学习科目	具体学习内容	备　注
低段一	语　文	收集二十四节气农事活动资料，绘画农耕图	
	数　学	我离北斗有多远	
	音　乐	1. 学唱一首关于"星星""北斗星"的歌曲 2. 我为北斗写首歌，围绕"北斗精神"、理想信念、榜样力量等主题，创编一些正能量、积极向上的歌词	
	美　术	北斗七星玩具	

续表

学习对象	学习科目	具体学习内容	备　注
低段二	语　文	家校联动,家长、教师谈"北斗精神"、"北斗"人物等,录制视频,学生习作	
	数　学	认识北斗,画北斗导航系统	
	音　乐	1. 学唱一首关于"星星""北斗星"的歌曲 2. 我为北斗写首歌,围绕"北斗精神"、理想信念、榜样力量等主题,创编一些正能量、积极向上的歌词	
	美　术	北斗七星玩具	
低段三	语　文	观看北斗视频,学生录制视频,谈理想,树目标	
	数　学	认识北斗,画北斗导航系统	
	音　乐	1. 学唱一首关于"星星""北斗星"的歌曲 2. 我为北斗写首歌,围绕"北斗精神"、理想信念、榜样力量等主题,创编一些正能量、积极向上的歌词	
	美　术	北斗七星玩具	
低段四	语　文	收集二十四节气农事活动资料,绘画农耕图	
	数　学	认识北斗,画北斗导航系统	
	音　乐	1. 学唱一首关于"星星""北斗星"的歌曲 2. 我为北斗写首歌,围绕"北斗精神"、理想信念、榜样力量等主题,创编一些正能量、积极向上的歌词	
	美　术	北斗七星玩具	
低段五	语　文	收集二十四节气农事活动资料,绘画农耕图	
	数学	我离北斗有多远	
	音　乐	1. 学唱一首关于"星星""北斗星"的歌曲 2. 我为北斗写首歌,围绕"北斗精神"、理想信念、榜样力量等主题,创编一些正能量、积极向上的歌词	
	美　术	北斗七星玩具	
低段六	语　文	搜集北斗古今诗词,录制朗诵视频	
	数　学	北斗导航系统我知道	
	音　乐	1. 学唱一首关于"星星""北斗星"的歌曲 2. 我为北斗写首歌,围绕"北斗精神"、理想信念、榜样力量等主题,创编一些正能量、积极向上的歌词	
	美　术	北斗七星玩具	

续表

学习对象	学习科目	具体学习内容	备　注
低段七	语　文	搜集北斗古今诗词，硬笔书写字帖	
	数　学	北斗系统我知道	
	音　乐	1. 学唱一首关于“星星”“北斗星”的歌曲 2. 我为北斗写首歌，围绕“北斗精神”、理想信念、榜样力量等主题，创编一些正能量、积极向上的歌词	
	美　术	北斗七星玩具	
低段八	语　文	仿写北斗诗词，电子版汇编成册	
	数　学	我向北斗许个愿	
	音　乐	1. 学唱一首关于“星星”“北斗星”的歌曲 2. 我为北斗写首歌，围绕“北斗精神”、理想信念、榜样力量等主题，创编一些正能量、积极向上的歌词	
	美　术	北斗七星玩具	
低段九	语　文	收集二十四节气农事活动资料，绘画农耕图	
	数　学	北斗在哪里？	
	音　乐	1. 学唱一首关于“星星”“北斗星”的歌曲 2. 我为北斗写首歌，围绕“北斗精神”、理想信念、榜样力量等主题，创编一些正能量、积极向上的歌词	
	美术	北斗七星玩具	
低段十	语　文	观星空，畅想未来，看图写话	
	数　学	我向北斗许个愿	
	音　乐	1. 学唱一首关于“星星”“北斗星”的歌曲 2. 我为北斗写首歌，围绕“北斗精神”、理想信念、榜样力量等主题，创编一些正能量、积极向上的歌词	
	美　术	北斗七星玩具	
低段十一	语　文	搜集北斗古今诗词，硬笔书写字帖	
	数　学	北斗系统我知道	
	音　乐	1. 学唱一首关于“星星”“北斗星”的歌曲 2. 我为北斗写首歌，围绕“北斗精神”、理想信念、榜样力量等主题，创编一些正能量、积极向上的歌词	
	美　术	北斗七星玩具	

续表

学习对象	学习科目	具体学习内容	备　注
中段一	语　文	观看北斗视频，学生录制视频，谈理想，树目标	
	数　学	认识北斗，画北斗导航系统	
	音　乐	1. 学唱一首关于“星星”“北斗星”的歌曲 2. 我为北斗写首歌，围绕“北斗精神”、理想信念、榜样力量等主题，创编一些正能量、积极向上的歌词	
	美　术	北斗模型手工制作	
中段二	语　文	收集古今中外北斗诗词，录制朗诵视频	
	数　学	北斗定位真神奇	
	音　乐	1. 学唱一首关于“星星”“北斗星”的歌曲 2. 我为北斗写首歌，围绕“北斗精神”、理想信念、榜样力量等主题，创编一些正能量、积极向上的歌词	
	美　术	北斗模型手工制作	
中段三	语　文	搜集有关北斗的中外故事、成语故事、寓言故事，录制讲北斗故事的视频，制作啦啦书	
	数　学	面向北斗许个愿	
	音　乐	1. 学唱一首关于“星星”“北斗星”的歌曲 2. 我为北斗写首歌，围绕“北斗精神”、理想信念、榜样力量等主题，创编一些正能量、积极向上的歌词	
	美　术	北斗模型手工制作	
中段四	语　文	观星空，畅想未来，看图写话	
	数　学	北斗在哪里？	
	音　乐	1. 学唱一首关于“星星”“北斗星”的歌曲 2. 我为北斗写首歌，围绕“北斗精神”、理想信念、榜样力量等主题，创编一些正能量、积极向上的歌词	
	美　术	北斗模型手工制作	
中段五	语　文	观星空，畅想未来，看图写话	
	数　学	北斗定位真神奇	
	音　乐	1. 学唱一首关于“星星”“北斗星”的歌曲 2. 我为北斗写首歌，围绕“北斗精神”、理想信念、榜样力量等主题，创编一些正能量、积极向上的歌词	
	美　术	北斗模型手工制作	

续表

学习对象	学习科目	具体学习内容	备注
中段六	语文	搜集北斗古今诗词，硬笔书写字帖	
	数学	北斗定位我自己	
	音乐	1. 学唱一首关于“星星”“北斗星”的歌曲 2. 我为北斗写首歌，围绕“北斗精神”、理想信念、榜样力量等主题，创编一些正能量、积极向上的歌词	
	美术	大型北斗卫星模型制作	
中段七	语文	收集二十四节气农事活动资料，绘画农耕图	
	数学	北斗定位真神奇	
	音乐	1. 学唱一首关于“星星”“北斗星”的歌曲 2. 我为北斗写首歌，围绕“北斗精神”、理想信念、榜样力量等主题，创编一些正能量、积极向上的歌词	
	美术	大型北斗卫星模型制作	
中段八	语文	搜集北斗古今诗词，诗词朗诵，硬笔书写字帖	
	数学	北斗定位我自己	
	音乐	1. 学唱一首关于“星星”“北斗星”的歌曲 2. 我为北斗写首歌，围绕“北斗精神”、理想信念、榜样力量等主题，创编一些正能量、积极向上的歌词	
	美术	大型北斗卫星模型制作	
中段九	语文	搜集北斗古今诗词，录制朗诵视频	
	数学	北斗定位我自己	
	音乐	1. 学唱一首关于“星星”“北斗星”的歌曲 2. 我为北斗写首歌，围绕“北斗精神”、理想信念、榜样力量等主题，创编一些正能量、积极向上的歌词	
	美术	大型北斗卫星模型制作	
高段一	语文	观看北斗视频，学生录制视频，谈理想，树目标	
	数学	面向北斗许个愿	
	音乐	1. 学唱一首关于“星星”“北斗星”的歌曲 2. 我为北斗写首歌，围绕“北斗精神”、理想信念、榜样力量等主题，创编一些正能量、积极向上的歌词	
	美术	北斗卫星绘画活动	

续表

学习对象	学习科目	具体学习内容	备　注
高段二	语　文	家校联动，家长、教师谈“北斗精神”、“北斗”人物等，录制视频，学生习作	
	数　学	画北斗导航系统图	
	音　乐	1. 学唱一首关于“星星”“北斗星”的歌曲 2. 我为北斗写首歌，围绕“北斗精神”、理想信念、榜样力量等主题，创编一些正能量、积极向上的歌词	
	美　术	北斗卫星绘画活动	
高段三	语　文	搜集有关北斗的古今诗词，硬笔书写字帖	
	数　学	面向北斗许个愿	
	音　乐	1. 学唱一首关于“星星”“北斗星”的歌曲 2. 我为北斗写首歌，围绕“北斗精神”、理想信念、榜样力量等主题，创编一些正能量、积极向上的歌词	
	美　术	北斗卫星绘画活动	
高段四	语　文	搜集有关北斗的中外故事、成语故事、寓言故事，录制讲北斗故事视频，制作啦啦书	
	数　学	认识北斗	
	音　乐	1. 学唱一首关于“星星”“北斗星”的歌曲 2. 我为北斗写首歌，围绕“北斗精神”、理想信念、榜样力量等主题，创编一些正能量、积极向上的歌词	
	美　术	北斗卫星绘画活动	
高段五	语　文	走进街头社区采访路人，报道北斗导航新闻，收集视频，收集新闻稿	
	数　学	北斗在哪里？	
	音　乐	1. 学唱一首关于“星星”“北斗星”的歌曲 2. 我为北斗写首歌，围绕“北斗精神”、理想信念、榜样力量等主题，创编一些正能量、积极向上的歌词	
	美　术	北斗卫星绘画活动	
高段六	语　文	家校联动，家长、教师谈“北斗精神”、“北斗”人物等，录制视频，学生习作	
	数　学	北斗定位真神奇	

续表

学习对象	学习科目	具体学习内容	备　注
高段六	音　乐	1. 学唱一首关于“星星”“北斗星”的歌曲 2. 我为北斗写首歌，围绕“北斗精神”、理想信念、榜样力量等主题，创编一些正能量、积极向上的歌词	
	美　术	大型北斗卫星模型制作	
全年级	北斗 体育游戏	游戏名称：七星轨迹 游戏方法：比赛开始前，参赛队员站于起跑线后的第一、二块硬纸板上，手拿第三块硬纸板。硬纸板作为跨过北斗七星天枢、天璇、天玑、天权、玉衡、开阳、摇光的必要物。听到发令后，第一位队员出发，双脚必须踩在硬纸板上，赛程为 N 米（根据场地大小而定）。以参赛队员的任一脚踩在越过终点线所在垂直平面的摇光星时计时并停止，用时少者名次列前 游戏规则：比赛开始前，参赛队员必须站立于起跑线后的硬纸板（天枢星）上。比赛过程中，参赛队员不得越出其指定赛道，若有队员变道或阻碍其他非本队队员将直接取消其比赛资格。比赛过程中，身体的任何部位不得直接触碰除硬纸板之外的支撑物，否则视为犯规。比赛过程中，队员每犯规一次，就在该队员最终用时上加上三秒；若有队员在一轮比赛中累计犯规次数满三次，则直接取消其比赛资格 游戏目的：培养学生团结协作的能力，锻炼学生身体耐力、灵敏性、协调性	
		游戏名称：七星抱团 游戏方法：以北斗七星天枢（1）、天璇（2）、天玑（3）、天权（4）、玉衡（5）、开阳（6）、摇光（7）代表 7 个数字。学生熟悉北斗七星图。学生绕固定形状进行慢跑，当听到相关七星的名称后，迅速按照七星代表的数字进行抱团。学生只需要说出七星代表的数字就可以。游戏时间 5 分钟左右 游戏规则：学生进行慢跑时要按顺时针方向，要进行匀速慢跑 游戏目的：培养学生的反应以及集中注意力的能力	

续表

学习对象	学习科目	具体学习内容	备　注
全年级	北斗体育游戏	游戏名称：挑战七星接力 游戏方法：设置并布置三个北斗七星的方向和点位，连成七星障碍；然后将班级人数分为人数均等的三个小组。每个小组分别各站在三个北斗七星点位障碍的后面。每个小组的第一位队员手持体操垫或者硬纸板作为跨过北斗七星天枢、天璇、天玑、天权、玉衡、开阳、摇光的必要物。听到发令后，第一位队员出发，双脚必须踩在体操垫或者硬纸板上；然后再返回，将体操垫或者硬纸板传递给下一位队员。依次接力直到每一位队员都完成挑战七星的接力，用时最少的小组获胜 游戏规则：听到口令后第一位队员方可出发；学生的脚不能踩出体操垫或者硬纸板，否则视为犯规 游戏目的：培养学生的团队合作能力，提高学生的身体灵敏素质，锻炼学生的意志力	
		游戏名称：七星战车 游戏方法：将同样大的纸箱板缠上胶带，连成同形式的履带（可用其他材料代替）。每队 5 人，其中 4 人进入履带中，另一人在外面当指挥员。发令后，指挥员根据北斗七星的方向，4 人齐心合力，一面用手将履带往前推，一面前进。途中要经过北斗七星天枢、天璇、天玑、天权、玉衡、开阳、摇光。到达一星后，履带内的一人要将一个沙包投进对应的标志桶内。至对面标志旗后，该队再折返回起点，途中拿回沙包。顺利通过并完成沙包的放取的一队即为获胜 游戏规则：沙包要顺利放进标志桶内；履带内的学生脚不能出履带，否则视为犯规 游戏目的：培养学生团结协作的能力，锻炼学生身体协调能力	
		游戏名称：漫游北斗七星 游戏方法：每组 6 人，共 7 组，分别为：天枢、天璇、天玑、天权、玉衡、开阳、瑶光。每组 5 人面向圆心围成一圈坐下，双脚合拢伸向圆心，推选一人站在圈中间，闭上眼睛，全身放松，幻想自己正处于太空失重状态中，以双脚为支点向任何方向倒下。正当他倒下时，周围的人应把失重的他推向另一方向，使他不倒在地上，能在圈中自由摆动，感到舒服并产生漫游北斗七星的感觉。每人轮流尝试一次。熟练后，圆圈可加大，增强乐趣 游戏规则：所有人必须双手把失重者推向另一方向 游戏目的：培养学生团结合作的精神，敢于挑战	

续表

学习对象	学习科目	具体学习内容	备　注
全年级	北斗 体育 游戏	游戏名称:跑星城 游戏方法:在地上画出北斗七星形状的跑道,学生分为两组,一组从跑道的起点出发,另一组则分散在跑道各处,准备用沙包击打跑道内的学生。如果跑道内的学生被沙包击中则游戏失败(退出跑道)。跑道内设七处安全区(七颗星),进入安全区的学生则不准再被沙包击打,拿沙包的学生同时问安全区的学生所站的这颗星的名称(以及其他关于这颗星的知识),回答正确则不准攻击,回答错误则失败。最后一颗星为终点,每一位跑到终点的学生都要接受一个问题(北斗七星的任何知识),回答正确则顺利通关,回答错误则退回到上一颗星 游戏规则:沙包只能击打身体,不能击打头部、面部;跑道内的学生不能跑出线外 游戏目的:锻炼学生的耐力、反应速度以及身体的灵敏素质	
		游戏名称:闯关北斗 游戏方法:北斗七星是指天枢、天璇、天玑、天权、玉衡、开阳、摇光七星。游戏共七关,用时最少者获胜 游戏规则: 1. 天枢(玻璃球)规则:在一个碗里倒入水并放入若干玻璃球,然后用筷子把玻璃球从碗中夹到另一个杯子里。成功夹 3 个玻璃球者可进入下一关 2. 天璇(乒乓球)规则:必须把乒乓球放在乒乓球拍的中间,不得用手固定。每个人每次只能托一个球,至下一关地点(10 米)不掉在地上并放在指定的位置上算有效球 3. 天玑(足球)规则:运球绕杆,路线呈“S”形,不得碰倒障碍物,碰倒一个障碍物加时 3 秒 4. 天权(篮球)规则:运球前进,每个障碍物前做变向,见障碍物换手运球 5. 玉衡(毽子)规则:参赛者在距目标 3 米处,将毽子踢入直径为 0.4 米的圆圈内,3 次机会,若 3 次机会没完成任务,加时 5 秒直接进入下一关 6. 开阳(跳绳)规则:一次性用两种跳法跳绳共计 20 次,若 3 次机会没完成任务,加时 5 秒直接进入下一关 7. 摇光(沙包)规则:双脚并拢夹住沙包跳到终点。若中途沙包掉了,捡回后从失误的地点重新开始。到达终点时,时间停止。 游戏目的:加强学生参与体育的乐趣,让学生通过游戏的方式达到锻炼身体的目的	

续表

学习对象	学习科目	具体学习内容	备　注
全年级	北斗 体育 游戏	游戏名称：七星蛙跳 游戏方法：以北斗七星天枢、天璇、天玑、天权、玉衡、开阳、摇光代表7个固定的位置，学生按照七星图固定位置和顺序进行蛙跳，每个学生每颗星最少跳3次 游戏规则：学生进行蛙跳时，双手背后，起身时身体舒展，抱团落地 游戏目的：锻炼学生的下肢力量以及反应能力	

三、北斗STEAM课程研究思路

STEAM课程提供了一种跨学科的全景式课程整合形态，这使得学生能够在更广泛的世界之间进行思考与学习，并关注其在实际应用中的深度理解与广泛迁移。STEAM课程的发展离不开课程整合。课程整合是STEAM课程的内生本质，同时是STEAM课程的外生动力。课程整合为STEAM课程发展提出了一种知识的整体观，即用于解决问题的知识本身就是一个整体。分科课程中所学到的零碎知识是无法完整地解决生活情境中所面临的真实问题的，许多学生所经历的学校课程，就像要求他们做一个拼图游戏，而不看图片，只给他们一些碎片。课程整合让学生有机会看到“大局”，同时倡导了一种知识是建构而来的观念，学生在主动建构而不是被动接受中产生有意义学习。

（一）STEAM大概念在STEAM课程整合中的价值

1. STEAM大概念是教师进行STEAM课程设计的隐含线索

STEAM大概念能帮助教师更加系统地理解和掌握STEAM课程的理念与价值，用以作为STEAM课程设计的基础。STEAM课程的整合特性要求教师不能再简单地按照单一知识脉络进行线性处理，必须进行跨学科理解与思考，科学合理地选取课程设计线索进行课程结构的整体布局。STEAM大概念跨越相似知识学科界限，支撑了教师的跨学科理解，提升了其课程整合能力。

2. STEAM大概念是STEAM课程学习的宏大蓝图

STEAM课程以学生为中心，关注围绕现实生活中的需求进行STEAM主题设置，只有在生活中，STEAM知识才有意义，进而知识才更容易被学习。来自STEAM课程中的知识通过STEAM大概念被重新定义到围绕主题的现实背景中，STEAM大概念为学生提供了一个组织STEAM课程信息的蓝图。

知识不再是抽象的、支离破碎的，同时减少了必须记住的内容数量，强化了学生的迁移能力。学生通过在STEAM课程中的探索所找到的不是知识应属于的学科，而是STEAM大概念本身。

（二）围绕STEAM大概念的STEAM课程设计思考

围绕STEAM大概念的课程整合已经逐渐受到国际教育领域的特别关注。芬兰在国家基础教育课程的整合中提到了围绕大概念组织跨课程学习甚至放弃学科边界的四种方式，包括可以通过主题活动、访问学习、研学营地等活动实现整合，可以通过不同主题视角创建更长的整合学习模块，可以形成整合的学科集群，可以在没有任何指定科目的情况下组织学生作业。

1. 把握STEAM课程的核心要旨

STEAM课程整合能够增加学生将理论与现实生活联结的机会，促进学生在活动过程中了解到科学、技术、工程与数学的应用。围绕STEAM大概念的课程整合能够促使学生将其学到的各学科片段知识经由整合的课程活动加以关联。教师在进行STEAM课程整合时，要以整合式活动为主要方式，利用主题方式来整合相关学科，形成以高质量项目式学习为核心要旨的STEAM整合课程。项目式学习是围绕具体项目展开的学习活动，强调学习者在解决问题时的实践体验以及探索创新中获得具体的知识以及专门的技能，进而实现有意义学习的一种主动学习方式。

项目式学习融合了建构主义、多元智能等多种教育理念，通过问题解决实现知识获取与技能迁移，因而在科学教育、工程教育以及STEAM教育等领域中获得广泛应用，并因其具有指向学习本质以及核心知识、持续地探究过程、对大概念的深度理解、参与现实世界任务等特征而被认为是新时期核心素养培养最重要的一种学习方式。项目式学习鼓励学生模仿科学家探索解决问题的过程，并在探索中分享彼此的观点，培养学生在合作中解决现实问题的能力。学生能积极、创造性地展示项目设计，创造新思路，与伙伴合作解决问题。

2. 思考STEAM大概念的根本内涵

真正的STEAM大概念并不是无所不包、内容庞杂的学科概念群体，而是理解STEAM领域本质的核心，往往通过深入探究得以掌握，是该领域专家整体思考和全面审视本领域问题的主要方式。STEAM大概念并不仅仅停留在所包含的相关知识范围上，其既是使科学、技术、工程与数学形成各种条理清晰的关系的核心，又是使STEAM现象与事实更容易理解的概念的锚点，其作为一种概念性的工具用于强化学生的整合思维，联结STEAM课程知识片段，使学生具备迁移和应用知识的未来素养。STEAM大概念已经不单单是一个名词或者符号，其背后隐藏着一个意义世界，已经远远超出普通概念的内涵与外延，负载着整个STEAM课程体系，因而全面而深刻地理解STEAM大概念的内涵十分重要。我们可以从认识论、学习论和价值论三个视角来审视STEAM大概念。

从认识论上来看，STEAM大概念是学生认识真实世界的思维方式，是学生认识世界、体察世界的工具，帮助学生思考、揣摩以及度量真实世界的各类现象；从学习论上来看，少而精的STEAM大概念是学生研究真实世界的组织工具，能够整合与联结学生所学的知识，帮助学生实现精细化学习；从价值论上来看，STEAM大概念承担着引发学生思考、塑造学生STEAM素养的重要功能。STEAM大概念是对于STEAM活动中存在普适性特点或规律的总括性认识，能够用于解释和预测更大范围内事物及现象的概念。STEAM大概念本身源于STEAM知识，同时又高于STEAM知识，具有超越知识本身指导认识世界的普适性价值，并且STEAM大概念一定是为教育服务的，那就必然指向培养全面发展的人这一核心宗旨。

本研究坚持从古至今、从表及里、从中心向四周的原则，对“北斗”文化自身的内涵以及其与基础教育的关联进行深层次、全方位的解读，并通过学科教学、活动实施、参观体验的途径把“北斗”文化分为七大模块在语文、数学、科学、艺术、道法、信息等学科中进行“北斗”文化精神的渗透。我们通过对学生搜集的北斗知识、制作发明的北斗产品、绘画制作的北斗作品、讲述展示的北斗文本成果等来评估“北斗”文化在学科渗透中对学科育人的价值以及对现代基础教育对整个教育阶段应该发挥的关键性作用。

四、北斗STEAM课程具体实施

北斗STEAM课程本质上是一门主题式整合课程，强调学科之间的合作，将科学、技术、工程以及数学等课程整合在一起，使科学探究、技术素养、工程设计与数学思维作为一个综合系统连接起来，并通过问题解决这一实践环节确保整合课程的协调工作。但这并不意味着STEAM课程中的四门课程在每一次实践环节中必须发生。

北斗STEAM课程整合并不仅仅是在形式上由一位或者多位教师打破学科界限，将不同科目联结起来，更是以学生的自发性探究及活动经验为基础来设计北斗STEAM课程，让学生获得与生活经验相符合的教育内容。STEAM课程这种主题式的教学和学习丰富了所有学习领域，促进学习者应对真正的挑战，同时这种主题式的研究也促进了STEAM教师跨学科理解力的发展。

（一）导入环节

教师通过引导学生观看“北斗”导航系统研究过程与“北斗”历史演变介绍的视频影像资料，激发学生对“北斗”导航系统的好奇心与“北斗”内在精神文化品质的领悟。

（二）主授环节

1. 北斗七星的形象——美术

师：经历重重波折，我国的北斗三号全球卫星导航系统正式开通啦！接下来我们就通过视频对北斗三号全球卫星导航系统进行了解，并用绘画、手工制作等形式来描绘制作你心目中“北斗”的形象吧！

2. 北斗七星的位置——数学

师：我们通过搜集资料了解北斗七星与北极星的位置关系，并跟随季节变化画出北斗位置的渐变图；根据自己对距离的理解来感知北斗七星与我们的遥远距离（78—124 光年）。同学们请查找资料初步了解北斗定位导航系统实现定位所运用到的空间直角坐标系的知识，并且自己在纸上设计一个三维坐标系。

3. 北斗七星真美丽——语文

师：① 北斗七星既然这么神奇，那么你知道关于它的中外传说、寓言故事、成语故事、北斗星的诗词吗？

② 你观察过夜空中的星星吗？北斗七星是什么样子的？（看图写话）

③ 古人观星象定时节，你知道在哪些时节可以播种？（绘农耕图）

4. 从北斗七星到北斗导航——科技

师：请通过查找北斗导航定位系统的定位原理，设计一个从自己发出的信号，并思考是通过怎样的反射最终实现定位及信息的传递的。

5. 北斗七星的韵律——音乐、体育

师：① 同学们，你们知道有哪些演唱“星星”或者“北斗星”的歌曲呢？

② 请同学们围绕“北斗精神”、理想信念、榜样的力量等创编一些正能量的歌词，可以创编一句，也可以创编一首歌词。

师：下面进行“七星轨迹”的游戏。

游戏方法：比赛开始前，参赛队员站于起跑线后的第一、二块硬纸板上，手拿第三块硬纸板。硬纸板作为跨过北斗七星天枢、天璇、天玑、天权、玉衡、开阳、摇光的必要物。听到发令后，第一位队员出发，双脚必须踩在硬纸板上，赛程为 N 米（根据场地大小而定）。以参赛队员的任一脚踩在越过终点线所在垂直平面的摇光星时计时并停止，用时少者名次列前。

游戏规则：比赛开始前，参赛队员必须站立于起跑线后的硬纸板（天枢星）上。比赛过程中，参赛队员不得越出其指定赛道；若有队员变道或阻碍其他非本队队员将直接取消其比赛资格。比赛过程中，身体的任何部位不得直接触碰除硬纸板之外的支撑物，否则视为犯规。比赛过程中，队员每犯规一次，就在该队员最终用时上加上 3 秒；若有队员在一轮比赛中累计犯规次数满 3 次，则直接取消其比赛资格。

游戏目的：培养学生团结协作的能力，锻炼学生身体的耐力、灵敏性、协调性。

五、润心课程创新评价的北斗 STEAM 课程评价

任何评价的展开都蕴藏着一条或明或暗的主线，这条主线及其所内含的评价背景、目的、原则、内容与方法共同组成了一套完整的评价体系。北斗 STEAM 课程学习活动根据各年级段学生特有的学情特点与知识水平，设计针对性强的学科学习活动单，整体来讲达到了打破学科边界，实现学科融合的目的。学生在探索和学习北斗 STEAM 课程中也学会了建立学科间的横向联系，学会自主创设问题情境，自觉培养创新意识与探索精神。北斗 STEAM 课程评价通过对“北斗”文化自身的内涵以及其与基础教育的关联进行深层次、全方位的解读，并通过学科教学、活动实施、参观体验的途径把“北斗”文化分为七大模块在语文、数学、科学、艺术、道法、信息等学科中进行“北斗”文化精神的渗透来发挥“北斗”文化学科育人的价值。因此，在评价过程中使用多种评价方法。STEAM 评价方法有很多种，它们都有着独特的优点，一种完整的 STEAM 评价应该使用多种评价方法，才能对学生的综合素质做出判断。

（一）评价背景

近年来，STEAM 教育已成为国际教育界的关注热点，我国也掀起了轰轰烈烈的 STEAM 教育热潮。各地中小学逐步将目光放在了 STEAM 课程的开发上，但在实施 STEAM 课程的过程中，对学生的评价多采用传统的纸笔测验，无法对学生在 STEAM 课程中综合能力的提高做出整体性评价。一些学校简单地选择与科学学科类似的纸笔考试方法，但这种方法只能判断学生的知识掌握情况，不能对学生能力进行综合评价。合适的评价系统已成为当前 STEAM 课程亟待解决的问题。

延安市新区第二小学开展关注心灵成长的教育，重视心理健康教育，注重全科素养和全科协同发展，促进全科交融，以学生健康发展、全面发展为目的，强调不同学科知识学习的相互配合，以达到提高学习效率的目的，最终实

现不同学习阶段、不同学科课程的相互配合，从而培养有情、有识、有志、有恒的润心少年，创办温暖、智慧、开放、共生的现代化学校。为了有效评估北斗STEAM课程的实施，教师们必须采用和发展一套体现丰富的文化内涵、体现学校的办学特色的综合评价体系，给学生不同的表现机会，从而通过多样的评价方式判断他们的知识和能力水平。传统课程评价方法以纸笔测验为主，可以评价学生对基本知识的掌握情况，通过对学生设计图、实施方案和实验反思等的评价可以看出学生各方面能力的发展，通过学生自我评价和组内互评可以看出学生的STEAM态度。但要注意的是，不同的评价方法所适应的维度也不同，在进行评价时，不应一股脑地套入所有评价方法，而是根据想要评价的内容对评价方法进行筛选。随着新课程改革进入全面深化阶段，学校课程的多样化、特色化发展已经成为学校教育改革的重要内容。这就需要建构完善的课程评价体系，确保课程的优化及教育质量的提升。课程评价就是对课程系统各个部分以及整体进行的各种形式的价值判断。简言之，课程评价就是针对学校课程或者课程的某一环节，就其设计、实施和结果等方面，运用系统化的方法搜集、分析和解释相关资料，进而对其内在价值和外显效果进行价值研判并作出决定的过程。

（二）评价的目的

课程评价是促进学生全面而有个性发展的重要引擎和保障，是课程改进、变革和创新的导向矢量和动力，[①] 促进学生核心素养发展，使之逐步形成适应个人终身发展和社会发展需要的必备品格与关键能力，是全面深化我国基础教育评价改革的基本理念和价值旨归，[②] 是人适应信息时代和知识社会的需要，是解决复杂问题和适应不可预测情境的高级能力和人性能力。[③]

课程评价契合我国教育变革发展的价值诉求和课程深化改革的前进方向。课程评价的目的是检验与考查学生的学习达到教学目标的程度，检验和改革教师的教，改善课程设计，完善教学过程，促进教师教学反思，有效促进学生发展。课程评价关注课程发展的合理性、科学性、人文性，关注教师课程的设计能力、执行能力，促进学生自我认识，建立自信，发掘潜能，把学生培养成为有情、有识、有志、有恒的润心少年。

---

① 徐彬，刘志军．指向核心素养的课程评价探析［J］．课程•教材•教法，2019，39（7）：21-26.

② 辛涛，姜宇，林崇德，等．论学生发展核心素养的内涵特征及框架定位［J］．中国教育学刊，2016（6）：3-7.

③ 张华．论核心素养的内涵［J］．全球教育展望，2016（4）：10-24.

（三）评价的原则

教学和评价是课程实施的两个重要环节。评价既对教学效果进行监测，也与教学过程相互交融，从而保证与促进学生的发展。[①]一直以来评价都是基础教育阶段的难题，因此评价原则对积极有效的课程实施具有重要意义。延安市新区第二小学注重全科素养和全科协同发展，以学生健康发展、全面发展为目的，要求课程评价导向正确，并遵循以下原则。

（1）发展性原则。课程开设的根本目的是发现和发展学生的潜能，更好地促进学生潜能的发展。这也是课程评价的根本性原则，学校课程必须明确促进学生发展的课程目标。

（2）拓展性原则。课程设置要与国家课程密切相关但又超越学科课程教学，学生能否实现学科知识的拓展是评价课程实施成效的重要内容。

（3）科学性原则。润心课程的提出和教学内容的设计必须符合科学性原则，要体现某一学科或领域的特点与规律，帮助学生学会学习，喜欢学习，培养学习兴趣。

（4）适应性原则。润心课程的开发必须与学生身心特点相适应，与学生的兴趣爱好相一致，在难度上不能超越学生发展的基础。

（5）广泛性原则。教师可以选择合适的内容来设计学校课程，扩大学生视野。

（6）动态性原则。除国家课程外，学校特设的课程是动态滚动发展的，可以不断更新，促进学校发展。

（四）评价内容

1. 针对课程的评价

课程评价是课程管理非常重要的一环，是权衡教育目标设置与达成、提高教学质量的重要因素，也是课程改革的一个重要方面。课程评价是课程开发与实施不可缺少的一个重要环节。课程评价不是一种价值无涉的纯技术活动，而是主体性的活动，评价内容是与主体的需要紧密联系在一起的主体性活动。[②]作为一种主体性的活动，课程评价不仅要关照学习者的需要，从课程评价的理论和实践来看，也要关注教师在课程评价中的重要作用，教师专业化发展、新课程改革提出的新理念，都有助于提高教师的专业水平，使学生

---

① 何美惠，叶彩红．小学科学学业评价原则和实践要点：以探究性试题编制为例［J］．课程•教材•教法，2020，40（7）：124-129.

② 薛源．课程评价中学生的主体性特征探析［J］．全球教育展望，2005，34（1）：56-59，9.

得到全面发展，又有助于提高课程评价本身的质量和水平，促进课程的改进与发展。[①]

教师既是课程的参与者，也是课程最理想的评价者。教师是否具备相应的评价知能，决定着其能否对课程做出适切的评价并提供具有实效性的反馈信息，从而促进课程有效实施。[②]为此，教师应该在掌握课程开发理论的同时还必须具备相应的课程评价能力，以促进其专业能力的发展。

1）课程的目标与计划

课程的目标与计划包括课程设计的意义、开设课程的必要性和可行性、是否与学校培养目标一致。其主要考察学期计划与国家课程标准、学生实际情况是否相符。

2）课程准备与投入评价

课程准备与投入评价主要包括教师的专业发展，如校本研修、技术培训、知识准备、教学设计、教学组织与安排等。

3）课程实施过程评价

课程实施过程评价主要是对课堂教学过程的评价，包括对教学态度、教学方法、同伴互助、班级管理、教学常规、师德师风、学生家访、教育反思与研究、教学成绩等的评价。

4）课程实施效果评价

课程实施效果评价主要是了解课程实施以后是否达到了原来设计的教育目标，还存在哪些偏差，为此应如何改革等。其评价方式包括学业测试、调查问卷、专家评议等。

2. 针对学生的评价

教育部于近日印发了《义务教育课程方案和课程标准（2022年版）》（以下简称新课标）。其中，促进课程与教学评价方式变革是新课标的一个重要体现，也是新课标落实过程中应重点关注的领域。课程与教学评价是课程发展方向的指挥棒，直接关系着课程的实施导向，也是检验课程实施质量的"晴雨表"，[③]直接反映着课程的实施程度，有利于课程评价高效落地。新课程方案专门在课程实施中将改进教育评价单列，并明确提出"全面落实新时代

---

① 张瑞，刘志军．教师：不可或缺的课程评价主体[J]．课程•教材•教法，2008（8）：11-16.

② 丁文萃，杨李娜．中小学校本课程评价主体探析[J]．西南交通大学学报（社会科学版），2013，14（2）：77-80.

③ 刘志军，徐彬．新课标下课程与教学评价方式变革的挑战与应对[J]．课程•教材•教法，2022，42（8）：4-10，24.

教育评价改革要求”[①]。新课程方案也进一步厘清了新时代教育评价改革系统内部要素之间的关系，其中改进结果评价、强化过程评价、探索增值评价、健全综合评价是评价改革的基本途径，是评价改革的根本所在，为中小学教师开展课程评价提供依据。延安市新区第二小学在进行学生评价时注重采用多种评价方式相结合，主要包括以下几个方面。

（1）表现性评价。学生处在不断发展和变化的过程之中。教师要随时发现学生的新变化，提供给学生真实的任务，并给予积极的评价，全面、真实、深入地再现学生发展的特点，促进学生在已有知识的基础上获得丰富的学习经历和情感体验。

（2）成长性评价。学校要给每位学生建立成长记录袋，记录学生的发展过程，让学生看到不同时期自己的兴趣爱好和成长变化。学生展示学习成果，反思自身的变化与成长，记录所付出的努力。教师对学生成长记录的评定结果，可采用等级评定或使用描述性语言的形式呈现。

（3）展示性评价。学校通过全科素养大赛、艺术节、六一儿童节或传统节日等活动，给学生创设自我展示的舞台，使其获得自信与成功的体验，从而进行展示性评价。

（4）终结性评价。在学期末学校要进行全面评价，包括对学生的学业成绩、学习态度、学习方法、探究与实践能力、合作与交流能力等方面进行评价，也可通过学业测试、期末汇报演出等采取等级的方式进行评价。

第三节　润心课程跨学科综合的劳动教育课程范例

国务院于2020年下发的《关于全面加强新时代大中小学劳动教育的意见》（简称《意见》）中指出，劳动教育是中国特色社会主义教育的重要组成部分与内容，劳动教育是否能够足量适时落到实处，实施质量与效果能否得到保证等，在很大程度上决定了新时代中国特色社会主义建设者和接班人的劳动技能水平、劳动价值取向与劳动精神面貌。[②]习近平总书记也提出“劳动创造美好生活”，劳动教育不再是简单地学习简单的生活、生存技能与文化知识，而是结合各学科知识来统筹解决复杂多变、难以预测的现实问题，在不断

① 中华人民共和国教育部．义务教育课程方案和课程标准（2022年版）[M]．北京：北京师范大学出版社，2022：14.

② 中共中央 国务院关于全面加强新时代大中小学劳动教育的意见[N]．人民日报，2020-03-27（001）.

试误、反复探究和尝试创新的过程中，在具身实践、反思总结和学以致用的过程中，体认劳动的乐趣与价值，形成正确的劳动价值观和良好的劳动品质，发展学生的创新思维，培养学生的创造性劳动能力。可以说，劳动教育已经成为新时代学生发展的必备内容和重要抓手。

由此可见，教育和生产劳动相结合，是我国教育方针的重要内容，亦是新时代培育全面发展的人所必须遵守的准则。加强小学生的劳动价值观和劳动技能教育，是小学劳动教育课程得以实施的重要途径和依据。为此，延安市新区第二小学以"润心教育"为办学导向，从体系化开发与设置劳动教育综合实践课程、同时创新劳动教育课程实施方式和建构增值性与发展性劳动教育评价体系等方面，对学校的劳动教育进行了精心设计与改进探索，为新时代有效开展小学劳动教育积累了较为科学、合理的实践样本与经验。

延安市新区第二小学立足中国大地用延安精神办教育，以"关注心灵成长，润育一颗中国心"为办学理念和课程设计理念，旨在培养富有家国情怀、创新意识、良好思维、健全人格，全面发展的"有情、有志、有识、有恒"的润心少年。在此育人理念和办学目标的导向下，学校通过体系化开发与设置多元立体的劳动教育综合实践课程，不断深入挖掘与整合已有的和潜在的劳动教育资源，坚持创新小学生劳动教育课程实施方式，努力建构增值性与发展性小学生劳动教育评价体系等探索，积极构建促进学生全面发展的劳动课程体系。

一、体系化开发小学生劳动教育课程

劳动是人类存在的基础和手段，是每一个人在体格、心理、智慧、灵魂和道德等方面臻于完善的基本源泉。[①] 新时代中国特色社会主义劳动教育必将致力于尊重兴趣、基于经验、联系生活、多元选择和着眼发展。延安市新区第二小学以班级教室、无土栽培实验室、校园边角地和学校农场为主阵地，以红色种植园、班级绿植、当地传统作物与时令蔬菜和学生感兴趣的植物种植为主要内容，同时探索小小饲养园的养殖劳动，重视学生综合劳动能力和创造性劳动能力的培养，将教师的教、学生的学和学生的做三者结合统一。学校劳动教育依托"润心农场"、红色种植园和班级管理劳动区域多元化开发劳动教育综合实践课程，致力于达成让学生在知行合一中学会生活与生存，体认劳动价值，形成劳动习惯和品质，提升其创造性劳动能力的目的。

课程实施分服务性劳动、生产性劳动、生活性劳动、公益性劳动和研究性劳动五大课程体系（如图 3-4 所示）。每一大类劳动课程体系又由若干具体

① 侯红梅，顾建军．我国小学劳动教育课程的时代意蕴与建构 [J]．课程・教材・教法，2020，40（2）：4-11.

的子体系组成，并以若干个鲜活的劳动项目组块形式予以实施。延安市新区第二小学劳动教育课程贯穿于学校的各个学科课程之中，涉及人文与社会、科学与自然、体育与健康、交际与生活等多个领域，能够更好地顺应学用一体、活学活用、即学即用的教育规律，实现知行合一，充分体现学校的育人理念，致力于建设丰富、多元、鲜活、实用且体系化的小学生劳动教育课程，为培育小学生各学科核心素养、实现五育融合的育人目标给予丰富、灵活、有趣、有识、真实、有效的载体和强有力支持。

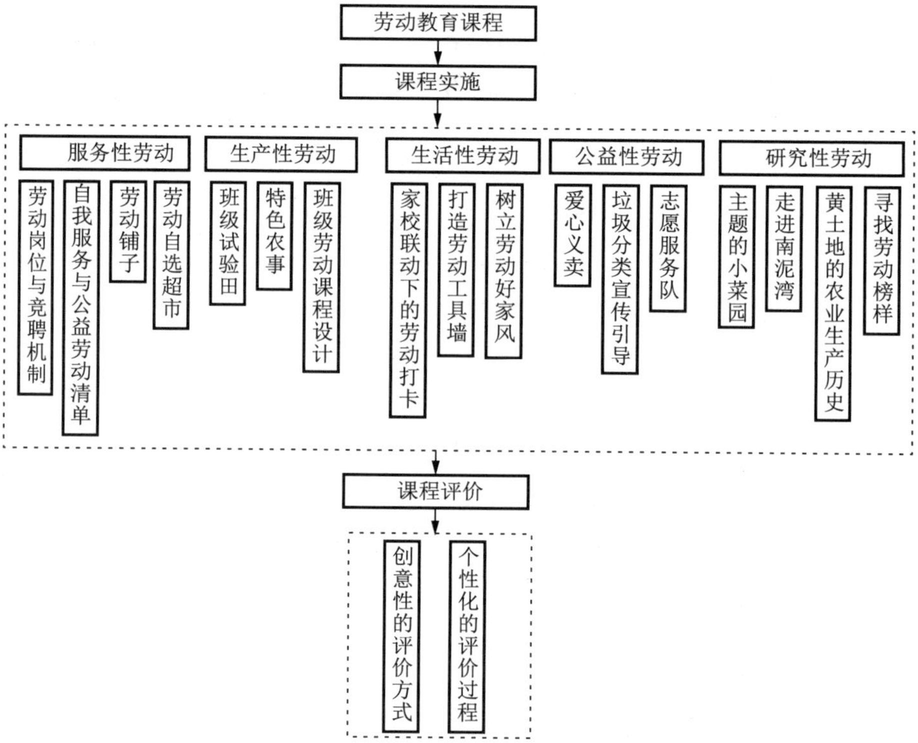

图 3-4　延安市新区第二小学劳动教育课程体系

二、创新劳动教育课程实施方式

劳动教育的内容不是孤立存在的，而是以项目或项目组块的方式层级推进、循序渐进的。《意见》中明确提到，中小学劳动教育课程每周不能少于 1 学时。延安市新区第二小学依据《意见》导向，根据服务性劳动、生产性劳动、生活性劳动、公益性劳动和研究性劳动五大课程体系建构的需要，各项劳动按照班级室内、学校润心农场、家庭、校外几个场所实施（如图 3-5 所示）。其中各学段每周校内劳动实践不少于 6 学时，家务劳动实践不少于 3 学时，校外劳动实践不少于 1 学时。

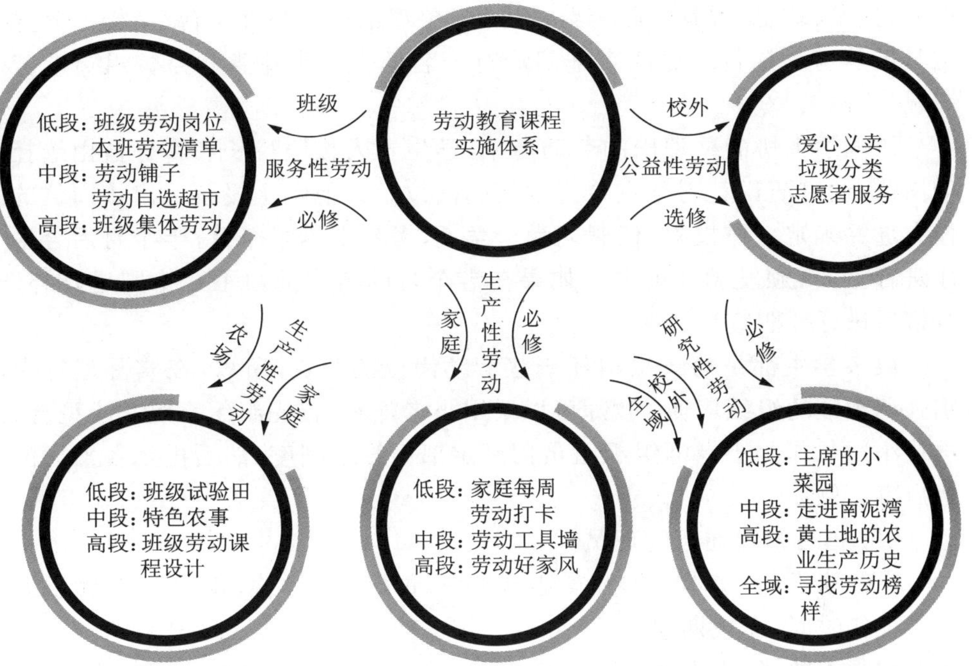

图 3-5　延安市新区第二小学劳动教育课程实施体系

在各项劳动课程进行中，学校坚持做到打破课程界限，使劳动课程与各个学科内容紧密关联，从而真正起到劳动教育沟通各学科教育，帮助学生达到学以致用的目的。在课堂教学和种植与养殖实践的基础上，学校组织学生开展系列跨学科性质的活动，例如，与语文学科密切融合，让劳动实践和种植日记、看图写话或习作深入结合，在真实的情境中体验学习，丰富感知与语言；与数学学科结合，将数学知识与农趣园的面积、篱笆长度等结合，也可以把数学知识运用到如播种间距、肥料配比中；与科学教学相结合，科学试种、科学施肥，并坚持直观而持续性地观察蔬菜种子和蔬菜的生长过程，充分发挥劳动教育和学科融合的重要教育意义。

（一）服务性劳动

服务性劳动涉及对学生不同层面的培养，侧重于学生沟通交往、服务意识、文明习惯和组织思维能力等方面的培养。其主要包括：

1. 劳动岗位与竞聘机制

学校教师利用“开学第一课”激发学生们的劳动意识，一起协商和决定班级的劳动岗位，如设立物资部、卫生部、用餐部、整理部等。物资部设立文具招领、绿植养护、口罩收集、节能管理等劳动岗位。卫生部设立地面桌面清洁、门窗清洁、抹布清洗与摆放、垃圾分类等劳动岗位。用餐部设立餐车安全管理、打菜、端餐、餐具回收等劳动岗位。整理部设立整理讲台、桌椅、书包柜、工具柜等劳动岗位。这四个部门均有一名部长负责检查和监督组员的劳动情况。

依据学生协商整理出的劳动清单，学生本人按照特长和喜好自由选择劳动岗位，通过演说竞聘学生希望承担的岗位。其他学生投票选出该岗位的最佳人选并确定工作权限，任职期为一学期，考察期为半个月，半个月后合格了才进行宣布、颁发聘任证书。如果在半个月的考察期内不合格则进行补选，合格后进行任职宣誓。

很多学生都是第一次担任一些劳动岗位的职责，所以，在实际运行中特别强调教师的组织培训。教师可以采用小老师制，首先组织小组长小型会议，再让小组长作为小老师组织组员们制定部门管理制度，然后出示各部门的招募启事。例如：

（1）招募开窗通风管理员。

岗位职责：负责本班的开窗通风工作（每日至少3次，每次30分钟以上）。

工作时间：在校期间。

招聘人数：每班1个。

报名方式：班主任处报名，并向全班同学阐述任职理由。

录取方式：同学投票产生。

工资薪酬：一周一评，合格者每人每天1元金明币。

（2）招募垃圾分类管理员。

岗位职责：负责设计和监督本班垃圾分类工作（废弃口罩回收、废旧纸张的管理、饭后残渣分类）。

工作时间：在校期间。

招聘人数：每班1个。

报名方式：班主任处报名，并向全班同学阐述任职理由。

录取方式：同学投票产生。

工资薪酬：一周一评，合格者每人每天1元金明币。

（3）卫生部管理公约。

① 所有打扫卫生的同学都应该做到自觉认真；

② 不能为了个人或小组加分去打扫卫生；

③ 如有同学因特殊原因不能打扫，大家应体现班集体荣誉感，自愿帮忙；

④ 卫生部每个成员应不定时进行“突击检查”；

⑤ 如有人违反卫生部公约或做出无理之事，可以让该同学进行劳动反思；

⑥ 卫生部定期向大家给予一定的总结或是荣誉勋章。

例如，在“突击检查”中得到连续5次或5次以上的表扬或批评，则为每人奖励或扣除金明币5元。

2. 自我服务与公益劳动清单

各班班主任根据本班的具体情况和劳动的区域与学生协商和确定本班级的劳动清单，将劳动习惯的培养贯穿于学生实际生活的点滴中，为学生提供真实、生动、有趣的劳动行为空间。

3. 开设劳动铺子

延安市新区第二小学充分结合学校各个教育场域中的劳动教育课程资源与内容，尽量给小学生们相应的劳动学习支架，不断完善基于四节联动递进劳动链条的延安市新区第二小学劳动铺子。基本链条包括“项目抽屉柜—技能集装箱—探究钥匙扣—分享成果台”四大环节，努力把简单机械的日常劳动变成复杂多变的创造性劳动，变成有趣有识的成长性劳动，变成具有探索魅力与创新驱动力的跨学科综合实践教育活动。同时，劳动铺子有利于打破年级限制，不同学段、不同性别、不同体型的学生可以借助自己的独特性联合参与实践活动，进行深层次的劳动学习与锻炼，实现学习方式、实践方式、思维方式、体验方式、发展方式等方面的突破。另外，利用劳动铺子的复合功能创设学生劳动分享空间。[①]

4. 设立劳动自选超市

在延安市新区第二小学的劳动自选超市中，学生可以根据师生协商提前准备的劳动主题菜单定期选定劳动项目，或根据自己的个性化需要与喜好自主选择劳动项目并按照自己设定的方式进行实践。学生们自行搜索和挑选某一劳动产品，加入自己的劳动购物车，再提交订单，然后根据项目、兴趣和自身需要进行自主式劳动技能学习与实践探索，最终完成劳动实践与学习总结。学生们在劳动自选超市实践之后，可以回到班里共享自己在实践中所获得的劳动成果，同时讲解并分享自己的劳动学习妙招或销售自己的劳动成果。班级分享之后进行总结建档，以备其他同学实时查看、借鉴自己需要和感兴趣的劳动方法、策略、成果、资源，从而形成班级劳动数据库，供更多的学生学习和运用。

（二）生产性劳动

学校的生产性劳动教育旨在引导学生初步体验种植、养殖、手工制作、简单机械加工等较为简单省时的生产性劳动，使学生初步学会与他人合作劳

① 曾美婷．立起劳动评价风向标［N］. 中国教师报，2020-05-13（006）．

动，懂得生活中衣、食、住、行的来之不易，逐步养成尊重与珍惜他人劳动成果的良好习惯，并从劳动中逐步渗透和培育多元化的劳动文化素养。

1. 班级试验田

在试验田，各个小组根据实际情况，科学规划、讨论制定本小组的种植或养护方案，出示农作物不同阶段所需的材料和具体的劳动任务，确保每个成员在种植过程中分工明确，能亲身体验从整地、做畦、播种、定植、施肥、浇水、松土、植株调整、搭建爬藤架、病虫害防治、分辨农作物成熟情况到采摘收获的每一种植环节。蔬果成熟后，学生可以学习菜肴制作方法，进一步锻炼动手实践能力，感受家乡的饮食文化。

以家乡时令蔬菜西红柿为例：学生通过课堂教学认识了西红柿，了解了西红柿的种植方法及主要价值；接着，学生走出课堂，在农场种植、养护西红柿，待到成熟时学习正确采摘西红柿的方法；最后是制作菜肴，从"整理—清洗—焯水—切碎—调味—品尝"等环节进行全流程体验。这样的活动，已经不仅仅是让学生掌握西红柿的种植技巧，也不是让学生学会制作西红柿菜肴，更为重要的是，在一系列劳动过程中，使学生感受到劳动的价值，学会合作交往，提高运用跨学科知识解决复杂或真实问题的能力，创造性地培养他们的劳动能力和生存能力。

除了集体的农场外，学校还可为各班级划分小农场，以班级为单位为自己的小农场命名，选择种植品种，制作农场文化牌等。每个班级都有种植主题，坚持知行合一，把引导学生走向自然、回归生活、感悟人生融为一体。

（1）土豆种植。土豆是陕北人的主食之一，也是陕北人普遍种植的农作物。所以，延安市新区第二小学把土豆种植作为"润心农场"的主题式学习项目。在该项目劳动中，学生自选土豆并按照芽眼科学切割分种，亲历选种、育苗、养护和收获（挖土豆）的创新性劳作过程，感受创造性劳动之美。

（2）种桑养蚕。蚕宝宝是书中的小精灵，也是学生感兴趣想探究的物种。所以，延安市新区第二小学在"润心农场"中开设了种桑养蚕项目，组织学生学习包括桑苗选取、扦插、管理，桑叶采摘和养蚕等环节的技术技巧，观察蚕宝宝一生的生长变化，引导学生在实践中感知蚕丝的神奇与蚕丝制品的来之不易。

（3）红色菜园。革命圣地延安有一块广为人知的小菜园，就是杨家岭革命旧址毛泽东亲手开垦种植过的小菜园。为传承红色文化与艰苦奋斗的革命精神，延安市新区第二小学特意仿造杨家岭的小菜园开设了"红色菜园"项目。"红色菜园"结合圣地延安的典型地域文化特色，种植毛泽东当年栽种的蔬菜品种。教师引导学生学习伟大领袖毛泽东自己动手、丰衣足食的艰苦朴素精神，了解杨家岭革命旧址小菜园等相关红色历史故事，进行相应蔬菜的科学种植劳动，并围绕科学播种、移植、养护、采摘与加工等开展小型实践课题研究，从中获得最直接的自然科学知识和生存与生活技能，使每一个学生零距离体验播种、开花、结果等植物生长的神奇过程，感受生命的奇妙历程，从而敬畏生命、珍惜生命。

2. **特色农事**

当地特色农事以传承陕北传统作物种植为主，重在延续当地农业特色，理解当地生命延续的奥秘，总结当地生态发展的规律，在理解地域特点与农作物生长匹配和人的传承关联中形成强烈的当地文化认同。当地传统作物与时令蔬菜种植的每个阶段均体现出家乡农耕文化中所讲的辛勤、节约、环保、绿色等相关的理念和传统文化。因此，这就要求教师引导学生在不同的环节中感受到劳动的艰辛、生命的神奇和自然的奥秘，并逐步领会其中所蕴含的文化内涵和文化思想。特色农事以学校“红色种植园”“润心农场”和班级试验田为依托，通过生产性的劳动，渗透人文、科学、艺术、语言等素养，在劳动中提高学生的核心素养。

延安市新区第二小学“田园韵事”是引导学生进行地方劳动志挖掘整理和人文特色与文化创意整合的劳动文化教育活动。该活动在专家引导下以学生为主挖掘和整理陕北地方劳动志史料，帮助学生深刻理解当地农耕文化和劳动的力量与品质；在人文特色与文化创意方面可以将学生劳动实践与别具风味且情景照映的小古文吟诵和创作结合起来，或者与农历节气特点与知识、争当农场小作家等文化活动结合起来，通过在劳动之中鲜活地传授劳动人物、劳动史实、劳动风俗、劳动典故等劳动文化知识，让学生在丰富有识的劳动教育中具身观察、体察明理，丰富学生对中华农耕文化的了解并内化于身，强化中华农耕文化自信与文化认同。这一模块的学习以跨学科的项目整合学习为主，以“润心种植”为依托，合理实施，具体可以采取农场笔记、“校园二十四节气”、“我是农场小作家”等活动形式展开。

“校园二十四节气”通过延安市新区第二小学“润心农场”与农历节气有机结合，让学生体验跨学科整合的项目式学习，通过具身观察、深入体验、田野调查，倾听大自然的声音，撰写源于大自然的农场笔记，参加各类节气风俗农事活动，体验传统农业文化，感知不同节气时特殊的校园之美和农事之美。在不断的节气劳动实践探索与改进中，延安市新区第二小学正在形成和完善属于学生自己的《二十四节气与大地上的劳作》综合实践成果集。

“我是农场小作家”则是基于延安市新区第二小学“润心农场”切身实践的自说自话语文习作项目，旨在为每一位学生搭建一个观察发现、实践锻炼、总结提炼、分享交流的劳动生活表达与交流学习平台，不断丰富每一名学生立足自己行动感知视角的文字表述，引导每一名学生学会以快乐、积极的心态去参与劳动、关注生活，产生体验、表达感受、迁移感受，培养学生细腻丰富的想象力，从而提高学生的劳动情感与习作水平。

3. 班级劳动课程设计

（1）节日课程里的劳动技能菜单。

劳动节：组织学生开展“生活达人秀”劳动技能竞赛。

植树节：组织学生开展校园与社区植树或花草种植活动，并认识花草树木，从爱护花草树木开始，逐步形成人与自然和谐共生的意识。

父亲节、母亲节：体现学生的担当意识，鼓励学生以服务性劳动为主，用自己的劳动方式感恩父母，敬畏生命。

重阳节：组织学生进社区，为孤寡老人们提供爱心服务，做一些力所能及的照顾老人之事等。

（2）本班试验田的劳动周期订单。

试验田不单单是一个种植园，学生在园子里也不只是学会种植技术，还要发展设计思维与创新实践能力。在试验田劳动中，学生对农场进行布局，把园子设计成长条形的，每一块种植一种蔬菜，并预留出种植时所需的道路，既保持整齐感，又形成线条感，长多少，宽多少，都需要学生提前进行设计；在试验田劳动中，学生要学会设计种植床、堆肥箱、雨水收集装置、垂直棚架、育苗箱等，这些设计不仅体现在画纸上，还需要他们通过动手进行实践操作；在试验田劳动中，学生可以协商种植一些容易生长的时令蔬菜，如西红柿、豌豆、黄瓜、豆角、丝瓜、韭菜、生菜等，每种蔬菜具体种植在哪里，需要根据蔬菜的生活习性和园子的美观进行合理布局；在试验田劳动中，学生还需要设计农场的标牌、围栏、班级基地小标牌、时令蔬菜名片等，通过设计，让农场的每一个角落都会“说话”。

（3）角落劳动课程合作单。

学校要确保每个班级都承担包干区，如绿化带包干区、卫生间包干区、每天的餐桌整理包干区等。教师要鼓励学生与不同年级的学生合作，寻找搭档，自由组合，使包干区成为学生们劳动与交往的心爱角落，让学生用自己的力量去维护美好的校园环境。

（三）生活性劳动

家校共育可以培养学生主动参与家庭生活环境的清洁与维护、物品的收纳与整理能力，让学生学会制作一两道简单的家常菜和 2 ～ 3 项生活技能，增强他们的生活自理能力和承担家务劳动的责任意识，体现新时代少年儿童的家国情怀与担当意识。

1. 家校协同下的劳动打卡

延安市新区第二小学坚持家校联动，引导学生与家长共同制定每周的劳动清单和劳动时间表，各自明确职责和岗位，坚守契约精神。亲子间的协同劳动一方面可以为学生提供宽广的劳动行为空间，另一方面也可以扩大学校教育的广度和深度，使学生的劳动习惯和劳动意识得以巩固和提升。

如《延安市新区第二小学家务劳动指南》：

适用对象：小学一至六年级学生。

具体原则：一是立足儿童的属性，根据学生身心发展规律，为其量身定制家务目标、内容要求，逐级增加各个阶段劳动的长度、宽度与强度；二是依托家的属性，突出家的劳动空间，体现家庭生活对于儿童劳动意识提升和行为塑造的重要影响；三是抓住“亲子”属性，如父母的榜样指引、亲子间的亲密契合、家庭角色的感知塑造。

内容分布：将爱与感恩、习惯与技能、责任与担当等融入家务劳动，分学段进行逐层、衔接、适应性设计。

实施要点：立足教师、家长、学生三个共同体携手成长这一目标，在目标定位、内容选定、过程实施、评价要点等方面提供策略指导，如开设亲子劳动共同时光、家庭劳动成果分享时间、家务劳动自我领导力点赞墙等。①

2. 打造劳动工具墙

没有劳动情感的代入对于学生来说只会是一种负担，学生之所以不被日常家务劳动所吸引，主要原因在于家务劳动缺乏挑战且形式过于单一。“工欲善其事，必先利其器”，劳动情感的培养首先要从劳动工具入手。学校通过家校携手在学生的家庭中布设一面劳动工具墙，同时设计从记录、选购、研习、改组、布设、介绍、分享七个方面入手的“劳动工具派”。

（1）记录工具。家长带领孩子亲自体验打扫、清洁、烹调等家务劳动的全过程，用儿童自己的方式分类记录家务劳动中需要的工具。

（2）选购工具。家长陪同孩子一起到超市或网络平台选购更换家中需要完善、替代的劳动工具。

（3）研习工具。家长对新购买的工具，或者家中要调整的工具进行项目化研究，研究哪些工具需要改组、整合。

（4）改组工具。学生与家长或同学一起合作，学会用多种劳动方式对现

① 庄惠芬，潘莉．小学“进阶式劳动课程群”的建构与实践［J］．劳动教育评论，2020（2）：128-145.

有工具进行改装和重组，为日后家务劳动提供便利。

（5）布设工具。家长与孩子协商选择家中的一面墙或一个角落，共同布设劳动工具，感受亲子协同劳动的美妙与乐趣，明晰各种工具的价值。

（6）介绍工具。学生用自己的语言介绍每一类劳动工具，并为其写一份说明书，了解其用途、价值、方法、安全系数。

（7）分享工具。教师利用网络平台，开设一场班级劳动工具的直播课，每位学生分享家里的劳动工具墙，感受劳动工具的神奇与价值。

3. 树立劳动好家风

家庭中浓郁的劳动氛围本身就是无声的劳动教育。家长不仅自己要劳动，还应该让孩子看到、感受到，受到劳动的影响和熏陶。家庭中树立良好的劳动家风可以从以下方面着手：

（1）寻访家族中的劳动模范。每一个家族都有着劳动的榜样，开展寻访家族中的劳动模范活动，能让孩子看到榜样、偶像就在身边，更是践行“劳动最光荣、劳动最崇高、劳动最伟大、劳动最美丽”的奉献者和担当者，理当受到全社会的尊重与厚待。

（2）梳理家庭中的劳动家训。亲子一起制定并形成家庭劳动公约，寻找家庭中的榜样，从榜样的行为准则中探讨、学习、交流制定劳动家规家训的细则。

（3）开启润心少年的“回家计划”。学生利用寒暑假以及节假日，通过社会实践活动了解家乡传统文化的文明起源，到不同的红色景区进行义务劳动打卡，弘扬传统美德，重拾革命历史记忆，培育家国情怀。

（4）给未来的自己写封家书。学生憧憬未来的自己，展望如何通过劳动实践创造美好人生，小至自己的事情自己做，大至国家的未来如何担当。用劳动家风浸润心田，用家校联动共育未来。

（四）公益性劳动

公益性劳动旨在引导学生参与适当的有利于他人、班级集体及其他群体的劳动，并在积极主动地维护教室内外环境卫生等活动中培养学生的集体荣誉感、责任感与自律性。学校鼓励学生参加校园卫生保洁、垃圾分类处理、绿化美化与养护等，适当参加社区环保、公共卫生等力所能及的公益性劳动，增强学生的公共服务意识和行为自觉。学校开展学生公益性劳动教育，有利于引导学生形成正确的劳动价值观和良好的行为习惯与基本的文明素养，可以通过爱心义卖、垃圾分类和志愿者服务等劳动实践，促进学生形成正确的劳动观、金钱观、价值观等。

1. 学生爱心义卖活动

教师引导学生撰写倡议书，并将自己的废旧物品，如废书或玩具等物品进行义卖，或在农场收获节期间，将自己的种植成果进行义卖或公益捐献。在义卖活动中，教师鼓励学生之间通过合作完成义卖物品收集、清理或消毒、宣传与销售、收款与理财等工作，全部义卖收入存入班级公益基金，重点用于孤儿院、养老院或“希望工程”等公益爱心的捐助或重大灾害性事件的紧急救助等。

2. 学生垃圾分类活动

延安市新区第二小学各班级积极利用周末或假期组织学生在校园内外的就近公共场所开展垃圾分类宣传引导，引导或指导同伴和市民自觉对垃圾进行科学分类。同时，积极回收可再生垃圾，变废为宝，可作为教学资源或进行义卖以补充班级公益基金，并促进校园及周边环境美化。在此类劳动中，学生们既可以真实感受到如何用自己的双手建设美丽的家乡，体验到劳动带来的环境变化，又可以进一步提升劳动价值观教育的效果。

3. 学生志愿者服务实践

为培养与强化学生的志愿服务意识，延安市新区第二小学在全校成立了志愿者服务总队，重点进行校内外重大活动志愿服务；在年级组成立志愿服务大队，重点负责年级组大型活动志愿服务与年级突发事件志愿服务；在每个班成立志愿者服务中队，主要在校园内外，尤其是本班教室内等场所开展志愿者服务活动，组织失物招领活动，组织班级教室装饰美化与本班集体活动志愿服务，或在上下学时间到学校周边三个红绿灯路口进行劝导行人自觉遵守交规的志愿服务，用他们的实际行动肩负起社会的大责任，用力所能及的公益性劳动服务于社会、学校和个人，帮助学生养成善于接纳他人与社会的良好习惯。①

三、建构增值性与发展性劳动教育评价体系

劳动教育的评价既要关注学生的平时表现，记录劳动教育活动情况，突出增值性与发展性，将其纳入综合素质档案中，又要结合学生身心发展规律与成长需求和校内外的劳动情况，对学生的劳动观念、劳动精神、劳动意识、劳动能力、劳动习惯、劳动品质、劳动创造能力等进行综合性评价，克服有劳动没有教育的问题，促进高质量的劳动教育落地做实。

教师在评价学生劳动方面可以采取不同的评价形式，尽可能让每一位劳动者找到存在感，如“劳动小模范”“金明币”“最美建设者”“情感账户”等

① 孙刚成，宋晓鸽．新中国成立以来的劳动教育政策演变分析［J］．湖南第一师范学院学报，2021，21（4）：35-40，71．

奖励，为每位学生设立提供充分展现自己的平台，以此引发学生的情感共鸣和劳动自豪感。

（一）创意性的评价方式

（1）定制劳动奖状、奖章进行表彰。在家委会的发动下，全班总动员“寻找最美劳动者”或“劳动小模范”，鼓励学生积极动手，热情参与力所能及的劳动。最后班级制作精美奖状，在班级或全校举行颁奖仪式。

（2）借用金明币、“情感账户”来储蓄。班级里设置劳动小岗位，如黑板美容师、绿植养护师、值日班长。值日班长要根据组员每天的表现情况为其颁发金明币。教师将学生身上的劳动闪光点以鼓励性标签放入学生的成长档案袋。教师定期组织班级学生查看学生的“情感账户”，并进行适当分享。

（3）创设亲子农运会等场景。在学校“润心农场”蔬菜瓜果成熟时节，以采摘比赛或亲子农运会的形式开展校园“收获节”活动，既是对各班级学生新劳动教育成果的展示，也是感受劳动丰收情感的重要路径。

（二）个性化的评价过程

（1）选构角色岗。教师根据学生个性化需求，明确职责，确保每个小组成员都能担任具体岗位和区域的角色，采取每月岗位轮流制，让学生体验不同的岗位，掌握多种劳动技能。

（2）研发评价单。班级每学期开展形式多样的活动，为学生搭建充分展示自我的平台，将劳动实践纳入学生综合评价体系，促进学生各学科素养的发展，奖励学生积分，根据积分多少评选出优秀者。

（3）同上光荣榜。班级借助“储蓄金明币”的形式，通过每周之星、劳动任务、劳动小模范、年度劳动榜样等方式让班级与班级之间、同学与同学之间、小组与小组之间、年级与年级之间互相竞争，评选同伴奖、团体奖、协作奖等，让学生感受集体劳动的价值与成就。[①]

---

① 小学劳动教育体系课程化实地观察［EB/OL］. https://wenku.baidu.com/view/e16ee36e667d27284b73f242336c1eb91b37337a.html.

第四章

精准施策：全员凝聚集合力

第一节 “北斗领航，群星共辉”的现代学校治理体系

随着教育改革的深入推动，学校治理现代化逐渐成为当前教育改革的热点。特别是2013年审议通过的《中共中央关于全面深化改革若干重大问题的决定》首提国家治理现代化，将“国家治理体系和治理能力现代化”作为继工业现代化、农业现代化、国防现代化、科学技术现代化之后的“第五化”发展目标。[①]这一文件强有力地推动了教育领域学校治理现代化的进程。当前，现代学校治理已经从政策文本逐渐向实践改革。为了完善学校内部治理结构与机制，实现从管理向治理的转变，推动学校不竭发展，延安市新区第二小学通过对“谁来管”“管什么”“怎么管”等问题进行思考，同时结合校情与“关注心灵成长”的办学理念，努力探索符合现代学校的治理机制，最终基于激活办学活力、提升办学质量、保障办学方向的视角，确立了“北斗领航，群星共辉”的现代学校治理体系。

一、“北斗领航，群星共辉”治理体系概念界定

学校“北斗领航，群星共辉”的治理体系是在充分挖掘校史“为政以德，譬如北辰，居其所而众星共之”仁义文化所得，更是基于基础教育对学生成长过程的航向指引作用与“关注心灵成长”的办学理念应运而生。此外，我们要实现学校治理需要相关利益主体权利共享、责任共担，如此方可实现共治、共享、共生的治理目标。“北斗领航，群星共辉”治理体系指的正是在学

① 孙科技.“精准施策”理念下教育政策执行质量提升路径研究［J］.宏观质量研究，2022，10（1）：83-93.

校发展过程中一切利益共同体的相互作用下，力求实现每一位师生的鲜活呈现、最佳绽放，最终成为璀璨“宇宙”中最灿烂的一颗星。其中，起领航作用的“北斗七力”分别指的是校长工作室、学科教学中心、育人研究中心、生态生活中心、全景评估中心、年级工作坊、协同创生中心这七大治理主体与衍生的家长周校长与学生自主委员会组成。学校“北斗七力”领航下的治理体系，是全体学生、教师、家长的共同参与、集体智慧。“群星共辉”作为治理的目标结果，指的是在“北斗七力”治理下实现每一位师生全方位舒展的治理新样态。“北斗领航，群星共辉”治理体系如图 4-1 所示。

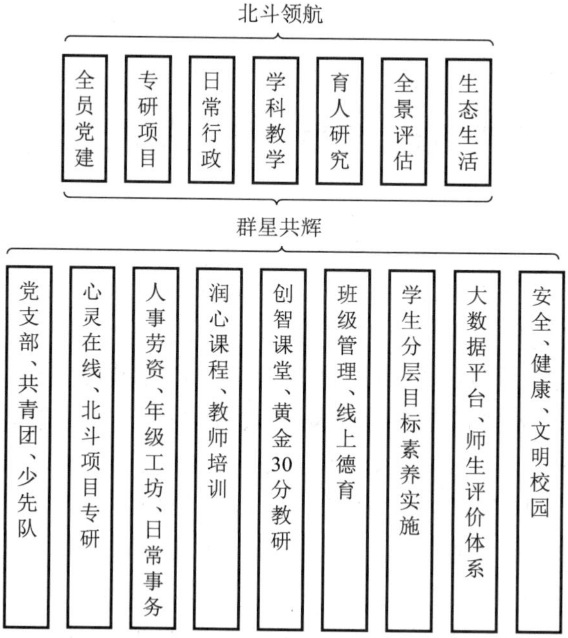

图 4-1 “北斗领航，群星共辉”治理体系

二、“北斗领航，群星共辉”治理体系的建构

《中国教育现代化 2035》为我国未来教育发展描绘了一个宏伟的蓝图。它聚焦教育发展中的突出问题和薄弱环节，立足当前，着眼未来，将“更加注重共建共享”作为面向教育现代化的基本理念，将“推进教育治理体系和治理能力现代化”作为推动教育现代化的战略任务。[①] 面向《中国教育现代化 2035》所描绘的宏伟蓝图，现代学校治理必将成为当前和今后很长一段时期的改革重点。延安市新区第二小学按照学习共同体的标准和特点构建“人人

① 赵德成，曹宗清，张颖怡．现代学校治理新思考：一个五维度综合分析框架 [J]．中小学管理，2021（4）：9-13.

有责、人人尽责、人人享有”的现代学校治理共同体，以“共建共治共享共生”为治理原则，形成关注心灵成长、培养健全人格之人的价值认同与共同愿景；建设治理的保障制度，建构自治、法治和德治相结合的学校治理体系，发挥学校非正式群组的积极作用，将学校治理的重心下沉到基层，如年级工作坊、学科组等。此外，我们根据学校治理的核心要义——强调相关主体的多元参与，对话协商对学校的合作治理，建设了广泛融合家庭、社区和社会等利益相关者全员主动参与的治理体系（如图 4-2 所示）。

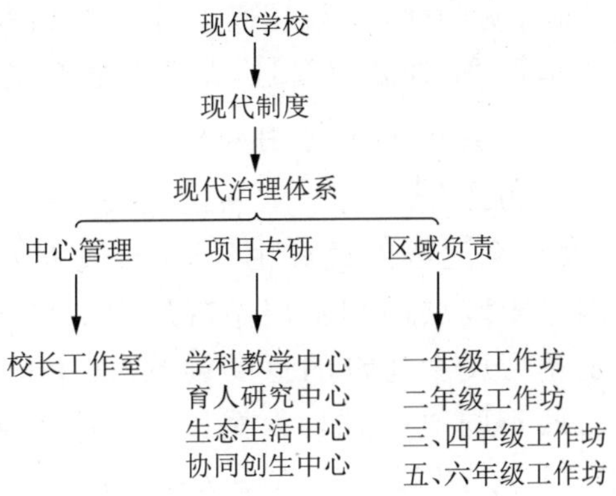

图 4-2　现代学校治理体系

（一）谁来管——主体

为了推进各项工作的有序运行，学校确立了“北斗七力”现代学校治理主体，即校长工作室、学科教学中心、育人研究中心、生态生活中心、全景评估中心、年级工作坊、协同创生中心。（在“北斗七力”人员的确立上，学校坚持人人管理的原则，允许所有教师进行自主申报所有岗位，在对每个教师各方面特质综合考虑的基础上进行最终定岗）同时，学校充分发挥家庭教育的有力补充力量，通过成立家长委员会、伙食管理委员会、家长周校长与学生自主委员会等构建学校、家庭、社会“三位一体”的治理网格（如图 4-3 所示），对涉及学生的重大事项，通过召开会议征求意见，实现治理的公开、公正。

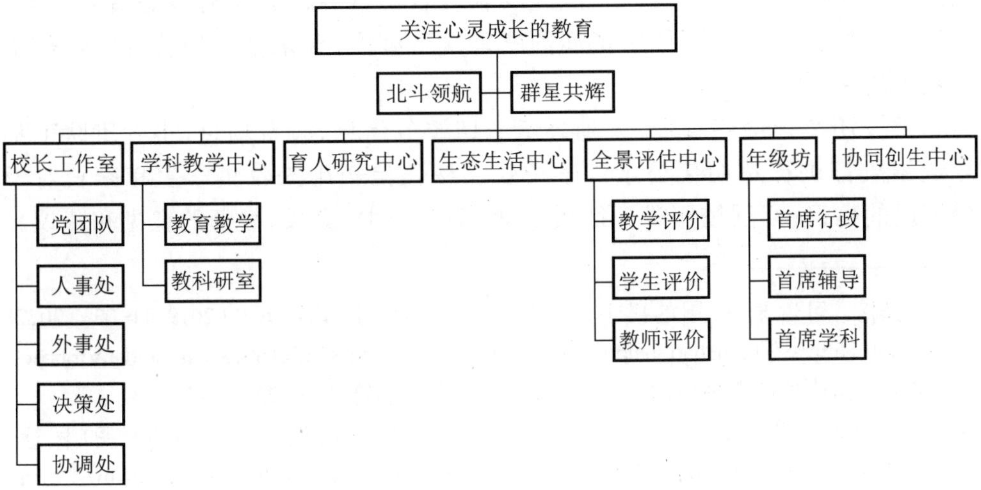

图 4-3　学校管理组织机构网络

（二）怎么管——路径

为了更好地实施学校精细化管理，落实管理责任，将管理目标和职责具体化、明确化，学校坚持每个教师既是管理者，又是被管理者，整体形成了人人都管理、处处有管理、事事见管理的治理局面。

1. 实行民主透明管理

2021年习近平总书记在庆祝中国共产党成立100周年大会上明确要求"发展全过程人民民主"①。全过程人民民主作为民主的一种新形态，对推进国家宏观层面和基层微观层面的民主建设都具有重要价值。学校民主建设是基层民主建设的重要领域，民主是现代政治建设的价值追求与指导原则。与此不同，"全过程人民民主"则侧重民主建设操作层面的制度设计和工作安排。② 2022年中共中央办公厅印发的《关于建立中小学校党组织领导的校长负责制的意见（试行）》明确规定，"学校党组织实行集体领导和个人分工负责相结合的制度。凡属重大问题都要按照集体领导、民主集中、个别酝酿、会议决定的原则，由党组织会议集体讨论作出决定"。文件还特别强调"学校党组织会议和校长办公会议（校务会议）要坚持科学决策、民主决策、依法决策。……对事关师生员工切身利益的重要事项，应当通过教职工大会（教职工代表大会）或其他方式，广泛听取师生员工的意见和建议"③。在学校管理中，参与民主管理不是部分人的特权，而是全体教职工、学生、家长等的权利。学校中的民主管理，即是教代会成员、学校领导班子成员、家委会成员等的民主参与行为，又要求学校的重大事项经过决策咨询部门科学探讨后在教代会上进行讨论，最终交由决策制定部门起草。学校管理从时间流程看，包括计划、决策、执行、总结（监督、评估等）诸多环节，全过程人民民主的全程性所关注的是这个维度；从管理事项看，涉及教育教学事务、人事、财务等诸多方面，全过程人民民主的全面性所指涉的就是这个维度，要求把学校管理的全部事务纳入进来，不留遗漏。

学校还实行透明管理，大到公示一切校务信息、收费项目，小到班队干部竞选结果都进行透明化公示。学校建立校长信箱用来收集学生和家长对学校发展的建议；开展校服设计征集活动，融合学生、家长、教师的意见和建议。

---

① 张晓松．习近平：中国的民主是一种全过程的民主[EB/OL].（2019-11-03）[2022-02-20]. https://baijiahao. baidu. com/s？id=1649154966826521697&wfr=spider&for=pcl.

② 张宇．初论学校管理中的全过程民主 [J]．中小学管理，2022（3）：30-33.

③ 中共中央办公厅．关于建立中小学校党组织领导的校长负责制的意见（试行）[EB/OL].（2022-01-27）[2022-02-20].https://baijiahao.baidu.com/s？id=1723056018789989098&wfr.

2. 扎根治理理念，强化专业化治理

学校作为严守教育教学规制的专业性组织及独特的育人场所，享有相对独立的教育教学管理权限，① 实现专业化治理是小学治理能力现代化的突出表征，主要表现在三个方面。

一是运用现代信息技术推动智慧治理体系的构建。具体通过借助智慧技术、智慧大脑进行科学有效管理。二是有效构建与调适中小学专业治理的结构体系，包括教师结构、课程结构和课堂教学结构等。② 三是充分发挥空间育人的力量，通过关注心灵成长，为其赋予自主管理的心灵能量，通过营造和谐的校园物质环境和充盈的精神世界，让校园的每一处都发挥育人的作用，达到"无为而治"的效果。

3. 发挥非正式组织的全面治理作用

在谈及社会治理问题时，我国学者普遍认同治理的直接和最终目标是要达到"善治"。"善治"，即使公共利益最大化的社会管理过程。③ 那么，在学校内部的治理体系中，这种"善治"就可推演为使教育价值最大化的学校管理过程，学校所有活动的开展都应以此为价值准则。杜威曾有过这样的表述："一个社会愈进步，它就认识到它的责任不是要把它现有的全部成就都传递下去，保存起来，只是要把有利于未来更好的社会的那部分加以传递和保存。学校就是社会为达到这个目的而设置的主要机构。"④

因此，"善"是学校治理的灵魂所在，是学校在任何时候都能够实现自我认同、能动地适应外界环境变化并以育人使命和道德使命为其最终价值指向的内在力量。我们在推进教育治理体系和治理能力现代化的进程中，深入推进管办评分离、强调学校办学主体地位的政策导向为学校的发展注入了新的动力，⑤ 也对学校自主办学的内在能力提出了更高的要求。学校打破时间、空间的限制，重新改造学校物质环境和既有团体，以适应未来对人才的需求，如组建班组群、协同创生中心，通过吸收跨学科、跨年级、跨中心的交叉信息，推

---

① 谢登斌，文建章．中小学治理能力现代化的困境及其消解路径［J］．中国教育科学（中英文），2022，5（4）：72-82.

② 程红兵．教育治理现代化进程中学校治理体系变革研究［J］．全球教育展望，2017（11）：101.

③ 俞可平．治理和善治：一种新的政治分析框架［J］．南京社会科学，2001（9）：40-44.

④ 杜威．杜威教育名篇［M］．赵祥麟，王承绪，编译．北京：教育科学出版社，2006：121.

⑤ 蒿楠．论教育治理体系下的学校自主发展［J］．教育理论与实践，2016，36（29）：10-13.

动学校治理无死角。那么，学校如何实现自主发展，如何为教育治理体系的有效运转承担应有的角色责任，并在这个过程中如何实现办学价值，学校现有的“北斗七力”充分发挥了治理的各方面作用，其中既有决策咨询、决策制定、决策执行岗位主体，还有监督评估组织部门，真正实现了各处室之间既交叉又区别，共同推动学校高效运转的目的。

（三）管成什么样——评价

管理的目的不仅是推动学校高效运转，更是实现“不管”的治理效果。因此，学校高度重视对管理的评价监督。如学校通过全景评估、交叉评估的评价体系，实现人人自主自觉，处处灵动适切，时时可供可求，事事高效节能的治理目标与规范标准的治理效果。一是转变评价理念。学校将评价的目的确立为以评促建、以评促改。二是扩大评价主体。学校不仅直接让管理者来评，而且吸引更多的教师、学生、家长等利益相关者参与到评价中来，甚至一些专业性评价还充分吸收第三方专业机构来开展评估。三是创新评价方法。学校充分运用定性和定量的评价方法，着力破除“唯分数”的不良导向，推动学校教育回归初心，回归育人本分。

第二节　源于“北斗七力”的内生治理动力架构

教育治理的突出特征是多主体参与的合作、共治、平衡。我国教育治理的路径和目标是：以转变政府职能为突破口，以构建政府、学校、社会新型关系为核心内容，旨在形成政府宏观管理、学校自主办学、社会广泛参与的格局，更好地调动中央政府和地方政府的积极性，更好地激发每个学校的活力，更好地发挥全社会的作用。“共同体在学校制度品格的心脏内搏动。它为发现和构成意义提供实质性内容，并为文化建设提供框架。共同体是一种能够保护学校，并帮助学校达成目标的强有力的抗老化剂。”[①]

随着社会生活方式的转变，青少年儿童心理问题日益呈现多元化和复杂化趋势，心理不健全问题发生率逐渐上升。青少年儿童作为国家和民族新时代的主人，其心理健康必须得到足够的重视。家庭、学校、社区作为青少年儿童长期生活的场所，在其身心成长的过程中以不同的方式对青少年的身心发展起着不同的教育作用。但目前家庭、学校、社区在青少年儿童心理健康教育方面的合作实践较少，且效果不理想。基于“心灵在线”促成学校、家庭、社区的协作和互补，形成教育的集合力，构建一体化基于“北斗七力”的内生

---

① 王娇娥．学校共同体探析［J］．学园，2014（12）：24-25．

治理动力体系已成为青少年健康全面发展的必然要求。

一、校长工作室

教育治理的前提是依法治教、依法治校，确立学校法人地位。① 就此层面而言，学校制度创新的关键是建立学校法人制度，明确学校自主办学的主体地位。法人制度是一项关于团体组织的基本法律主体制度，对团体组织具有确立主体性、增强自主性、提高功能性三项基本价值与功能。② 学校作为一种科层制组织群体，兼道德、关系、思想、精神于一体，是学习成长的同辈的集体。它让每一个成员都具有归属感、信任感和安全感。在学校共同体中，其成员围绕学校的核心价值共事，传递情感，彼此交流、合作，在实现学校愿景的过程中，个体得以发展。“只有处于一定的公共领域之中，人们才能够获得现实性，展示自身个性，从而发出不同的声音。”③

（一）职能定位

延安市新区第二小学迎着新时代教育改革的东风，探索实践“北斗领航，群星共辉”现代学校治理体系，秉持“关注心灵成长 润育一颗中国心”的办学理念，坚持立德树人根本任务，扎实推进“五育并举”，凝心聚力形成“北斗七力”（校长工作室、学科教学中心、育人研究中心、生态生活中心、全景评估中心、年级工作坊、协同创生中心）。校长工作室作为学校发展的中枢组织，犹如北斗中的“天枢”，既要协调学校内外部资源与关系，形成办学向心力与集合力，还要做好学校发展研究，为学校改进与决策服务。

校长工作室坚持学校品牌定位，以“润心党建”统领教育教学全盘工作，全体党员时刻践行“一个承诺、一颗初心、一生信仰”的党建文化，以“党风引领校风，校风引领师风，师风引领学风”，立德、铸魂、润心、树人。校长工作室加强“党团队一体化建设”，使少先队员有强烈的光荣感，共青团员先进性得到充分体现，共产党员先锋模范作用时刻彰显。三者在组织建设、阵地建设、活动开展、思想引领、职业发展、考核评价等“六个一体化”建设中，贯通一体，有机协同，共生共辉，相得益彰。

校长工作室重视学校人力资源开发，注重通过发现人、研究人、认识人、协调人、发展人、用好人、成就人的理念，让学校的每一名学生和员工获得应有的发展，找到合适的位置，拥有美好的感受。同时，让学校人际关系因为人

---

① 许杰．教育治理中的学校主体建构［J］．教育科学研究，2015（11）：19-23.

② 罗爽．论高等学校法人制度的根本性质及其意义［J］．高等教育研究，2014，35(3)：15-24.

③ 阿伦特．黑暗时代的人们［M］．王凌云，译．南京：江苏教育出版社，2006：97-98.

与人之间的互补而更加和谐，因为人的个性化而相得益彰，因为会尊重并受尊重而各美其美、美美与共，实现人尽其才、事得其人、人事相宜的人力资源优化配置样态。

在内外部关系协调方面，校长工作室既是多种关系连接的纽带，更是统筹各类关系实现有机协同的中枢。其通过内外部关系协调，整合学校内外人际资源，凝聚更多的民心，汇聚更多的力量，形成上下一体的办学凝聚力和向心力，让技术赋能、心灵赋能、空间赋能更好地服务学校、教师、学生、学校利益相关者与教育支持者，形成强大的教育集合力。

发展研究是立校之本，学校顶层设计、各项工作制度的研究开发，要经过问题导向、科学研判，更加系统、民主、规范地实施，才能形成领导力、执行力、学习力相互配合、相互制约的内部治理机制。校长工作室秉持“专业对口、专人专事”“有目标、有计划、有依据”的研究原则，坚持办学方向，深刻领会以校长为核心的学校领导集体的办学理念，全面贯彻执行教育教学政策，打破常规思维，还原现象本质，以保证研究的系统性、准确性和学校的科学发展。

（二）组织架构

校长工作室组织架构如图 4-4 所示。

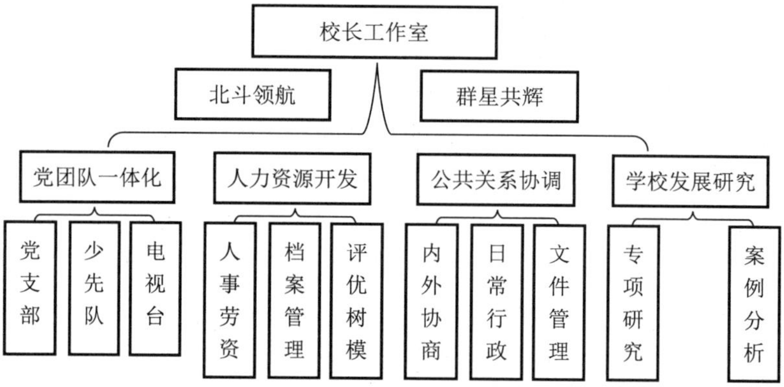

图 4-4　校长工作室组织架构

（三）党团队一体化建设

延安市新区第二小学坚持党团发展的过程中资源共享、基础共建、同步推进，将党团阵地巩固，将党建带团建、团建促党建打造成双向共同体。学校依托共青团广大青年活动的载体，搭建党员联系青年团员的平台，真正做到党旗所指，团旗所向。[①] 统筹规划党团建设，协同谋划党团共建运作机制，实

① 李晶晶．高职院校党团一体化建设实践路径探析：以嘉兴职业技术学院为例 [J]．办公室业务，2022（6）：80-81.

现资源一体化联动、成果一体化融合。

1. **建设依据**

我们从《党章》《团章》《队章》中发现，共产党、共青团、少先队是一体的，它们都有着共同的政治愿景和政治目标。根据章程中表述：党是先锋队，团是生力军和突击队，队是预备队。这三个组织分布在不同的年龄阶段，有衔接也有交叉，因此，我们深入探索以加强学校党组织建设、中学团校（少年团校）和少工委建设为抓手，推动党团队“六个一体化”建设。[①]

《党章》第十章专章论述党团关系：中国共产主义青年团是中国共产党领导的先进青年的群团组织，是广大青年在实践中学习中国特色社会主义和共产主义的学校，是党的助手和后备军。也就是说，中国共产主义青年团在政治上接受中国共产党的领导，是党用来团结教育广大青年的群团组织，是党联系青年群众的桥梁和纽带。

《团章》第十章论述了团同少年先锋队的关系：中国少年先锋队是中国少年儿童的群团组织，是少年儿童学习中国特色社会主义和共产主义的学校，是建设社会主义和共产主义的预备队。

《队章》规定：中国少年先锋队是中国共产党创立和领导，并委托共青团直接领导的中国少年儿童群众组织。

从《党章》《团章》和《队章》中可以看出，党团队的目标是一致的。我们构建党团队“六个一体化”的建设目标是希望：少先队员有强烈的光荣感，团员先进性得到充分体现，党员先锋模范作用时刻彰显。这就要保证队员强烈向往加入共青团，推优入团规范有序；共青团员逐步建立起共产主义信仰，理解并认同中国特色社会主义制度。为了实现上述目标，我们探索的方法是：组织建设、阵地建设、活动开展、思想引领、职业发展、考核评价的“六个一体化”建设。学校以党员活动室、中学团校室（团员活动室）、队部室建设为抓手，统筹推进党团队一体化服务中心的建设。

2. **建设体系**

党团队“三位一体”运行机制实现的前提是要找到共同目标，这样才能做到心往一处想，劲往一处使，真正实现党团队一体化。党团队一体化都是在党的指导下开展工作的，坚持党建带团队，可以帮助班团很快找到共同目标。[②]“六个一体化”主要包括：组织建设一体化、阵地建设一体化、活动开展

---

① 钟良．党团队“六个一体化”建设培养合格建设者和可靠接班人[J]．中国共青团，2020（6）：71-73.

② 谭芳丽．党建带团建指导思想下的班团一体化运行机制建设[J]．产业与科技论坛，2022，21（17）：283-284.

一体化、思想引领(课程建设)一体化、职业发展一体化、考核评价一体化。

3. 建设作用

学校在党团队一体化建设工作中首先要做好“定位”,发挥学校共青团、少先队政治启蒙的政治优势、组织优势,以成立学校少工委、中学团校(少年团校)为契机,从党团队角度做好一体化建设工作规划,注重遵循学生成长发展规律、注重教育过程与规律,做好各方面的建设。学校加强组织建设,以党建带团建、队建,全面建立学校少工委、辅导员管理制度,细化职责,推动学校团组织建设;打造一体化阵地,以鲜明的党团队特色布置,充分发挥阵地建设宣传教育的作用;完善党团队一体化活动体系,以仪式、纪念日等载体为主线,形成具有内在逻辑关系的党团队一体化设计,同时注重多元化平台搭建与多元化评价构建。学校在思想引领上分层分类,全面做好团队衔接、党团衔接工作;针对不同的学生年龄阶段,加强理想信念教育,实现党团队的无缝对接培养。学校做好职业发展规划,在培训一体化、职称评审和荣誉激励方面加强引导,使得各级党团队干部和兼职、全职的教师辅导员乐从其业,持续发展;落实考核评价,学校要高度重视共青团和少先队工作,充实党建督导考核内容,以此全面推动党团队的一体化建设。

学校通过党团队组织建设、阵地建设、活动开展、思想引领、职业发展、考核评价“六个一体化”建设,确保共青团和少先队沿着社会主义道路和共产主义的发展方向前进。党通过共青团、少先队吸引、团结和带领广大团员青年、少年儿童,使他们在改革开放和社会主义现代化建设中认真贯彻执行党的路线、方针、政策;通过各种适合青少年特点的生动活泼的方式,在学习、社会活动等方面最广泛地联系广大团员青年、少年儿童,把共青团员和少先队员紧密地团结在党的周围,把他们锻炼成为中国特色社会主义事业和共产主义事业的合格建设者和可靠接班人。

(四)党支部建设

党支部建设采用“3+3”体系,如图 4-5 所示。

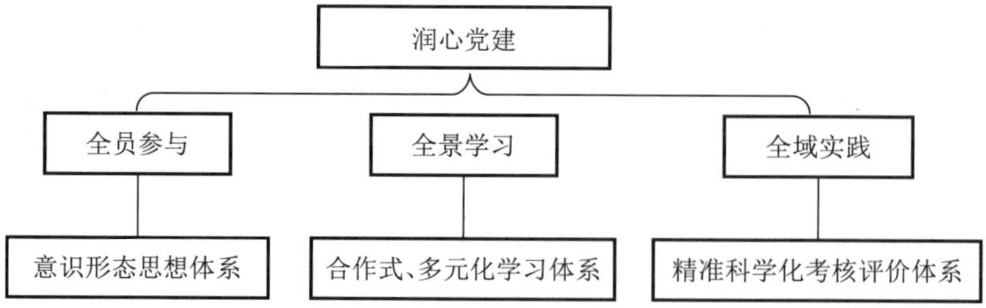

图 4-5 “3+3”体系建设图

1.“润心党建”品牌理念体系

延安市新区第二小学创办“关注心灵成长”的教育，润育一颗中国心。学校遵循教育规律、学生认知规律、教师发展规律，实施科学育人，精准施策，形成“润心教育”品牌。

“润心教育”以“润心党建”统领教育教学全盘工作，全体党员时刻践行“一个承诺、一颗初心、一生信仰”的党建文化，以“党风引领校风，校风引领师风，师风引领学风”，立德、铸魂、润心、树人。学校开展党员领学、教师全员参与，合作党课、共研共学活动，广大党员和教师形成了两股浓浓的学习热潮，从而实现党建工作全域覆盖；通过“全员参与”的特色路径，促进学校各项工作的顺利实施，教师意识形态知信行合一，扣好教师专业成长的“第一粒扣子”。

2. 全员参与——意识形态思想体系

（1）贯彻落实国家大政方针，深刻领悟习近平新时代中国特色社会主义思想。牢固树立“四个意识”，坚定“四个自信”，坚决做到“两个维护”。

（2）党员领学，不断加强青年教师意识形态的统一，实现知信行合一。争做有理想信念、有道德情操、有扎实学识、有仁爱之心的“四有”好老师。

（3）依据学校工作的特殊性，全体党员教师要不断锤炼品格、学习知识、创新思维、奉献祖国，做好引路人。

3. 全景学习——合作式、多元化学习体系

（1）“两学一做”制度化、常态化。

（2）“三会一课”特色化。“三会”指探究式、研讨式、分享式会议，“一课”指合作式党课。

（3）主题教育多元化。政治学习、知识竞赛、民主生活会；演讲比赛、微党课；为党员过政治生日、“绿色节日”，开展社区“大讲堂”志愿服务，为全体教师寄写“廉洁”家信。

（4）“学习强国”学习统一化。党员示范引领，每天必须完成学习，其他教师自主学习，以激励奖励促进学习。两支学习队伍，两股学习热潮。

4. 全域实践——精准科学化考核评价体系

（1）建立健全党风廉政制度，加强师德师风考核。

（2）开展“党旗在课堂飘扬”润心课程系列活动，全面落实“双培养”政策，党员培养成骨干教师，骨干教师培养成党员。

（3）“润心课堂”为学生扣好人生成长的“第一粒扣子”。

（4）开展党团队一体化建设，做好学生的政治启蒙。

（5）现代学校治理体系。北斗领航 群星共辉。

（6）全景评估。创建智慧校园，构建大数据评价体系。

5. 党员领学实施路径

延安市新区第二小学党员学习常态化、制度化，“党员领学”是全员参与的主要实施路径，全体党员、教师都是学习的主体。

（1）统一安排。学期初，学校党支部根据国家意识形态和教师发展知识结构体系，统一安排学习内容和指定领学人，并分配领学时间。

（2）集中学习。每周五例会，固定学习时间，安排“党员领学”环节，全体党员、教师参加集中学习。

（3）自主学习。全体党员、教师根据领学PPT，自主体会学习内容，做好学习笔记。

6.“三会一课”特色化路径

“三会一课”制度是党的组织生活的基本制度，是党的基层支部应该长期坚持的重要制度，也是健全党的组织生活、严格党员管理、加强党员教育的重要制度，是我党经过长期实践证明的一种行之有效的党组织生活制度。延安市新区第二小学党支部认真贯彻落实“三会一课”制度，并开拓创新，实施特色化路径。

（1）党员大会分享式。每名党员都积极参与学习分享，结合当前教育政策和国家大政方针，分享学习中的得与失，形成浓厚的学习氛围。

（2）支部委员会研讨式。支部书记首先抛出自己对国家政策和教育理念的理解，支部委员加入研讨，最后形成学校支部的学习样态。

（3）党课合作式。党支部开展党员、教师纯净思想大讨论，围绕“入党为什么，在党干什么，为党做什么”上好每一堂党课。

7.“双培养”系统化实施路径

支部在“润心党建”指导下，以扣好全体党员教师专业成长的“第一粒扣子”为出发点，把培养教师的专业知识、职业技能、理想信念、思想品德、言行举止等作为落脚点，切实贯彻把“党员培养成骨干教师，把骨干教师培养成党员”的“双培养”机制。

（1）党员示范引领。开展“党旗在课堂飘扬”教学研讨活动，广大党员示范引领，为年轻教师带好头，发挥榜样力量。

（2）发挥战斗堡垒作用。“一个党员就是一面旗帜”，党员辐射带动年轻教师，不断提升党支部的凝聚力和向心力。

（3）纳新有效实施。不断增加组织活力，加强党员教师的培训教育，吸纳理想信念坚定、专业素质过硬的教师加入中国共产党，更好地奉献自己的青春。

二、学科教学中心

教学研究要关注和回应时代提出的新问题。我国正式发布以培养全面发展的人为目标的学生发展核心素养体系之后，学科核心素养是其学科化的产物，目的在于联结学生发展核心素养和学校课程内容。[1] 学科教学中心在校长工作室的统一领导下，负责开展学校教育教学活动，组织实施学校课程研究、教学研究、学情研究、教师研究，探寻符合现代教育发展要求、适应学校未来发展需求的教育教学实施路径，不断优化学校教育教学管理，完善学校课程体系建设，助力于学生全面发展，促进教师专业成长，为学校的持续发展和品牌建设做好教育教学的基础保障。延安市新区第二小学学科教学中心工作架构如图 4-6 所示。

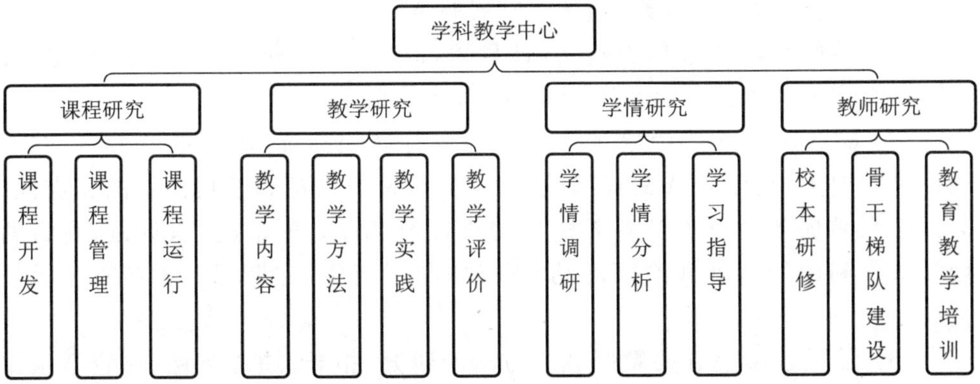

图 4-6　延安市新区第二小学学科教学中心工作架构

（一）课程研究

在校长工作室的指导和统一安排下，学科教学中心立足国家课程的总体要求，结合学校实际教情、学情、师情，合理建构学校润心课程体系，进行科学的分解实施，通过国家课程的校本化探索，实现课程育人。

（1）学科教学中心立足学校教育教学实际，组织各学科教师开展课程研讨，做好课程开发，合理设置润心课程项目；不断挖掘、整合地方特色课程资源，有计划地开发、丰富适合学校发展的课程，构建以国家课程为基础、以校本化特色课程为创新的综合性课程体系。

（2）学科教学中心要做好课程的规范管理，严格落实好国家课程，开齐项目，开足课时；制定并实施教学工作计划和有关规章制度，指导各学科教师

① 欧阳子豪．学科核心素养的融通培养：现实诉求和基本策略［J］．中国教育学刊，2022（2）：34-39，98.

制定适切的学科工作计划和教师的教学计划，督促各项计划的落实；做好课程实施过程中的监管、指导和总结。

（3）学科教学中心要确保课程的有序运行，做好课程运行的设施资源、教师资源、场地资源等基础保障，研究优化课程运行的最佳途径，提升课程实施效果。

（二）教学研究

教学研究的主要作用在于全面贯彻落实和推进素质教育精神，组织开展基础教育教学，提高中小学教育质量，为学校开展有效教育教学活动提供服务，是实现教育政策、教育理论和有益教育经验向小学教育教学实践转化的桥梁。教学研究为教科局和教育科研中心的教育教学决策提供依据，为学校办学服务、为教师教学服务、为学生发展服务。①

（1）学科教学中心负责校历、课程表、时间表、教研活动表等的制定、发布及运行中的调整控制，保证全校教学秩序的稳定。

（2）学科教学中心组织各学科教师进行课程标准、教材的研读，以熟悉新课标的要求，科学地选配辅助教材，确保教材的质量和教材内容的先进性；会同学科首席教师掌握各科教师贯彻执行教学计划的情况，有计划、有目的地参加学科组的备课和教研活动，指导学科组工作，定期召开学科首席教师会议。

（3）学科教学中心要做好教学方法的研究、指导，通过听课、检查学生作业、分析学生的学习成绩、师生座谈会及个别谈话等方式，了解教师教学情况，帮助教师改进教学方法，提高课堂教学质量。

（4）学科教学中心要对学校教学质量负责，依据客观性、整体性、指导性、科学性、发展性的评价原则，建立科学合理的教学评估、评价体系，以及分析、评价、反馈制度，实施覆盖全员、全局、全域的综合性评价、过程性评价、导向性评价，促进教学的不断优化，达到良好的教学效果。

（三）学情研究

美国著名认知教育心理学家奥苏伯尔在其著作《教育心理学》的扉页中写道："如果我不得不将教育心理学还原为一条原理的话，我将会说，影响学习的最重要的因素是学生已经知道了什么，我们应当根据学生原有的知识状况进行教学。"② 当前，我们要关注学情分析，不仅仅要做好教学设计传统意

---

① 朱金平．学校教研的互嵌式关系［J］．教育理论与实践，2021，41（5）：15–18.

② 朱郁华．学情分析：教师新的教学基本功［J］．教学与管理，2013（22）：22–23.

义上的学生学习需要分析和学生学习准备分析，还要了解学生在校的基本生活状态和主要的学习需求。

（1）学科教学中心要开展学情调研，组织教师通过家访、家长会、个别交流、个体分析等形式全面而充分了解学生的家庭状况、学习经历、学习习惯、学习能力等个体的差异性，为进行个体学习帮扶做好准备，以不断改进学校的教学工作。

（2）学科教学中心要结合学生全景评估，做好教学信息采集、统计和分析等工作；对新生入学情况、学生学习情况和学业水平检测情况等主要教学信息进行及时而准确的采集、统计，借助心理学、教育学、儿童认知学等原理进行科学分析，从而更加全面客观地了解学生的学习状态及原因。

（3）学科教学中心要依据学生实际学情，借助技术赋能，进行合理而有效的学习指导，特别是加强学生自主学习意识和学习力的培养，帮助不同程度、不同状况的学生在一定阶段获得一定范围和程度上的增长。

（四）教师教育研究

教师教育是教育事业的工作母机[①]，是基础教育师资的主要来源。我国教师教育的发展不仅关系到教师自身的生存发展，还影响着整个基础教育的发展与改革。促进教师教育发展是提升教师队伍素质和教育整体质量的基础与关键。当前，教师教育发展正从规模数量走向优质卓越，从相对独立走向开放有序，从相互分离走向共同一体。[②] 新形势下的教师教育发展迫切需要新的发展理念、目标和策略的导引。

（1）学科教学中心要全面了解教师的思想状况、业务专长和教学水平，合理安排教师的教学任务，努力提高教师的思想政治和业务素质，协助校长工作室选定各学科首席教师、年级首席教师。

（2）学科教学中心要积极推行教师岗前培训制度、教师任职资格制度，建立一支人员精干、素质优良、结构合理、相对稳定的教师队伍。

（3）学科教学中心要建立科学合理的教师业务考核管理办法，努力实现教师工作量完成情况、教学质量优劣与教师评优评先、教师专业技术职务评聘相结合。

（4）学科教学中心要加强教师业务培训，促进教师队伍发展。制定校本

① 张卫国．以高质量教师教育造就新时代“大国良师”[J]．人民教育，2022(11)：29-32.

② 杨晓奇．教师教育研究的理论自觉及其提升[J]．高校教育管理，2018，12(4)：95-102.

研修计划和实施方案，指导各学科教师扎实开展校本研修，落实好“黄金30分”组本教研活动，促进教师专业成长；建立骨干教师梯队，以多种形式培养教学骨干，对青年教师做好“传、帮、带”工作，给予教学业务上的具体指导，逐步形成层级式骨干队伍建设体系，带动学校教育教学整体发展。联合育人研究中心安排好班主任的培训培养工作，指导班主任做好班级管理。

（5）学科教学中心要组织各学科教师开展教育科研活动，结合学校教育教学实际，开展校本课题、市级规划课题、省级规划课题、国家级课题螺旋层递式课题研究工作，提升教师科研能力。

（五）其他工作

（1）学科教学中心要主持日常教务工作，制定课表、任课安排表和作息时间表并督促执行。

（2）学科教学中心要安排教师请假、顶代课工作，做好教师考勤、考评工作。

（3）学科教学中心要组织班主任和教师做好学生的考勤、奖惩、综合评价工作。

（4）学科教学中心要做好学生学籍管理工作，组织好招生、插班、转学工作。

（5）学科教学中心要组织好师生各级各类竞赛活动，并做好获奖情况统计及资料整理、存档工作。

（6）学科教学中心要收集各项教学资料、数据，教师业务档案资料，及时建档，按照上级要求及时造好学校年度总表及各类教学报表。

（7）学科教学中心要组织好上级教育行政部门开展的教学检查、质量评估工作及相关事务的对外联系、校内协调等工作；管理安排应届毕业生实习工作，组织校际交流研讨活动。

（8）学科教学中心要传达上级各类通知，安排好学校的各项活动；积极完成上级部门交办的各项工作任务。

三、育人研究中心

服务育人、教书育人与管理育人共同构成了学校教育的三大基本活动。[①]进入新时代，党的教育方针对人才培养提出了更高的要求，延安市新区第二小学育人中心融会“五育并举”和“三全育人”理念，在育人目标上，聚焦培

---

① 王胜本，刘旭东，李鹤飞．新时代高校服务育人：重要价值、优化图景、推进路向[J]．国家教育行政学院学报，2021（11）：53-59.

育全面发展的时代新人；[①]在育人方式上，精准推进服务育人与教育教学活动和实践活动的互嵌；在育人资源上，统筹整合覆盖智慧校园的多样化资源，从而发挥"全人培养"和"协同育人"重要价值。[②]面向教育高质量发展阶段，育人研究中心要在更宽的领域发挥作用，就必须以明晰的"谁来育人、育什么人、如何育人"的框架体系作为指引，全面统筹协同育人主体，系统化设计育人目标和内容框架，全力构建多要素互动的育人生态。[③]

（一）指导思想

育人研究中心深入贯彻习近平总书记系列重要讲话精神和治国理政新思想新战略，以学校"关注心灵成长教育，润育一颗中国心"的办学理念，大力培育和践行社会主义核心价值观，以培养学生的良好思想品德和健全人格为根本，以促进学生形成良好行为习惯为重点，以行走的课堂、心智课程、二小节日活动、校园文化、学生自治、教师自治、"三全育人"等为抓手，坚持教育与润心课程、生产劳动、社会实践相结合，坚持学校教育与家庭教育、社会教育相结合，不断完善学校育人工作长效机制，全面提高育人研究工作水平，为中国特色社会主义事业培养合格建设者和可靠接班人。

（二）基本原则

（1）育人研究中心要坚持正确方向。全面贯彻党的教育方针，坚持社会主义办学方向，牢牢把握学校育人理念、育人目标，培育合格二小"润心好少年"。

（2）坚持遵循规律。育人工作要符合学生年龄特点、认知规律和教育规律，注重"立德树人，知行合一"，强化道德实践、情感培育和行为习惯养成，努力增强育人工作的吸引力、感染力和实效性。

（3）坚持研究育人。育人研究中心要以科学的符合学生年龄特征的学生认知水平、生理发育为育人基点；以师生在学校的日常生活为研究对象；探究全域办学行为现象背后的产生根源，从本质上提出解决思路，深度破解、提出科学适切的解决策略。

（4）坚持协同育人。育人研究中心要发挥学校主导作用，引导家庭、社会

---

① 王胜本，李鹤飞，刘旭东．构建新时代高质量服务育人体系[J]．中国高等教育，2021(17)：50-52.

② 杨晓慧．高等教育"三全育人"：理论意蕴、现实难题与实践路径[J]．中国高等教育，2018(18)：4-8.

③ 刘辉．教育学视角下高校"时代新人"培育研究新探[J]．老区建设，2020(2)：84-89.

增强育人责任意识，提高对学生道德发展、成才成人的重视程度和参与度，形成学校、家庭、社会协调一致的育人合力。

（5）坚持常态开展。育人研究中心要推进育人工作制度常态化，创新途径和载体，将育人工作贯穿、融入学校各项日常工作中。

（三）育人目标

（1）育人总目标。培养富有家国情怀、创新意识、思维品质、健全人格的有情、有识、有志、有恒全面发展的人。

（2）低段育人目标。教育和引导学生热爱中国共产党、热爱祖国，认识国旗、国徽、国歌；热爱中国少年先锋队，认识队旗、队徽、队歌；学习革命先烈英雄事迹，发扬革命传统，爱人民、爱集体、爱老师、爱学习；孝敬父母、长辈，团结同学；喜欢班集体，愿意为集体服务；讲究卫生，爱护公物；遵守学校纪律，听从老师教导；养成基本的文明行为习惯；做好自己送给自己。

（3）中段育人目标。教育和引导学生热爱中国共产党、热爱祖国、热爱人民、热爱家乡，认识和理解党旗、党徽；热爱科学、热爱劳动，掌握生活劳动技能；遵守校规校纪和社会公德，能自觉以《小学生行为规范》来约束自己的言行；保护环境，爱惜资源；懂得尊重老师，孝敬长辈，能和谐、融洽地与人相处；拥有良好的意志品质、思维品质、创新意识和健全人格；做好自己影响他人。

（4）高段育人目标。教育和引导学生热爱中国共产党、热爱祖国、热爱人民；了解家乡发展变化和国家历史常识，了解中华优秀传统文化和党的光荣革命传统；理解日常生活的道德规范和文明礼貌，初步形成规则意识和民主法治观念，养成良好生活和行为习惯；珍爱生命，保护生态环境；形成诚实守信、友爱宽容、自尊自律、乐观向上等良好品质；做好自己奉献祖国。

（四）育人内容

（1）理想信念教育。加强中国历史特别是近现代史教育、革命文化教育、中国特色社会主义宣传教育、中国梦主题宣传教育、时事政策教育，引导学生深入了解中国革命史、中国共产党党史、改革开放史和社会主义发展史，继承革命传统，传承红色基因，深刻领会实现中华民族伟大复兴是中华民族近代以来最伟大的梦想，培养学生对党的政治认同、情感认同、价值认同，不断树立为共产主义远大理想和中国特色社会主义共同理想而奋斗的信念和信心。

（2）社会主义核心价值观教育。把社会主义核心价值观融入国民教育全过程，落实到中小学教育教学和管理服务各环节，深入开展爱国主义教育、国情教育、国家安全教育、民族团结教育、法治教育、诚信教育、文明礼仪教育等，引导学生牢牢把握富强、民主、文明、和谐作为国家层面的价值目标，深刻理解自由、平等、公正、法治作为社会层面的价值取向，自觉遵守爱国、敬业、诚信、友善作为公民层面的价值准则，将社会主义核心价值观内化于心、外化于行。

（3）中华优秀传统文化教育。开展家国情怀教育、社会关爱教育和人格修养教育，传承发展中华优秀传统文化，大力弘扬核心思想理念、中华传统美德、中华人文精神，引导学生了解中华优秀传统文化的历史渊源、发展脉络、精神内涵，增强文化自觉和文化自信。

（4）生态文明教育。加强节约教育和环境保护教育，开展大气、土地、水、粮食等资源的基本国情教育，帮助学生了解祖国的大好河山和地理地貌，开展节粮节水节电教育活动，推动实行垃圾分类，倡导绿色消费，引导学生树立尊重自然、顺应自然、保护自然的发展理念，养成勤俭节约、低碳环保、自觉劳动的生活习惯，形成健康文明的生活方式。

（5）心理健康教育。开展认识自我、尊重生命、学会学习、人际交往、情绪调适、升学择业、人生规划以及适应社会生活等方面教育，引导学生增强调控心理、自主自助、应对挫折、适应环境的能力，培养学生健全的人格、积极的心态和良好的个性心理品质。

（6）特色课程教育。利用“行走的课堂”建立文化、体育、音乐、美术、科技、健康、劳动等各类特色课程，以活动为载体激发、培养学生兴趣、技能及创造力，从而有效促进学生创新意识、思维品质、健全人格的形成。

（7）行为养成教育。开展学生行为规范教育，利用《中小学生守则》《延安市新区第二小学学生日常行为规范》加强学生文明礼貌教育和行为训练，以促使学生从小养成良好的行为习惯，形成公民责任意识、法治意识和规矩意识。

（五）实施途径

育人为本是教育的生命和灵魂，是教育的本质要求和价值诉求。[①] 在办学中，教育作为一个生态系统，会对其中的教师与学生产生长远和深刻的影响。[②] 作为现代学校的校长，要想促进学校的全面发展，就必须致力于构建一个良好的教育生态系统。[③] 学校通过良好教育教学生态系统的建设，所有师生都将受益。对现代化教育而言，努力提高办学水平是追求。为了让办学目

① 游旭群，靳玉乐，李森，等. 新时代教师教育高质量发展大有作为[J]. 高校教育管理，2022，16（5）：1-21.

② 程德生. 新时代促进学校全面发展的实践研究[J]. 中国教育学刊，2020（S2）：15-17.

③ 徐光斌. 以先进理念和科学决策促小学校长管理[J]. 求知导刊，2020（42）：95-96.

标得到贯彻与实现，延安市新区第二小学围绕“促进人的全面发展”这一根本目标，采取多种途径推进基础教育育人方式改革的落地。

（1）研究育人。育人为本的教育思想，要求教育不仅要关注人的当前发展，还要关注人的长远发展，更要关注人的全面发展；不仅要关注被育之人、育人之人，还要关注所服务之对象——国家和人民，不断满足国家和人民群众的需要。① 育人研究中心要把研究育人作为培养学生的重要形式，让生活成为教科书，以师生在学校的日常生活为研究对象，通过全景观察确立育人方向和内容，以学生生理特征、认知水平为基点，从本质上找到解决思路，深度破解、用科学适切的解决策略培养学生守法、守纪，学会生活、学会做人。

（2）课程育人。教育的核心是育人，是让孩子成为一个充满快乐、富有智慧、担当使命、努力奋斗、对社会有用的人，而不应将升学质量作为唯一目标。② 课程育人才是回归教育的本真路径。育人研究中心要充分发挥润心课程的主渠道作用，将育人内容细化落实到各学科课程教学目标中，渗透到教育教学全过程。育人研究中心要严格落实德育课程，按照《义务教育课程方案和课程标准（2022 年版）》，上好道德与法治课；发挥其他课程育人功能，根据不同年级和不同课程特点，充分挖掘各门课程蕴含的育人资源，将育人内容有机融入各门课程教学中；用好地方和学校课程，结合地方自然地理特点、民族特色、传统文化以及重大历史事件、历史名人等，因地制宜开发地方和学校润心课程，引导学生了解家乡的历史文化、自然环境、人口状况和发展成就，培养学生爱家乡、爱祖国的感情，树立维护祖国统一、加强民族团结的意识；统筹安排地方和学校课程，开展法治教育、反邪教教育、文明礼仪教育、环境教育、心理健康教育、劳动教育、毒品预防教育、影视教育等专题教育。

（3）文化育人。文化与教育历来密切相关，学校既是文化创造和传承的核心领域，又是文化建设的高地，对文化育人负有重要的责任。③ 文化育人是习近平总书记在新时代新的历史条件下提出的文化战略，并以中华文化的正向价值为导引，所涉及的内容非常丰富、深刻，从系统整体性的视角强调育人的针对性和方向性，以及教育方法的多维协同性。④ 育人研究中心要依据

---

① 王卫军．新形势下“三全育人”落实机制的构建思路与要点[J]．课程教学研究，2020（8）：66-72，80.

② 黄家骅．面向教育现代化的新优质学校建设[J]．福建基础教育研究，2022（7）：17-23.

③ 刘广浩．中华优秀传统文化的育人价值及其实现路径探析：基于高校思想政治教育的视角[J]．职业技术，2021（3）：71-75.

④ 戴开成．新时代习近平文化育人系统思维研究[J]．系统科学报，2023（2）：82-85.

学校办学理念，结合文明校园创建活动，因地制宜开展校园文化建设，使校园秩序良好、环境优美，校园文化积极向上、格调高雅，让校园处处成为育人场所。

（4）活动育人。新时代背景下，活动育人在发展素质教育、落实立德树人根本任务等方面具有独特使命。综合实践活动在本质上是一种教育性实践，属于实践教育的范畴，实现其实践育人功能取决于实践的社会基础和价值基础。[①]综合实践活动的实践育人功能集中体现在引导学生“认识世界”和“进入世界”等方面，而综合实践活动课程的场依存性、工具依赖性，以及学习方式的具身性、沉浸性和反思性是实现实践育人功能的内在条件。延安市新区第二小学以节日、主题教育为契机精心设计、组织开展主题明确、内容丰富、形式多样、吸引力强的教育活动，以鲜明正确的价值导向引导学生，以积极向上的力量激励学生，促进学生形成良好的思想品德和行为习惯；利用爱国主义教育基地、公益性文化设施、公共机构、企事业单位、各类校外活动场所、专题教育基地资源，开展有益于学生身心发展的实践活动，不断增强学生的社会责任感、创新精神和实践能力。

（5）管理育人。管理育人在学校育人体系中具有引领性、示范性、全局性、关键性的作用。[②]提高学校管理育人水平，需要从完善管理制度、构建社会共育机制、营造管理环境育人等方面着力。一是完善管理制度。育人研究中心要制定班级民主管理制度，形成全体师生广泛认同和自觉遵守的制度规范；明确岗位责任，建立实现全员、全程、全域育人的具体制度，明确学校各个岗位教职工的育人责任，规范教职工言行，提高全员育人的自觉性。二是营造管理环境育人。育人研究中心要积极争取家庭、社会共同参与和支持学校德育工作，引导家长注重家庭、注重家教、注重家风，营造积极向上的良好社会氛围；建立健全家庭教育工作机制，统筹家长委员会、智慧父母公益讲堂、家长周校长、家访等各种家校沟通渠道，丰富对家庭教育指导服务的内容。三是构建社会共育机制。育人研究中心要主动联系本地公安、司法、文化、共青团、妇联、社区、关工委等部门建立多方联动机制。育人研究中心要搭建社会育人平台，实现社会资源共建，助力学生健康成长。

（6）组织实施。育人研究中心做好新时代学校育人工作要在深刻理解

① 郭元祥，舒丹．论综合实践活动的育人功能及其条件［J］．教育发展研究，2019，38（10）：25-29.

② 程斯辉，刘宇佳．论管理育人在学校育人体系中的主导地位［J］．学校党建与思想教育，2020（24）：66-68.

其基本内涵的基础上，把握其方向性、服务性、规范性、创新性等特征，从发挥党的领导作用、加强队伍建设等方面，优化育人队伍结构，建立激励和保障机制，调动工作人员的积极性和创造性；构建管理育人协同机制、提升育人主体综合素养、创新管理育人有效载体等方面要多维并进，推动学校管理育人工作取得实质性进展。[①] 学校应构建科学合理的评价体系，开展评优树模，构建学校荣誉文化，积极探索新时期育人工作的特点和规律，创新育人工作的途径和方法，增强育人工作的科学性、系统性和实效性。

四、生态生活中心

在现代学校治理体系框架下，生态生活中心旨在做好生态保障、生态提升，指导和对接协调中心、年级坊相关工作，促进各种办学资源协同共生发展；研究师生身心健康策略，不断更新健康理念；制定师生不同年龄阶段健身方案，保障师生身心健康；编订师生身心健康课程体系，科学合理指导实践；开展各类运动比赛，带领师生积极参与，阳光生活，从而做好生态保障，提升学校生态治理水平，达到绿色、环保、高效、节能、精准、温暖、智慧、开放、共生的学校治理目标。生态生活中心治理体系架构如图 4-7 所示。

（一）指导思想

在习近平新时代中国特色社会主义思想指引下，在市委、市政府、新区管委会的正确领导下，生态生活中心深入贯彻落实习近平总书记重要讲话精神，紧紧围绕“关注心灵成长的教育，润育一颗中国心”这一理念，大力弘扬社会主义核心价值观，深入实践《关于深化教育教学改革全面提高义务教育质量的意见》《关于全面加强新时代大中小学劳动教育的意见》《全面深化新时代教师队伍建设改革的意见》《加快推进教育现代化实施方案（2018—2019 年）》《全面深化新时代教育评价改革总体方案》，不断提升服务理念，不断优化服务方案、策略，实现治理育人、服务育人、环境育人，为创办温暖、智慧、开放、共生的现代化学校而奋斗。

（二）基本原则

（1）坚持合法性和最佳性原则。生态生活中心要认真贯彻党的教育方针、政策及市委、市政府指示精神，紧紧围绕学校现代化学校治理体系方略，遵守法律规章制度，增收节支，以最低开支换取效益的最大化。

---

① 王东红，高雪．新时代高校管理育人：内涵、特征及优化路径［J］．现代教育管理，2021（11）：19-25.

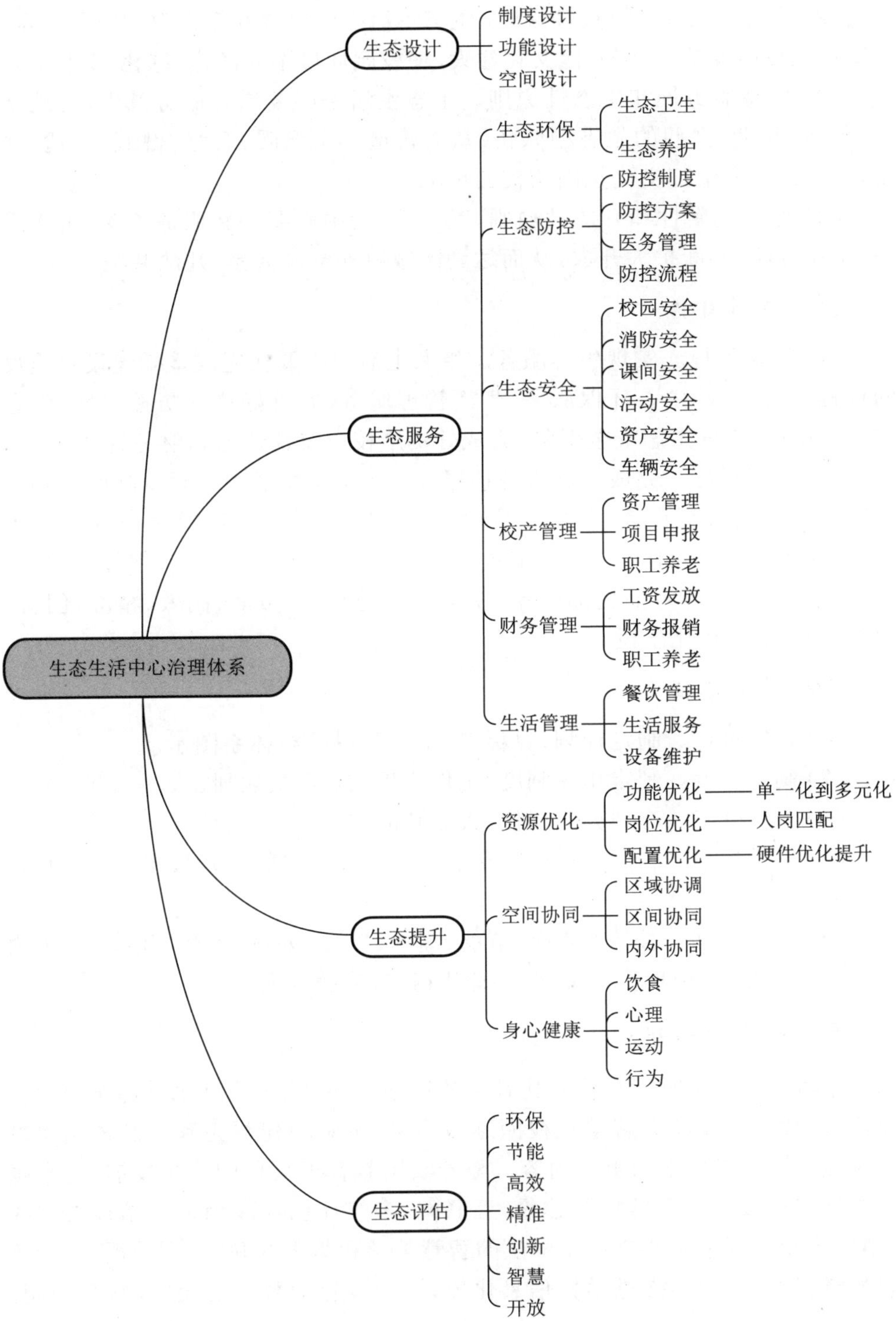

图 4-7　生态生活中心治理体系架构

（2）坚持基础性和发展性原则。生态生活中心要做好教育教学服务保障，不断优化设施设备，加强校园文化建设，使校园环境不断净化、绿化、美化。

（3）坚持服务性和生态性原则。生态生活中心要增强服务意识，打造精干、高效、和谐、文明的生态型队伍，从而营造一个温暖、智慧、健康、舒适、开发、共生的具有浓郁文化氛围的校园环境。

（4）坚持创新性和开放性原则。生态生活中心要创新服务理念、工作思路、工作方法，不断扩大开放，从而达到区域内外资源共享、开放共生。

（三）工作目标

（1）近期目标。实现生态服务。生态生活中心要在完成基础建设及验收的过程中，落实好生态环保服务、生活管理服务，完善好疫情防控工作、生态安全工作，夯实好生态安全保障，完成好资产校内统计造册和财务管理。

（2）长远目标。完成生态服务顶层设计。生态生活中心要从制度、功能、空间等多维度进行设计；从资源优化、空间协同、身心健康等多方面进行提升，使功能更加多元化，人岗配置更加合理化，硬件更加智能化，使师生饮食、心理、运动、行为等方面更加健康，使学校成为环保、节能、高效、精准、创新、智慧、开放的现代化学校。

（四）实施路径

（1）顶层设计。制定计划、目标、方案、评价标准、体系图示。

（2）制定制度。制定相关制度、工作流程图及各类表册。

（3）责任分工。合理分配岗位，人尽其能，夯实工作责任。

（4）安排计划。制定工作台账和阶段性目标，分项实施，按步骤完成预定工作。

（5）达标评估。按照“环保、节能、高效、精准、创新、智慧、开放”等为内容的评价标准，实施项目评价，开展评优树模，立德树人。

五、全景评估中心

伴随着大数据时代与信息化社会的高速发展，教育信息化已遍布校园各个角落，数字化校园向智慧化校园逐步迈进，不断构建与完善智慧校园建设已成为学校发展战略的重要内容。随着我国教育现代化的稳步发展，越来越多的学校积极推进智慧校园建设，互联网、多媒体已经成为很多学校教室的标配。[①] 全景评估中心立足于师生的智慧教学和基于互联网、大数据、云计算的智慧管理，高标准推进学校信息化建设，通过打造数字化校园、智慧校园，

① 李春阳，宋娅．智慧校园建设中的智慧课堂新探［J］．中小学管理，2020（6）：48-49.

营造良好的信息化氛围，引领教师发展、促进学生成长。人工智能发展为学校的形态变革带来机遇和挑战。[①] 延安市新区第二小学全景评估中心借助人工智能建设智慧校园，以此提高学校教育教学质量，提升学校信息化管理水平，实现学校数字化的跨越式发展，为全面推进素质教育，落实学校润心课程体系，逐步实现学校教育的现代化奠定坚实的基础。

全景评估中心组织结构如图 4-8 所示。

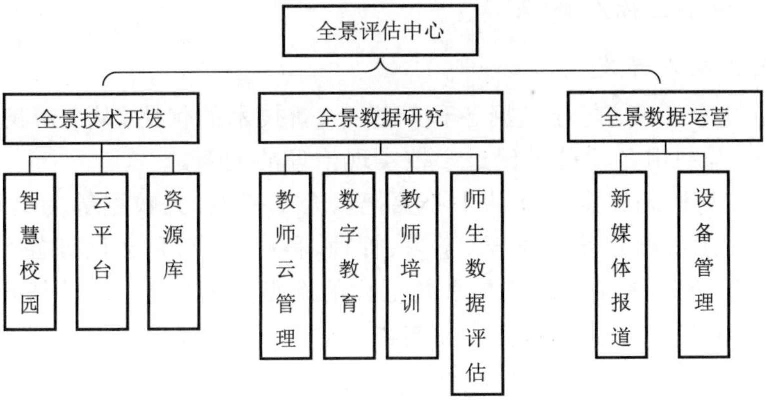

图 4-8　全景评估中心组织结构

（一）中心工作理念

创新、协调、绿色、开放、共享。

（二）中心工作价值

（1）落实立德树人根本任务。全景评估中心借助新兴信息技术，营造智能化的育人环境，结合学校办学特色，不断优化和创新智慧校园建设内容，在学校“润心教育”理念的引导下，基于“大数据”收集、挖掘研究学生心智成长变化，对学生的认知和大脑发育提供有力的科学依据，生发学生的学习力和成长的内驱力，更好地开展素质教育，落实立德树人根本任务。

（2）全景评估以教育信息化 2.0 为导向，强调融合创新。全景评估中心充分发挥以智能技术为代表的新兴信息技术的优势，努力变革传统的教育教学模式，推进智能技术与教育教学的深度融合，真正实现从起步应用迈向融合创新。不断深化智能技术与教育教学、科研、管理等各方面的融合创新；不断强化智能技术对教育教学改革的服务与支撑，从而实现全方位的融合创新。

---

① 赵磊磊，代蕊华，赵可云．人工智能场域下智慧校园建设框架及路径[J]．中国电化教育，2020（8）：100-106，133.

（3）全景评估中心以逻辑思维的严谨辅助学校进行决策，通过深度神经推理、数据驱动与知识引导相结合的学习，将大数据转变为知识，依托类型更丰富的传感器所采集的数据，并在对领域建模的基础上，发展出基于学校特征属性的AI决策算法，为学校提供更迅捷、更可信的决策；将学校的数据中心进一步演化为“学校大脑”，使其既具备强大的运算能力，又具备丰富的可视化决策视图。

（三）中心工作职责

1. 全景技术开发

全景技术开发，充分发掘各种新媒介、新技术的优劣，从“为我所有”到“为我所用”，利用各项技术促进学校实现治理的创新。

（1）智慧校园。全景评估中心要把以人工智能、大数据等为典型代表的新兴信息技术综合运用到教学、学习、管理、科研、生活和文化等各个方面，实现教育教学的关键流程再造与系统重构的新型校园生态；提供基础设施、应用系统、信息终端等硬件环境和虚实融合的学习空间，智能化、个性化的育人环境。

（2）云平台。全景评估中心要搭建学校教师云管理、学生云管理、教学云服务平台，实现校务管理的数字化、智能化，创新教育教学理念，变革教育教学方式，优化教育服务模式，使主体实现跨中心和信息系统的协同工作和交流，提高学校教育管理的功能和效率。

（3）资源库。全景评估中心要提供校本资源管理功能，实现学校教学资源的共建、共享；构建学科齐全、种类丰富的校本资源库，涵盖学科资源库、教研论文库、教学视频库等，加快学科专业资源的数字化改造，实现学校管理档案、教案、试题、课件、精品课程的数字化和网络化。

2. 全景数据研究

全景数据研究旨在挖掘和分析数据，为学校课程开发、数字教育、教师培训及各中心提供分级、分类授权的统计信息报表，对全校不同类型的多源数据进行综合统计和分析，通过横向和纵向比较，进行师生数据评估，从而提高学校的精准化管理水平。

（1）课程开发。全景评估中心要通过大数据的挖掘来完成课程建设，利用数据挖掘技术对校园的数据尤其是非结构化数据进行处理分析，进一步为学校课程开发提供更为科学精准的数据支持。如学校已开发的“北斗STEAM课程”和“冰雪STEAM课程”，后续还将继续依托大数据挖掘更多的课程。

（2）数字教育。全景评估中心要利用多媒体教室、平板电脑等现代化多媒体载体进行教学，以校园数字化信息和网络为基础，在计算机和网络技术上建立起对教学、科研、管理、技术服务、生活服务等校园信息的收集、处理、整合、存储、传输和应用，使数字资源得到充分优化和利用。

（3）教师培训。全景评估中心要为教师的信息技术赋能，搭建信息能力培训平台，培养和提高教师的信息素养和信息技术能力，以担当起教育信息化任务。

（4）师生数据评估。全景评估中心要基于腾讯微云、钉钉、班级小管家、班级优化大师、问卷星等平台，收集和积累数据，提供师生管理与量化评价的在线化，为学校积累考核、评估数据，实现智能化管理。

3. 全景数据运营（自媒体、设备管理）

全景数据运营，既是品牌建设、提升学校影响力的需要，也是数字化时代学校智能化转型的重要路径。在全景数据运营过程中所累积的大量数据，为学校现代化发展与治理提供了宝贵的信息化财富。

（1）自媒体报道。在学校品牌建设过程中，全景评估中心一方面运用自媒体的报道功能，将学校教育质量、办学特色、校园文化得以呈现，为学校提供多种形式的宣传路径；另一方面利用自媒体的连接功能，高效连接学校教师、学生、家长以及社会公众，促进信息有效传播和自由流动，加强上述相关群体的沟通和交流，提升学校管理效能。

（2）设备管理。全景评估中心负责校园广播系统、多媒体教室、文印室、电子班牌、录播室等设备的管理，保证全校各类大小活动正常开展，包括平常教育教学中升国旗、课间操、全科素养活动、上下课铃声、教学测评活动等，细化到会议室的安排以及多媒体、音响、话筒、摄像等设备的管理，确保各项会议和活动正常开展。

（四）运行细则

（1）全景评估中心人员需转变观念，为学校教育信息化发展提供思想保障。教育信息化是实现教育现代化的有效载体，是实施素质教育、培养创新人才的必然要求。全体教师要充分认识加快教育信息化建设的重要性和紧迫性，进一步提高认识，转变观念，加快信息技术与学校管理、教育教学的深度融合。

（2）加强人员管理，为教育信息化发展提供制度保障。全景评估中心要完善教育信息化管理制度，建立信息技术应用工作定期考核奖励制度，扎实推进教育信息化工作。

（3）加强网络与信息安全，为教育信息化发展提供安全保障。全景评估中心要严格执行国家信息安全相关法规、政策，建立信息安全组织管理体系，落实信息安全责任制，确保网络健康、安全运行。

（4）加强队伍建设，为学校教育信息化发展提供人才保障。全景评估中心要加大对教师、信息化工作人员、行政管理人员的培训，加快建设具有现代信息素养、熟练应用信息技术的教师队伍和管理队伍。

（5）加大投入，为教育信息化发展提供后备保障。全景评估中心要将教育信息化建设、应用和维护资金及信息技术能力培训经费列入预算，树立项目意识和经营意识，促进教育信息化的可持续发展。

（五）考核细则

1. 工作任务绩效考核分（80分）

工作任务绩效考核分，即基本要求考核分：50分+重点目标考核分30分。

2. 民主测评分（10分）

民主测评分是通过信息化手段，如问卷星，设置本中心的测评对象，各岗位评分值只要达到8分及以上，负责人即可评优。

3. 创新项目考评分（10分）

（1）每人分管两个项目，一个独立，一个合作，由全景评估中心根据自身情况自定。

（2）年初，全景评估中心各岗位申报创新项目内容和预期达成的成果，由考核领导小组初审确认是否属创新、认可的，再由各岗位执行。

六、年级工作坊

年级工作坊是学校“北斗领航，群星共辉”现代学校治理体系下实施区域自治、分层施策，对本年级全面组织实施工作的基层单位。年级工作坊以年级为单位，建立“校级联系人、首席行政、首席辅导、首席学科”的年级工作坊治理体制，是学校相对稳定的团队组织，具有独立性、整体性。其负责对年级进行全面施策，对年级教师、学生的全面发展负责。年级工作坊要更好地适应学校发展的需要，进一步增强教师的工作责任感和合作意识，提高团队工作效率，使施策更科学、目标更具体、落实更到位，凝心聚力，努力追求现代学校治理的有效途径和最佳效果。

年级工作坊积极开展年级主体研究，形成有针对性、科学性的年级归属策略，开创适合本年级组师生的特色活动，争创学习型、温暖型、智慧型、开放型、共生型年级组，努力提高年级组工作的实效性，把年级工作坊建成实施素质教育的实体。年级工作坊组织机构如图4-9所示。

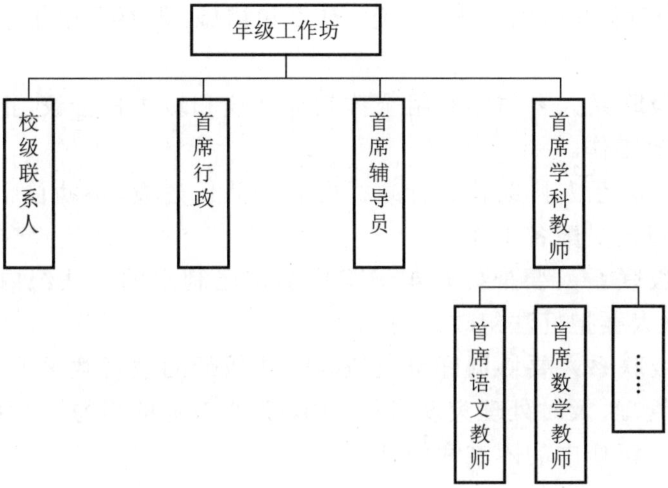

图 4-9　年级工作坊组织机构

（一）治理原则

（1）年级工作坊要健全年级工作坊运营机构，营造民主理校氛围。学校设立校级联系人，负责指导年级工作坊工作，年级首席教师负责年级治理机制的制定和实施。年级首席教师全面负责本组的工作，对年级全盘工作进行全面统筹安排。

（2）年级工作坊成员各负其责、各尽其能，形成合力。年级工作坊实行全员参与，所有成员各负其责，各尽其能，形成育人共同体。

（3）年级工作坊要充分发挥直接施策作用。年级工作坊可称为“校中校”，学校具体事宜交由年级工作坊具体操作。年级工作坊有权向学校建议调整不服从工作安排、工作责任心不强或工作中出现严重失误的教师。年级工作坊根据学校行事历可自主安排一些年级特色活动。

（4）年级工作坊要理顺与各部门、各中心的关系，有效促进目标责任的实施。年级工作坊定位为职能部门的执行单位，学校职能部门应切实指导年级工作坊正常、有序地开展工作。校级联系人要及时指导各年级工作坊不断总结工作，好的经验向全校推广，发现问题及时协商解决。

（二）权责限定

1. 校级联系人职责

校级联系人全程跟踪年级全面的事务性的活动与决策，结合学校工作重点，经常深入年级、深入师生，掌握实情，提高学校领导班子决策的科学性、准确性和时效性。

（1）校级联系人组织召开年级工作坊首席会议，指导年级工作坊总体工作部署；每个阶段的工作目标、任务、重点和措施，需要根据年级变化情况来具体决定。

（2）校级联系人参与年级组全体教师会议和班主任会议，指导班主任和科任教师有效工作。

（3）校级联系人协助首席行政抓好教师队伍建设，协助首席行政从大局出发做好年级人员配备工作。

（4）校级联系人要把握好年级工作坊自己制定的一些组内特色项目活动，校级联系人要把好法纪政策关。

（5）校级联系人要协调好班主任与任课教师的教育教学关系，发动全年级教师参与管理，及时处理突发事件；主动关心教师的思想、学习、生活情况，帮助教师解决工作中的困难和问题。

2. **首席行政职责**

年级首席行政的职责是在校长工作室、学科教学中心、育人研究中心的引领下，组织年级组教师全面贯彻教育方针，抓好学生德智体美劳教育，具体落实年级的各项教育教学活动的开展。

（1）首席行政要根据学校工作计划，结合本年级实际，制订好年级工作坊工作计划，督促班主任和科任教师按时制订出班务计划和教学计划，并经常检查执行情况。

（2）首席行政要根据学校党团队要求，组织年级组教师学习时事政治、上级有关文件和会议精神，并进行讨论，提高认识，积极投入各项活动。

（3）首席行政负责召开年级组班主任、年级组全体教师会议，协调本年级各学科的教学要求，分析讨论学生学习和思想品德方面的问题，提出改进措施，开展好本年级的校内外教育活动。

（4）首席行政组织年级组教师全面贯彻教育方针，抓好学生“五育”，严格执行学校“三表”（作息时间表、课程表、课外实践活动表），做到专课专用、专时专用。

（5）首席行政负责落实学校安排的各项工作及各项规章制度。

（6）首席行政要带领年级组全体教师参加学校组织的各项有意义的活动。

（7）首席行政要协调好班主任与任课教师的教育教学关系，发动全年级教师参与管理，及时处理突发事件；主动关心教师的思想、学习、生活情况，帮助教师解决工作中的困难和问题。

（8）首席行政要立足本年级教师和学生实际情况，研究创新适合本年级师生的特色活动项目，争创学习型、温暖型、智慧型、开放型、共生型年级组。

（9）首席行政负责年级组师生的安全管理（财产、卫生、健康、传染病预防等）。

（10）首席行政负责年级科任教师的聘任、岗位分工、人员安排和教师队伍的建设管理，抓好年级师德师风建设。

3. 首席辅导员职责

首席辅导员密切配合校级联系人和首席行政，认真落实校长工作室和各中心的各项班级工作，做好本年级班主任队伍建设和班级日常事务的组织与开展。

（1）首席辅导员要根据学校工作计划、育人研究中心及少先队部工作计划，结合本组实际，制订好年级组班务工作计划，并经常检查执行情况。

（2）首席辅导员组织召开年级组班主任会议，指导班级管理相关工作。

（3）首席辅导员组织组内教师搞好学生的思想品德测评工作（期末综合评定）。

（4）首席辅导员要抓好组内学生行为规范的教育与训练，掌握学生思想动态；协助各中心，配合值周小组做好班级行为规范、卫生等的检查评比工作。

（5）首席辅导员指导、协助班主任做好对本年级学生的思想政治工作，处理偶发事件，若遇到重大问题，逐级上报，共同处理。

（6）首席辅导员要关注全年级学生的生活管理（餐饮、休息、卫生、健康、防疫等）。

（7）首席辅导员负责组织本年级家校互动活动（智慧父母公益讲堂、家访等）。

（8）首席辅导员要创新开展适合本年级师生、家长的年级特色项目活动。

4. 首席学科教师职责

首席学科教师主要负责本年级本学科的教育教学活动开展、教师的校本研修、学生的学科素养提升。

（1）首席学科教师负责制定学期教研计划，确定每次教研的目的、要求、内容、活动时间和主讲人。

（2）首席学科教师主持本组教师业务学习，组织本年级本学科组教师学习相关教育教学理论、制度、规范、标准等，学习先进教育教学经验，转变教育教学观念，提升教师教育教学水平。

（3）首席学科教师要带领本年级本学科教师做好校本研修，扎实推行润心课程。

（4）首席学科教师要协助学科教学中心做好本年级本学科教师的业务提升工作。

（5）首席学科教师要按计划组织开展形式多样、适合本年级的学科拓展活动（观摩课、研究课、教学讲座、学科竞赛等）。

（6）首席学科教师组织本年级本学科教师开展课题研究，做好阶段汇报。

（7）首席学科教师要了解和检查本年级本学科教师的教学情况和学生的学习情况，了解各班级教学质量，帮助教师解决教学上存在的主要问题。

（8）首席学科教师要创新开展适合本年级师生的学科特色活动。

（三）各项工作流程图

1. 运行流程

年级工作坊运行流程如图 4-10 所示。

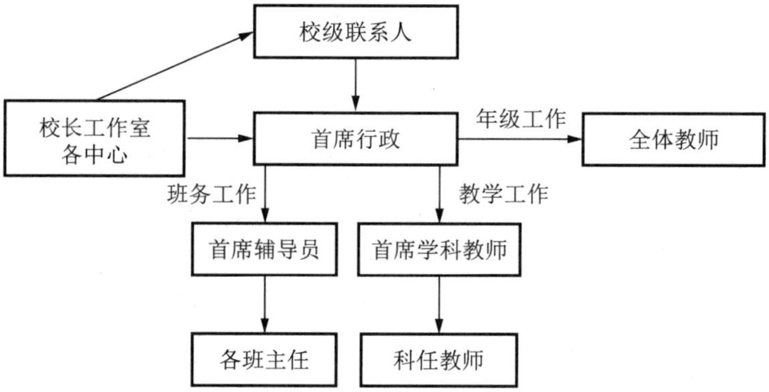

图 4-10　年级工作坊运行流程图

2. 教师请假流程

教师请假流程如图 4-11 所示。

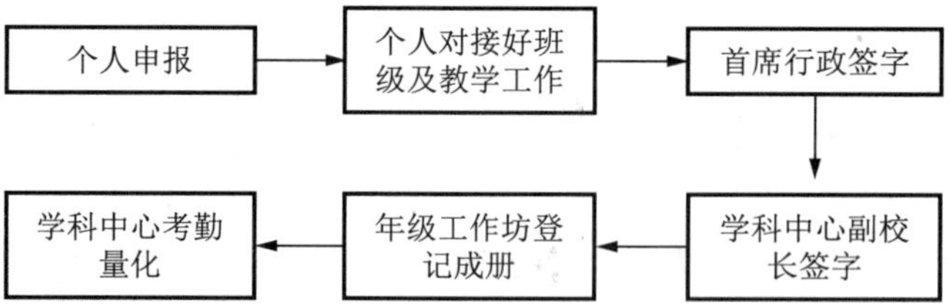

图 4-11　教师请假流程图

3. 学生离校请假流程

学生离校请假流程如图 4-12 所示。

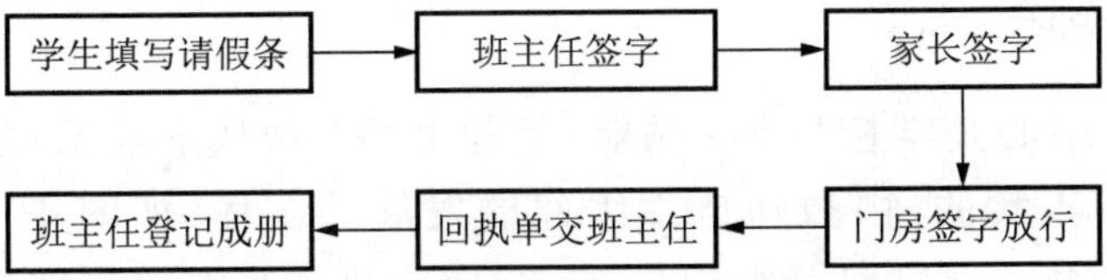

图 4-12　学生离校请假流程图

4. 突发事件层级上报处理流程

突发事件层级上报处理流程如图 4-13 所示。

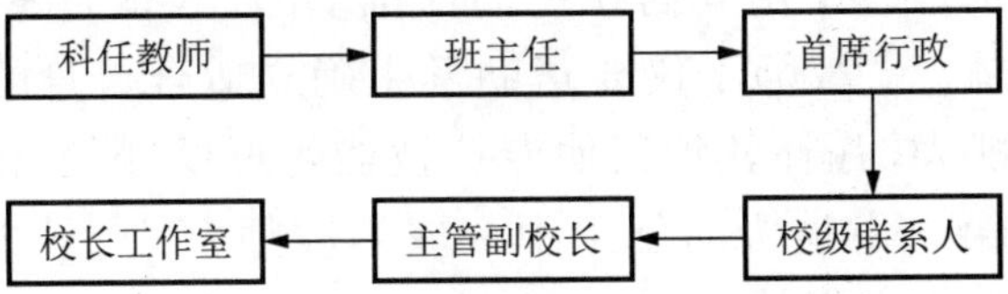

图 4-13　突发事件层级上报处理流程图

5. 年级特色活动项目申报开展流程

年级特色活动项目申报开展流程如图 4-14 所示。

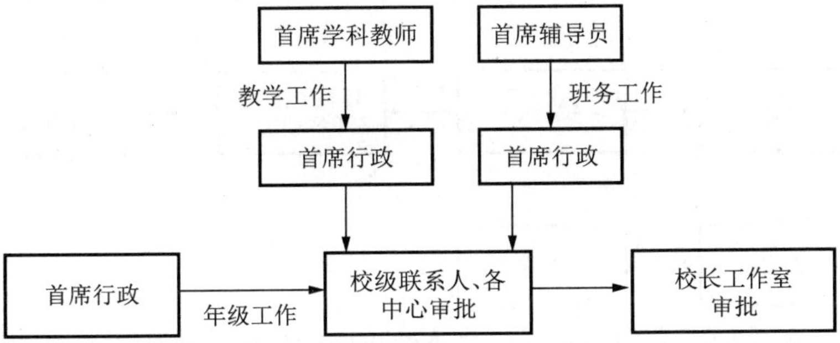

图 4-14　年级特色活动项目申报开展流程图

6. 会议流程

会议流程如图 4-15 所示。

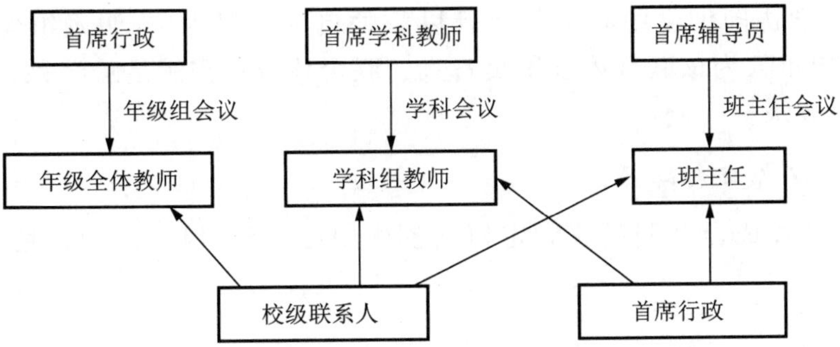

图 4-15　会议流程图

七、协同创生中心

协同创生中心是学校“北斗领航，群星共辉”现代学校治理体系下的，打破学科、年级、年龄的，由教师自主组建的发展共同体（如图 4-16 所示）。协同创生中心丰富了学校现有组织形态，有效解决了当前因国家课程的细化分科，原有年级、单学科的教师组织过程中出现的年级组、学科组分裂；实现跨学科、跨年级思维，实现多元思考，促进学科、年级、年龄间相互渗透、交叉的活动，拓宽教师的学科视角，拓展学生的知识面，让学生学习的知识更加系统化。学生本质上也是一个由其内在能动性推动的、具有无限多种发展可能性的动态生命创造体。[①] 教师不仅要帮助学生确立适合自身的个性化目标，也要提高自我专业能力，弥补教师其他专业技能的短板，师生相互学习、共同进步。延安市新区第二小学协同创生中心成为教师“润心沙龙”的载体之一，及时解决教育教学中出现的价值观、方法论问题，以“培养全面发展的人”为核心，构建全域育人体系，实现“共建、共治、共享、共生”的治理效能。

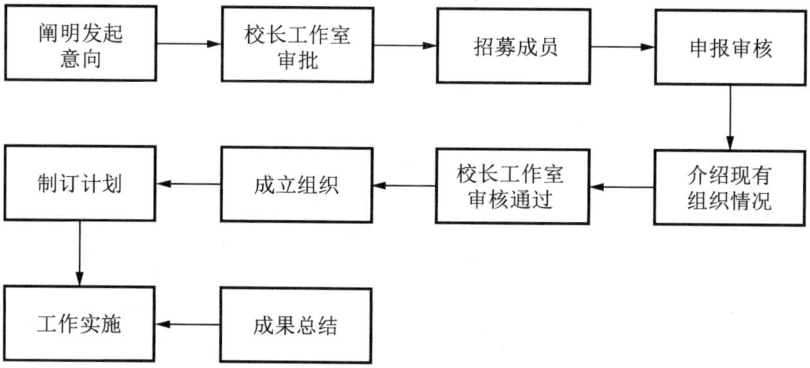

图 4-16　延安市新区第二小学协同创生中心组建流程图

（一）工作运行机制

新时代的中国特色社会主义教育发展道路，对教师队伍建设提出了新的更高要求，构建起一套行之有效的工作运行机制就显得尤为重要。延安市新区第二小学协同创生中心工作运行以教师自主申报为主，明确组建的合理性，第一申报人为该联合体直接负责人。联合体成员需满足跨学科、跨年级、跨年龄段要求。

（二）工作目标路径

（1）全体成员共同商议制定协同创生中心创建目标、活动计划，打造区

① 向晶．追寻目标：学生幸福的教育关照［J］．全球教育展望，2014，43（11）：17-24.

域活动空间，并互相配合、积极合作，认真落实。

（2）构建合作交流的平台。协同创生中心不定期开展管理的专项研讨活动，对联合体内难点问题、重点事项进行研究、交流和决策，形成统一的意见。

（3）协同创生中心要整合学科基地负责人、学科带头人、学科骨干教师等专业引领人员的力量，加强教研联合体教学研究有效性的调研和实践探索，促使教研联合体内实现理念共享、资源共享、成果共享。

（4）协同创生中心要全面开放各成员的教育资源，成员积极参与听课、评课、优质课展示等交流互动活动，同时，交流先进教育理念、教学方式和方法，促使教师进一步转变教学观念、提高课堂教学水平和业务素质；把教科研活动有机结合，建立统一的教科研活动制度，以项目合作的形式共同开展教科研活动，研究改进教育教学发展的策略，以教科研为抓手带动提升教育管理能力和改进教育教学方法，提高教育质量。

（5）有利于协同创生中心共同发展提高的各项活动，要根据实施方案给予具体安排，各年级、各学科教师努力为活动提供资源，并虚心、主动接受协同创生中心的帮扶，积极引进先进的管理模式、教育方法。

（6）协同创生中心以学年为单位存在，要及时对中心的工作进行总结，加强实践，勇于探索，不断优化其组织机制、组织形态及活动内容和形式，推动办学理念、管理制度、科研成果共享交流；强化互动，寻找共同发展目标，找到相互间的最佳结合点，以共同发展创造新成果，以新成果推动新发展。学校搭建“协同育人”论坛，要求协同创生中心积极分享经验，形成有效育人成果，对于有共同价值的实施经验要进行全校推广，并设立相关奖项。

第三节　学校、家庭、社会多元一体的润心教育共同体建构

随着社会生活方式的转变，青少年儿童心理问题日益呈现多元化和复杂化趋势，心理不健康问题发生率逐渐上升。青少年儿童作为新时代的主人，其心理健康必须得到足够的重视。家庭、学校、社区作为青少年儿童长期生活的场所，在其身心成长的过程中以不同的方式对其身心发展起着不同的教育作用。但目前家庭、学校、社区在青少年儿童心理健康教育方面的合作实践较少，且效果不理想。2021 年 10 月 23 日颁布的《中华人民共和国家庭教育促进法》（以下简称《促进法》）规定“家庭教育、学校教育、社会教育紧密结合、协调一致”，“建立健全家庭学校社会协同育人机制”，确立了家校社协同育人及其机制的合法性。一系列法规的出台指向的是新时代育人的方向——全面发展的中国特色社会主义现代化国家的建设者与接班人。基于

人的全面发展，学校构建全方位、全时空、全主体、全场域的育人体系是关键。因此，家校社协同育人需构建有效的育人共同体，并形成长效机制，扎实推进。

一、学校、家庭、社会多元一体的润心教育观

《促进法》和“双减”政策中，“家校社”是指家庭、学校和社会。其中，家庭是最基本的社会单元；学校在“双减”政策中特指义务教育阶段学校和社会代理人，在《促进法》中特指中小学校、幼儿园和社会代理人；社会在《促进法》中是指“社会教育”。[①] 由这三个不同场所而产生和实施的教育行为进而形成学校教育、家庭教育和社会教育，其都是国民教育的重要组成部分。

在清晰的三种教育边界中，三者又存在密切的有机联系。只有家校社有机地结合起来，形成合力，才能实现教育效能最大化。反之，家校社相互独立，则会造成教育的理想和目标不仅不能变成现实，甚至还有可能不利于下一代健康成长。

因此，教育工作者、家长、社会各界要树立科学的教育观，正确理解当前教育改革中家校社协同育人的必由之路，完成好各个教育主体对孩子们的教育影响，三者有机衔接。协同配合是新时代教育改革发展的重要前提，是落实立德树人根本任务的迫切需求，更是促进青少年儿童全面发展、健康成长的必然要求。

二、学校、家庭、社会多元一体的润心教育共同体内涵

由于众多学校喜欢关起门来办教育，中国教育样态中，学校、家庭、社会在多数教育中都是隔离的状态，长期没有形成教育集合力。但是，随着人们对教育认识的深入和质量要求的提升，学校、家庭和社会的合作日益显得必要和急迫。

（一）多元一体的含义

“家庭、学校与社会多元一体合作教育最初源自于国外教育改革的实践成果，它强调家庭、学校与社会共同承担儿童成长责任，并在相互协调中形成教育集合力。中小学润心教育的学校－家庭－社会一体化是指在对中小学生进行润心教育的过程中，在共同目标的指引下，学校、家庭和社会各方面的教育力量共同参与、相互补充、相互促进，共同构建学校－家庭－社会一体化

① 中华人民共和国教育部《中华人民共和国家庭教育促进法》[EB/OL]. [2021-11-23]. http://www.moe.gov.cn/jyb_sjzl/sjzl_zcfg/zcfg_qtxgfl/202110/t20211025_574749.html.

润心教育模式，共同推动青少年心理健康教育工作。”[①]它通过整合学校、家庭以及社会多主体、多方位、多方面的资源优势，通过多元紧密结合、协调互动，形成亲密的合作伙伴关系与具有强大向心力的教育集合力，为基础教育阶段的儿童构建和谐共生的良性教育生态，从而实现儿童的健康全面发展。家校社协同育人机制模型如图 4-17 所示。

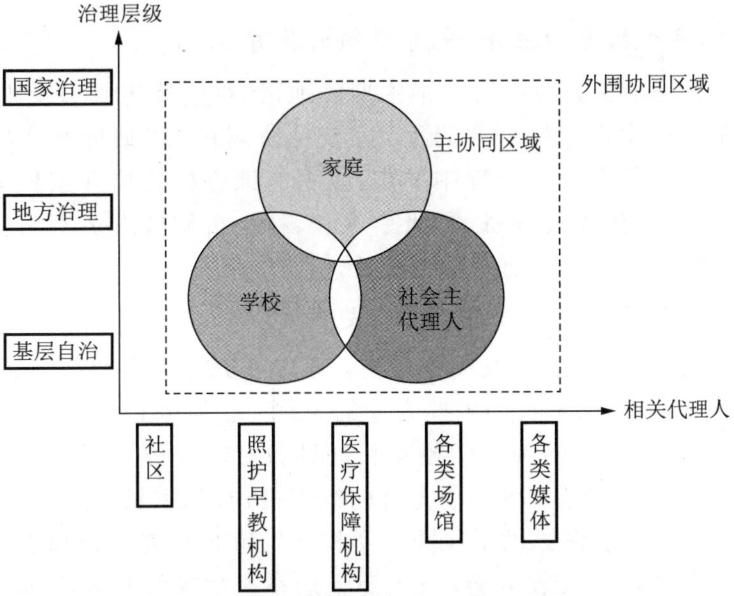

图 4-17　家校社协同育人机制模型

（二）多元一体润心教育合作的必要性

第一，家庭、学校、社会在学生健康发展过程中发挥着不同作用。家庭、学校以及社会是学生成长过程中最常活动的重要场所，其中的物质环境、人文环境等都会对学生产生潜移默化的影响。家庭是儿童成长过程中的基础阵地和原生地，学校是实施教育活动的主要场所，社会可以为家庭和学校提供资源丰富的平台与桥头堡，三者在儿童发展过程中互相配合，共同实现儿童润心教育的统一目标，三者缺一不可。

第二，学校开展多元一体合作教育能够提高家庭和社会对学生润心教育的认识深度和重视程度，帮助其确定各自教育角色的精确定位，调整他们在实践过程中的密切合作行为，进而有利于各方教育资源的有机整合与相互协同，形成紧密联系、相互配合的学生润心教育合作格局。

第三，我国的家校社合作开展润心教育还存在诸多问题，润心教育的主

① 黄希庭，郑希付．健康心理学［M］．上海：华东师范大学出版社，2003：65-66.

要实施者是学校，家庭和社会在学生润心教育中的地位和作用还没有得到充分体现。另外，目前的学生润心教育活动形式单一、内容层次较低等问题也比较突出，没有多元一体的合作，只靠学校单独的力量很难妥善解决学生的润心教育问题。

三、学校、家庭、社区多元一体的润心教育体系

（一）以学校教育为主导，统筹引领大教育

学校教育是学生养成教育的最主要阵地，始终坚持传道与授业并重。延安市新区第二小学自建校就开启了“家校社协同育人”研究与实践，以组织结构变革引导家长在学校管理中发声；以系统课程构建提升家长家教素养；以多方资源整合，借助校外资源，吸引家长、社会机构或人员参与学校教育，丰富校内课程、育人活动，助力学生成长。

1. 学校引导家长在学校管理中“发声”

（1）成立家长促进教育发展委员会。学校在充分调研和广泛征求各界意见的基础上，成立了以家长为主要力量的组织——延安市新区第二小学家长促进教育发展委员会，明确了学校家长促进教育发展委员会的定位和宗旨、组织和职责、权利和义务，建立了完善的组织机构，为家长促进教育发展委员会规范有序地开展工作提供了保障。学校实行家长代表大会和例会制度，在各个级部成立了家长代表分会，自下而上选举产生家长代表主席 1 名、各年级家长代表 1 名、各班级家长代表 2 名和 1 名膳食委员，为家长促进教育发展委员会规范有序工作提供了有力保障，形成了有效的常态工作机制。学校还积极组织召开家校社协同育人联席会议，邀请家长、妇联、社区相关人士就育人目标进行可行性论证，并为育人目标的进一步落实建言献策；另一方面，延安市新区第二小学还对全体教师进行理论与实践培训，形成全体教师从思想到行动重视家校社协同育人工作的风气。家长促进教育发展委员会作为一种代表家长教育意愿、凝聚社会教育资源、参与学校教育的新型教育共同体，以其独特优势和作用，开辟了家校合作的新境界。

（2）设立家长周校长。家长周校长的设立，以长效的开放办学样态，搭建起了家校沟通的“立交桥”。家长走进课堂与教师共研课，教研有了第三方视角；学校例会有了家长的旁听，家校共情能力进一步提升，也真正打通家校沟通“最后一公里”。

2. 学校为家长提升家教素养出力

（1）“智慧父母”公益讲堂赋能多元教育主体。学校开设“智慧父母”公益讲堂，充分发挥家长学校的作用，利用家长会、学校开放日、网络平台等举

办家庭与社区教育专题讲座，邀请心理健康教育专家作报告，转变他们的认知理念，使他们树立新时代正确的家庭教育和心理健康教育工作认知观，提高他们实施家庭教育的水平。每次公益讲堂之后，学校还以分层家长会的形式，由心理专家、任课教师一对一为家长与社群解答育儿困惑，给予他们科学的指导与帮助，丰富他们的家庭教育知识与技能。此外，学校还建立“家校云中心”，在云端为家长与社群提供学习家庭教育知识、交流研讨孩子成长问题与经验的平台，有效促进他们的科学育人水平和能力发展，提高他们的家庭教育智慧，建立家校社共育绿色通道。

（2）构筑全主体参与的心理健康教育新样态。学校特色的心理健康教育课程“心灵在线”更是将课堂由学校延伸至家庭，校内到校外、到社区，通过亲子互动游戏、活动、推荐读物等，不仅可以有效拓宽学生心理健康教育的实施途径，更可以有效发挥家庭作为养育学生健康心理的主渠道、主阵地作用，切实让家长从只关注学生“分数”的漩涡中脱身，回到正轨。这既是家庭教育应该做的，也是“双减”后家庭教育价值观确立的有效平台。学校依托互联网积极主动联合一线教师、家长、社群，动员学生主体，挖掘学校服务人员群体和社工资源，不断丰富心理健康教育实施主体，逐步实现全主体融入，让家长、社群、校工和志愿者成为心理健康教育的实施主体。

（3）“树洞先生”打破心理咨询屏障。信息化时代的到来，给教育界带来了巨大的冲击。这既是机遇，也是挑战。在此背景下，学校在现代化、数据化、信息化时代背景下开辟具有本校特色的“树洞先生”线上心理咨询平台。该平台一方面打破空间、时间、环境局限，让家长参与其中，另一方面保护了学生、家长的隐私，及时有效地关注了学生和家长的情绪变化。家长根据自己的实际情况，有任何的教育和情感困惑可以通过“树洞先生”随时进行咨询、访谈，并获得帮助，化解焦虑。“树洞先生”成为延安市新区第二小学学生和家长成长的知心朋友！

（4）提高教师教育指导能力。教师处在家庭与学校之间，担负二者交流“纽带”的作用与责任。因此，教师的教育指导能力既是学校教育的必要条件，也是家庭教育有效开展的必要支持力量。家庭教育的开展越来越需要学校和教师的指导和引导，教师在一定程度上担任了家庭教育指导员和专业咨询顾问的角色。我们只有切实提升教师指导家庭教育的意识和能力，家校社合力育人才能得以有效实现。因此，延安市新区第二小学为教师提供平台和资源，“引进来”与“走出去”并进。一方面，学校邀请陕西省家庭教育协会、延安大学等专家对教师进行职业生涯规划培训、家庭教育指导力培训和各类专业技能培训等；另一方面，还进行省级教学能手培训、“名师之路”培训等，从根本上提高教师的教育指导能力。目前，考取中国科学院颁发的心理咨询培训证书、陕西省家庭教育研究会颁发的家庭教育指导师证书已经成为教师们“润心强师计划”的新目标。

3. 引入家长、社会资源助力学生成长

课程改革的多样性、选择性及社团活动的丰富多彩，对教师素质提出新的要求，有的单靠本校教师根本无法胜任。延安市新区第二小学通过家长促进教育发展委员会融合广大家长委员乃至社会丰富的人力与教育资源，使其融入学校教育的主渠道，广泛高效地开展教育教学活动。学校邀请具有专业背景的教师担任学校的“客座教师”，最大化地引入家长、社会资源帮助学生成长。学校借助社会各部门的力量，共同培育学生的公民意识、夯实人生基础，强调实现道德和价值观教育的平台。这既有利于实现整个教育在时空上的紧密衔接，保证整个教育在方向上的高度一致，又有利于实现各种教育的互补作用，从而增强整体教育在方向上的一致性。

（1）借助润心非遗馆引入非遗传承人。学校将非物质文化引进校园，并成为非物质文化遗产传承基地，努力打造与学生学习生活密切相关的传统文化表现形式和育人空间。非物质文化传承人担任课程导师，指导学生学习浓厚的地域文化和特色知识，带给学生们原生态的课堂。

（2）借助润心书屋引入社会图书资源。图书室是学校规范办学的基础建设，但是学校均存在藏书数量不足，且不能根据师生数量变化及时增加数量，更无法解决书目随市场变化、阅读需求而及时更新的问题。很多学校的图书都是一经采购便置于阅览室而不动。为解决这种办学的局限性，延安市新区第二小学就建起了延安市图书馆的首个校园分馆。市图书馆在学校放置一部分图书，并定期更换、更新；学校全体师生人人持有延安市图书馆借阅证，周末、假日，图书馆成了师生、家长最理想的休闲阅读之地。

（3）借助润心厨房引入丰富的劳动教育资源。学校将餐厅改造为润心厨房，厨师变成了导师，饭堂变成课堂，劳动变成了乐趣，一粥一饭当思来之不易，厨房里的思政课堂，小米粒藏着大民生。

（4）借助润心少年警校引入法治与安全教育资源。学校与交通管理部门协同成立润心少年警校，每周邀请教官进校园，开展理论加实践的双向课程，培养出一批懂交通法律法规、会指挥交通、能承担文明交通宣传的“润心小交警”。

（5）借助“北斗七园”引入丰富的创新资源。学校以社区公民为教育切口，将公民应尽义务、责任引进校园，充分尊重学生主体，将校园打造成“润心北斗里”，建设“北斗七园”教育阵地。学校与毗邻的延安市中医院一起共研，中医进校园，建起了“百草园”，学生在“百草园”种植中药材，观察药材成长过程，学习中医药药理，学会简单中药保健。“气象园”由学校协同气象局开展教育活动，在气象观测、气象与生产关系、环境保护方面对学生开展教育活动。在这里学生担任小小气象观察员，将每日学校气象情况公布，承担应尽岗位职责。“种植园”由农科所的专家与学生进行当地农作物的种植。“消防园”是学校与消防支队共同打造的教育阵地，开展火灾自救自护教育、消防工具使用操作、火灾隐患排查等教育活动。消防支队与学校共同打造的延安市消防安全第一课，2023年以“蓝焰润心，与你同行”为题经中国消防、陕西消防、延安消防全网直播，与全国的学生们共同学习。

（二）以家庭教育为基础，培根铸魂心课堂

家庭教育是启蒙教育、基础性教育。以德树人、以德育人是家庭教育的重点。家庭教育就要把孩子的品德培养放在首位，主要任务就是养成教育。养成教育在于培根铸魂，在阅读、在劳动、在健体、在生活中成长。

1. 在亲子与家社共读中提知

腹有诗书气自华，书香浸润助启航。学校通过“书香读吧”的方式，让亲子一起在阅读中成长，引导未成年人的父母或者其他监护人通过开展家庭阅读、亲子阅读等形式，发挥言传身教的作用，培育良好的家风，促进未成年人养成良好的阅读习惯，使学生和家长在阅读中共同增长知识。与此同时，学校还开辟家庭社区“书香读吧”阅读角，通过“小手拉大手”，建立家社联系，进一步开展亲子共读，推动全民阅读，丰富居民文化生活，帮助孩子养成良好的阅读习惯，增进家长与孩子之间的感情和沟通，形成浓厚的阅读氛围。

2. 在劳动中让生活变得更加美好

学校不断完善润心劳动教育课程，搭建起与家庭教育共育的分层居家生活技能课程体系。居家劳动能力习得课程通过三个课堂来完成：第一课堂是每周四学校在校内设置相关主题劳动教育课程，由专业的劳动教师进行讲解；第二课堂是针对本次学校劳动教育课程学生在家长的监督和指导下居家练习；第三课堂是承担起社区小小劳动员责任，让生活变得更加美好。

针对各个年龄阶段学校还设置出了不同年龄阶段的课程，让每一个学生成为生活的小主人。低年级学生学习基本的生活技能，如叠衣服、扫地、拖地、系鞋带等基本的生存技能劳动教育课程；中年级学生学习养殖绿萝、洗红领巾等课程；高年级学生学习洗衣物、整理书架等劳动教育课程。学校让劳动育人体系真正在家校社共育体系中发挥其价值，进一步提高学生的劳动价值观念、服务精神、道德观念和行为方式，引导学生阅读生活、体验生活，享生活之美，学一技之长，为美好生活做准备。

3. 在家庭体育锻炼中修身

家庭体育锻炼具有自身所特有的内容和形式，遵循自身所特有的规律和原则，是学生身心发展不可缺少的重要环节之一。延安市新区第二小学结合实际，科学制定了阳康之后"家庭体育运动"，父母担任着重要的角色，父母与孩子在体育锻炼的过程中，可以是同伴，也可以是对手，更可以互为师生。这样既有丰富多彩的锻炼方式和良好的锻炼效果，更能在锻炼中享受运动带来的乐趣，增进父母和孩子间的亲情交流。

4. 在"北斗七旅"中立志

在"北斗领航，群星共辉"的润心育人实践下，延安市新区第二小学打造第三课堂社会实践活动"北斗七旅"——生命之旅、生态之旅、科技之旅、革命之旅、法治之旅、艺术之旅和理想之旅。学生和家长通过形式多样的社会实践活动，一方面增进亲子关系，另一方面使学生了解国情、了解社会，接触生活，感知生命，体验改革开放的生命力，认识自身生存与发展的主客观条件。这样可以提高学生的自我教育能力和实践能力，促进学生思想道德素质的提高，使他们完善自我、全面发展，增强他们的社会责任感。

（三）以社会教育为支撑，开放共享新生态

社会教育具有广泛性、适应性、及时性与补偿性，社会教育的方式方法具有灵活多样性。学校充分挖掘和利用所在区域的社会多元资源，形成主题式的集聚共享资源课程，常态开展宣传教育、科学普及、文化传承、兴趣培养和实践体验等活动，科技馆、图书馆、革命旧址、农科所、农场、艺术剧院等为学校教师及家长亲子等开展多元社会体验提供社会支持系统。因此，学校要因地制宜地利用社区资源丰富学生的课堂，拓展学生的课外活动阵地。

1. 拓宽红色思政课堂

延安市新区第二小学先后与延安市杨家岭革命旧址、凤凰山麓革命旧址、枣园革命旧址、南泥湾革命旧址等7个旧址签订合作协议，共同开展思政教育研究。在各个旧址开展的"党团队合作式党课""红领巾爱学习队课""红色资源思政教育课"等，让革命旧址成为学生成长筑牢信仰基石的教科书。同时，与旧址共同打造思政课堂，成立思政教研小组，将青少年的思政课以丰富多彩的形式开展；与文旅部门的协同教育，让思政课堂从校园到旧址，从旧址回校园，深入挖掘延安红色育人资源，努力传承红色基因，造就一大批坚定不移听党话、跟党走，有理想、敢担当、能吃苦、肯奋斗的新时代好少年。

2. 建设红领巾法学院

在共青团市委、区委的指导和支持下，学校协同公安系统、法院、检察院共同打造"红领巾法学院"，旨在落实全面依法治国要求，加强青少年法治教育，推动青少年法治宣传品牌化、体系化、专业化，让学生在模拟法庭实践活动中做到知法、学法、守法、用法，从而推进学校青少年法治教育进程。在红领巾法学院，我们通过模拟法庭、普法情景剧、普法童谣等各项活动的开展，从学生自身出发，选择有现实教育意义的启示性案件作为参考，在各部门指导下规范开展模拟法庭活动，让青少年法治意识从小生根发芽。

3. 构建多元实践基地

为了拓宽教育的广度和深度，学校不断吸收更多的教育资源，在市农业科学研究所的指导下，把陕北传统农作物种植研究引进润心劳动实践课程。其目的一方面是让学生通过自身体验切实了解植物的生长规律，了解农作物与时令蔬菜种植在每个阶段的特点；另一方面也是让学生体验家乡农耕的辛勤，增强节约、环保、绿色、爱惜劳动成果等相关理念。

同时，学校协调市政专业部门进校园，指导垃圾分类相关知识，制定垃圾减量分类工作实施方案，通过多种形式开展校园生活垃圾减量分类知识教育和管理工作，推进垃圾减量分类教育进课堂、进家庭；探索建立生活垃圾减量分类宣传教育长效机制和校内生活垃圾减量分类投放收集储存的管理体系，逐步规范校园生活垃圾减量分类工作。学生主动承担起社区小小监督员、社区小小志愿者等职务。

另外，学校还联系科技馆实现共建，在学生中培养了科技馆小小讲解员；联系延安市融媒体，培养了一批批圣地小记者；设立了延安市家庭教育培训基地、延安市非遗传承基地学校、延安大学国培实训基地等，不断强化家校社协同教育机制，形成了小学教育开放共享新生态。

学校从管理变革、平台搭建、资源共享到创新实践机制探索出一条家校共育实践之路，使得家长和孩子的关系更近了，家庭和社会参与了学校的管理，对学校的理解更多了，成为学校发展最好的见证者、助力者，更在家校社协同共育的过程中实现了多主体的"共生"。学生习得知识的途径拓宽了，教师结交的朋友多了，教学资源活了，思维更加宽阔了。未来，延安市新区第二小学将继续对家校社协同育人进行探索与实践，致力于构建更加科学、全面、系统的协同育人课程体系，为家长提供更立体的公益性家庭教育指导服务，形成更加多元、丰富、优质的协同育人评价体系，打造家校社协同育人新格局，构建高质量教育新生态。

四、指向"共生"的学校、家庭、社会多元一体润心教育长效机制

学校深入开展家校社教育共同体工作，构建家校社共育长效机制，以创新为引擎，在关键环节、核心领域发力，盘活多方资源，同心"润"育，聚心汇

力，健全家校社协同育人品牌。延安市新区第二小学家校社多元一体润心教育长效机制如图 4-18 所示。

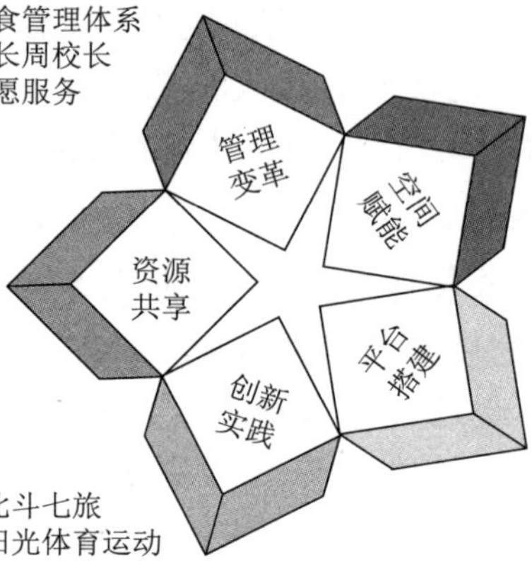

图 4-18　指向“共生”的家校社多元一体润心教育长效机制示意图

（1）学校联动家长、社会积极打造家校育人共同体，成立了家长代表组织体系、伙食管理体系，在校服征订、用餐供餐、课后延时、课外实践活动等牵涉学生教育成长的重大事项时，召开家长代表座谈会征求意见，尽量做到公平、公开、公正。学校实行家长周校长制度，各班家长代表轮流值周，与教师周校长共同负责本周学校的全盘工作，全天候、无死角、全方位参与学校的教育教学活动。家长周校长不仅是见证者，也是传播者，他们见证良好的教育状态、教学秩序，也不断地传播学校教育动态，让更多的家长了解教育教学动态，观看孩子一天的表现与成长，拉近了家校之间的距离，架起了家校合作育人的桥梁。

（2）学校为空间提质，为空间赋能，聚焦家校社协同育人功能，打造文化性、思想性、艺术性相统一的育人空间，建设润心非遗馆、润心文史馆等教育空间，学生在学校可以多渠道、多角度获取知识，学习的形式也更加多元化。学生可以选择自己感兴趣的社团课程，进行研究性、探索性学习，从而真正实现空间赋能。

（3）学校图书馆作为延安市图书馆首个校园分馆，吸纳了丰富的图书资源，学生和家长凭借阅读证，不仅可以在校阅读，也可以通过线上平台享用市图书馆的丰富图书资源，还可以利用周末时间带孩子去实地阅读，做到了把校内资源和校外资源整合利用，最大化地满足学生的学习需求。

（4）学校作为延安市家庭教育培训基地，为学校、家庭共同育人搭建了良好的平台。学校首先加强对教师队伍的建设。“专业的事交给专业的人来做”，为了更好地为家长学生服务，推动家校共育工作的开展，学校聘请校外专业的家庭教育指导师定期进校为家长进行育儿指导。学校成立了以校长为负责人，由学校专职心理教师、育人研究中心负责人、各年级组长与班主任共同组成的家校共育组织，联合家长代表定期组织针对全校家长的家庭教育指导活动。为了让家校共育活动覆盖面更广，学校还通过外聘专家、教授、学者，定期组织家庭教育兼职教师外出参加家庭教育培训等方式来壮大家庭教育师资队伍，推动家校共育工作的开展。

家校社合力共育，实现多主体共生。延安市新区第二小学建校以来，积极探索家校社共育路径，树立了平等的家校社合作观，学校、家庭、社会互为“合作伙伴”，共建、共商、共育、共生的理念已深入人心。今后学校在探索先行、平台筑路、项目驱动、共育共生的实践模式下，学校还需要在主体多元、内容多元、方式多样、服务多向等方面下足功夫，实现家校社“真合作”，使家校社合作走向整体，凸显个性；走向生成，彰显动态；走向对话，深度合作，打造学校、家庭、社会观念趋同、资源互补的育人格局，推动新时期教育的良序发展。

第四节　全员参与视域下的组织文化与聚合力

党的十八大以来，中国开始迈入了新时代、新征程，以习近平同志为核心的党中央要求全体党员干部要为实现人民对美好生活的向往而努力奋斗，在政治、经济、科技、军事等方面取得了宏大的成就。在此过程中，教育也呈现出独有的变化，从农耕时代的 1.0 到创新化、国际化、城镇化、学习化、本土化的 3.0 时代，人们不仅看到了人类进步的轨迹，同时也看到了教育发挥的巨大作用。但是，发展越快，教育越需要更好地坚守、传承与创新。

《中国教育改革和发展纲要》规定中等及中等以下学校实行校长负责制；2022 年，中共中央办公厅印发《关于建立中小学校党组织领导的校长负责制的意见（试行）》，要求加强党对教育的组织领导和工作指导，强化党组织领导的校长负责制。这是党中央和国务院为加强和发展中小学教育而采取的具有战略意义的举措，是坚持为党育人、为国育才，保证党的教育方针和党中央决策部署在中小学校得到贯彻落实的必然要求。[①] 教育从研究人开始，延安市新区第二小学努力创办“关注心灵成长”的教育，润育一颗中国心。学校遵循教育规律、学校发展规律、儿童认知规律、教师发展规律，实施科学

① 本刊编辑部．推进建立中小学校党组织领导的校长负责制 [J]．人民教育，2022（12）：6.

育人，精准施策，形成“润心党建”品牌。

“润心党建”统领学校教育教学全盘工作，实施“党团队一体化建设”，落实好少年儿童的政治启蒙。全体党员时刻践行“一个承诺、一颗初心、一生信仰”的党建文化，以“全员参与”“全景学习”“全域实践”的“三全”路径，扎实开展党建活动，不断完善学校组织建设，不断强化“润心党建”品牌。

一、全景学习，构筑牢固的思想堡垒

习近平总书记说：“事业发展没有止境，学习就没有止境。”[①]他强调要“坚持学习、学习、再学习”。延安市新区第二小学党支部组织全体党员教师认真学习贯彻习近平新时代中国特色社会主义思想主题教育，全方位构筑党员教师牢固的思想堡垒。

第一，让润心教育读本、润心教育笔记发挥最大的价值。学校党支部组织党员及时了解和关注时事政治，根据国际时局、当前国家的大政方针，搜集相关政策、法规，编辑、装订成册，提供给全体党员教师阅读学习；之后根据学习理解，书写学习笔记，做好润心记忆，让每一次学习发挥其最大的价值。

第二，党员领学，树立全员参与的政治学习生态环境。党风引领校风、校风引领教风、教风引领学风。全员参与，学校党支部树立全员参与政治学习和主题教育的思想，开展灵活多样的教育活动，把教师的思想政治学习和教育教学实践结合起来，促进学校各项工作的顺利实施。全景学习，学校党支部让广大教师进行全方位的、动态式的学习。党支部提前谋划构思，开学前完成党员学习安排。党员教师利用每周例会时间根据学校党支部安排，明确党员领学主题，制作领学ppt，就领学内容认真分析和讲解，再结合工作实际谈自己的感悟，深入浅出，不仅让全体教师提升思想觉悟，领会精神内涵，也让自己对党的理论知识有了更加清晰的认识，以便于指导今后的教育工作。

第三，“学习强国”两个队伍，形成两股学习热潮。党员、教师都是学习的主体。在疫情来临之际，延安市新区第二小学全体党员充分发挥党员先锋模范作用，在党支部书记高巧玲的带领下成立了党员突击队，队员们为战胜疫情不仅在精神上给予全体家人鼓舞，更用实际行动践行着党员的先锋模范性。他们纷纷深入社区，动手为社区居民免费制作防接触纸巾，制作小区车辆安全便捷通行二维码，有效改善了小区出入车辆拥堵的问题，同时也避免了人员聚集。社区的领导和工作人员对学校党员队伍的这种做法赞叹不已，称赞他们真实地再现了雪中送炭。全体教师也不甘示弱，自发建立了“依

① 汪信砚．习近平对马克思主义哲学的创造性运用和创新性发展［J］．求是学刊，2022，49（4）：1-10.

靠学习 走向未来”的学习小组，平日里阅读重要思想和会议文章，观看实时动态、挑战答题，有的教师根据自己喜欢的内容，合理有效地利用好“学习强国”app，每周一再进行积分打卡，形成了浓浓的学习氛围。

第四，扎实学习习近平总书记来陕重要讲话精神，精准领悟和践行“文明其精神，野蛮其体魄”。2020 年 4 月 21 日，习近平总书记来到安康市平利县老县镇考察调研。在镇中心小学，习近平总书记走进五年级一班的课堂，亲切询问孩子们的学习和生活情况。习近平总书记说：“现在孩子普遍眼镜化，这是我的隐忧。还有身体的健康程度，由于体育锻炼少，有所下降。文明其精神，野蛮其体魄，我说的‘野蛮其体魄’就是强身健体。”[①] 习近平总书记的话，让我们广大教育工作者深受启发，培养什么样的人？为谁培养人？这样的教育初心始终在学校每一个教职工的脑海中回荡。所以，学校自建校之初，始终结合党的育人目标，培养富有家国情怀与创新意识、良好思维品质和健全人格的全面发展的时代新人。

二、全域实践，推动教育教学高质量发展

我国基础教育需要实现从有质量到高质量的发展转型，基础教育高质量发展具有更公平、更均衡、更协调、更全面、更创新、更优质、更可持续以及更安全发展的丰富内涵。基础教育高质量发展应树立更加优质、可持续的发展理念，坚持更加公平、全面的价值遵循，盘活更加均衡、协调的体制机制，[②] 从而打造更加创新、安全的路径保障。

（一）党建统领，擦亮为党育人、为国育才的鲜明底色

延安市新区第二小学在谋划教育改革发展中，把党建统领贯穿始终，贯穿到学校各方面工作和党员教师发展各个层面、各个环节，擦亮为党育人、为国育才的鲜明底色。学校努力打造“润心党建”品牌特色，坚定不移地把各项工作落到实处。全体党员和教师在“关注心灵成长，润育一颗中国心”的教育理念滋养下，坚持为每一个学生、家长和教师做好润心服务，不断加强党风廉政、师德建设，为探寻现代学校科学发展提供政治保障。

（二）科学研判，全面实施“北斗领航，群星共辉”新学校治理体系

学校立足实际校情、教情，认真分析发展现状、办学优势，理清办学思路，

① 赵婀娜，黄超，吴月，等 .“努力做祖国和人民需要的好孩子”：习近平总书记这样寄语少年儿童 [J]. 人民周刊，2022（10）：26-30.

② 柳海民，邹红军 . 高质量：中国基础教育发展路向的时代转换 [J]. 教育研究，2021，42（4）：11-24.

并把握和审视当前教育发展的动向和要求，对学校的发展目标做出科学、准确、适度、超前的定位。经过反复研讨，学校党组织和校委会带领全体教职工制定了学校办学章程和五年发展规划。同时，针对学校的办学理念、育人目标，进行细致解读，并确立了学校“规范办学—初具特色—凸显品质”螺旋式上升的科学合理发展规划。为了推进各项工作的有序运行，延安市新区第二小学建立了“北斗领航，群星共辉”现代学校治理体系，即由校长工作室、学科教学中心、育人研究中心、生态生活中心、全景评估中心、年级工作坊、协同创生中心组成的体系。各中心通过自主招募成员、学校统筹协调的方式进行组建，更好地实施学校精细化管理，落实管理责任，将管理目标和职责具体化、明确化。各中心每一个成员既是管理者，又是被管理者，把工作做到位、尽到职，对工作负责，对岗位负责，人人都管理，处处有管理，事事见管理。

（三）以润心课程为载体，扎实推进“五育并举”

学校着力构建润心课程体系，开设了“心灵在线”“润心沙龙”“润心讲堂”“行走的课堂”“书香读吧”“劳动实践”等系列课程，致力于形成“关注全科教育、积淀多元素养、提升综合能力”的课程品质。学校大力倡导“五育并举”，结合学生的行为表现，应用现象教学法针对具体现象研究对策，构建德育课程。同时，学校还聘请法治校长和有关方面的专家，立足于学生的成长实际，通过教育宣传、专题讲座等形式不断增强学生的法治意识和安全意识。学校打造“二小节日”特色课程，营造了校园浓厚的艺术氛围，也更好地创设了良好的育人氛围。

（四）建立大数据平台，构建科学、持续的评价体系，实施“全景评估”

学校对学生的成长实施动态跟踪，坚持过程性评价与终结性评价相结合、主观评价与客观评价相结合、他人评价与自我评价相结合的原则，把学生在学校的学习、生活、活动等全方位的表现纳入评价体系中，实现多维度、多元化、综合性、动态式评价。学校依据教育教学工作实际，建立“100+N”的教师综合评价体系，对每位教师最基础的教育教学工作实施全方位量化考核。学校鼓励教师参加各类教学成果评选和各类教学竞赛，并给予取得成效的教师适当量化加分，纳入绩效工资发放、评优晋职当中，极大地激发了教师的工作积极性、主动性、创造性。大数据分析、人工智能从学校的评价体系运用入手。学校还在全校开设编程课程，着手构建“双师课堂”，充分利用现代网络平台、资源和科学技术实施人机对话，不断创新教育教学形式。正如疫情对于学校教学的影响，人工智能、现代网络环境下，学校教育一定要“重启”。

（五）凝聚教育合力，建设育人共同体，打通家校沟通“最后一公里”

学校组织各班级在充分了解家长的具体情况后，成立了班级家长委员会。学校在各班级家长委员会代表的推选下，组建了校级家长委员会，搭建了家校沟通的平台，便捷、规范、有效地处理家校之间的相关工作。学校实行“周校长制”，每周由一位家长代表驻校，全天候、无死角、全方位参与学校的教育教学活动；开展每周一期“润心讲堂”智慧父母公益讲堂，就家庭教育问题给予家长们专业指导，让家长们既学习了教育孩子的方法，增长了家庭教育的智慧，也使他们了解了学校的教育教学理念，形成了家校共育的良好氛围，真正打通家校沟通“最后一公里”。

三、全面引领，党旗在校园高高飘扬

延安市新区第二小学党支部始终坚持发挥党支部战斗堡垒作用，让党旗在校园高高飘扬。学校不断发展党员队伍，更好地发挥党员在校园中的模范带头作用，通过党团队传帮带建设更加美好的校园。党员示范岗、党员示范班、暖心的活动和有力的纪律，是党支部建设带给校园勃勃的青春和力量，更是党建工作带给美丽宽阔校园的更美的明天和期许。

学校党支部认真贯彻落实习近平总书记“必须牢牢掌握党对教育工作的领导权”的重要指示，坚定不移地坚持党对教育工作的组织领导和工作指导，每学期开展为期一个月的“党旗在课堂飘扬”党员教师示范课活动，不仅为年轻教师上好课树立榜样做好样板，也给他们提供了学习平台和锻炼成长的机会，充分发挥了党员骨干教师辐射引领和先锋模范作用。在党支部的带领下学校持续开展了党员先锋岗上下学安全值守、“党员先锋守初心 互研共生促提升”教育帮扶送教送培活动。同时，选拔优秀教师积极开展纳新工作，使“双培养”工作落到了实处。

四、全员参与，扣好教师专业成长的“第一粒扣子”

全员参与，支部书记做引领，为扣好全体教师专业成长的“第一粒扣子”而努力奋斗。延安市新区第二小学全面加强党对学校意识形态工作的领导，做好全体教师思想政治工作，推进习近平新时代中国特色社会主义思想和党的十九大精神入脑入心、落实落细。学校党支部书记为履行意识形态工作第一责任人职责，亲自组建意识形态工作队伍，利用微信公众号等自媒体做好宣传思想工作；利用支部党员大会、全体教师会、“润心讲堂”等多种场合，结合共产党、共青团、少先队发展历程宣讲红色基因，构建全校师生共同的精神家园。

（一）认真落实“三会一课”制度

坚持和运用“三会一课”等制度不断加强对党员的教育管理是我们党加强基层党建的优良传统和政治优势，必须针对新时期“三会一课”制度执行中存在的问题，从教育和引导党员积极参与“三会一课”等活动、督促指导基层党支部认真执行“三会一课”等制度、丰富完善“三会一课”等制度的内容体系、创新改进“三会一课”等制度的形式方法和对“三会一课”等制度执行情况进行常态化评估等方面不断把“三会一课”制度坚持好、落实好，做好党员教育管理工作，确保广大党员党性坚强，发挥先锋模范作用。① 党支部定期召开党员学习会议，定期组织全体党员教师上党课，让全体党员明确“入党为什么”“在党干什么”“为党做什么”，以“润心党建”品牌为抓手，滋养党心、提升党性、升华党魂，有力地强化了思想政治建设。

（二）加强党团队一体化建设

学校开展“融•润”青年教师拓展实践活动，实施“队旗下集结、阳光下成长”少先队入队仪式，建立“分批入队”实施方案，积极进行队前教育；设立“润心讲堂”，向学生进行中国共产党党史、中华人民共和国国史、中国革命史等教育，做好学生的政治启蒙，引导学生从小树立远大理想，扣好人生“第一粒扣子”；不断传承红色基因，教育广大师生听党话、跟党走。

（三）推进“两学一做”常态化、制度化

“两学一做”学习教育是推进思想建党、组织建党、制度建党的有力抓手，是全面从严治党的基础性工程。推进“两学一做”学习教育常态化、制度化是加强理论武装的必然要求；推进“两学一做”学习教育常态化、制度化，是党中央、习近平总书记在我们党抓党内教育从“关键少数”向广大党员拓展、从集中性教育向经常性教育延伸的基础上，正向纵深挺进的关键阶段作出的重大决策，必须以高度的政治自觉、思想自觉、行动自觉推进落实。② 推进“两学一做”常态化、制度化要充分利用好网络学习平台，丰富学习形式，提高学习效率；通过知识竞赛、积分考核、主题党日活动等形式，强化理论修养，增强凝聚力和向心力。

（四）强化作风廉政建设

学校建立健全党风廉政建设制度，实行师德师风考核，签订廉政责任书，

---

① 王锐．从严落实好“三会一课”等制度探析［J］．理论学刊，2019（3）：33-39.

② 齐卫平．“两学一做”常态化战略意义的三个认识维度［J］．江苏行政学院学报，2017（6）：80-84.

开展师德师风自查自纠；严格规范办学行为，从不在任何时间、任何地点、以任何名义组织学生补课，也不允许任何教师从事有偿家教或校外代课，不得推荐学生参与校外补课。学校杜绝体罚或变相体罚学生的行为，不接受家长任何形式的宴请、送礼。学校过政治生日、“绿色节日”，开展社区“大讲堂”志愿服务，为全体教师寄写“廉洁”家信，不断纯净教育教学环境。

五、知行合一，探索新教育下的“心”实践

明代思想家王阳明提出了“知行合一”，认为“真知即所以为行，不行不足谓之知”。同时他又提出“致良知”，认为“良知”即是真善美之心念，“致”就是行，“致良知”就是“知行合一”。“致良知”①，可以说是涵养教师德性的理念和路径。“良知”从根本上讲是道德自觉，是王阳明先生最大的追求和最高级的人生享受。“修身齐家”即“致良知”，是教师立身处世之根本，是师德之根本。我们简单理解王阳明“心学”，可以说就是自我修养，就是知行合一之学，就是致良知，“不假外求学”。王阳明这样解释：“知是心之本体。心自然会知，见父自然知孝，见兄自然知弟，见孺子入井自然知恻隐，此便是良知，不假外求。”

学校的主体是学生，提高教育质量必须关注人的全面发展，重视人的发展必须关注“知行合一”，应以关注每个生命健康成长为价值尺度，培养全面发展的合格人才。新教育既是“心”教育，更是“行”教育。大道至简，知易行难，知行合一，得道功成。“心”教育之路，重在行动，重在实践，正如德国哲学家费希特所说：“行动！行动！这就是我们生存的目的。”延安市新区第二小学探寻现代学校发展路径，不断开拓创新，关注学生的心灵成长，向着明亮的方向，带领学生遇见美好、发现美好、成为美好！作为新时代下建设的新学校，延安市新区第二小学认真学习习近平总书记的新思想，用新思想铺垫新作为，用一颗积极努力向上的心迎接新任务、新挑战。“润心党建”品牌引领，在思考中前行，在思考中深化，在思考中创新。

① 陆永胜．王阳明“知行合一”的理论效力与实践能力［J］．江淮论坛，2020（6）：106-113，197.

第五章

空间赋能：让校园的每一个角落具有教育性

第一节　北斗七园

一、“北斗七园”理念阐述

学校深入贯彻党的教育方针、政策，紧紧围绕学校办学思想、育人目标及“把教科书融入生活，让生活成为教科书”的育人理念，突出内涵发展，全面推进素质教育。在校园文化设计理念上学校以北斗文化为依托，注重空间赋能，充分挖掘和发挥空间建设附加的生态价值、人文价值、安全价值和育人价值，从安全、劳动、科学三个领域建成“北斗七园”，分别为“安全园”“交通园”“消防园”“种植园”“百草园”“饲养园”“气象园”。

二、“北斗七园”实践

（一）安全领域

学校在“五育并举”的校本化探索路径下构建的润心课程，依托“润心护航”构建以“安全园”“交通园”“消防园”为主阵地的润心安全教育课程。学校联合当地交警、消防救援单位，成立了润心少年警校，通过安全知识、交通指挥手势、岗位实践锻炼、安全疏散演练、“安全云课堂”的有效开展，探索出一套完整、统一、科学的参与式、体验式安全教育课程（见表 5-1）。让润心安全教育课程成为校园师生和家长知法、学法、守法、用法的重要交流平台，提升学生自我保护能力，形成“他治—人治—自治”的二小新局面。

表 5-1　延安市新区第二小学润心少年警校课程安排表

序号	时　间	班　级	授课教官	授课地点与内容	班　级	授课教官	授课地点与内容	助教教师
1	第八周	一级学员	韩　强	“交通园”手势课	三(1)班	白　丹	交通安全知识教室	董亚莉
2	第九周				三(2)班			左秀秀
3	第十周				三(3)班			马丹丹
4	第十一周	三年级各班			三(4)班			史小敏
5	第十二周				三(5)班			高　莹
6	第十三周				三(6)班			王　霞
7	第十四周				三(7)班			白　天
8	第十五周				三(8)班			乔　瑶
9	第十六周				三(9)班			冯婧芳

注：授课时间为每周四劳动实践课时间(15:20—15:50)。

(二)劳动领域

学校依托润心农场构建以红色种植园、绿色百草园、蓝色饲养园为主阵地的润心劳动教育课程。一方面，依托延安“红色”地域资源，培养学生的良好品质；另一方面，探索开设“劳动大讲堂”和“大国工匠”拓展课程，注重对“劳动精神”的学习和践行，力求在劳动教育的实践过程中将教师的教、学生的学和学生的做有机结合和统一。

为顺应教育改革的发展需要，进一步提高办学品位和办学质量，呈现学校鲜明个性，学校努力挖掘自身的优势，结合学校占地面积大，积极投身于创建特色学校的活动中。学校现制定的创建延安市新区第二小学劳动教育课程实施方案如下：

1. 指导思想

劳动和劳动技术教育是中小学教育不可缺少的重要组成部分，是全面贯彻落实教育方针、实施素质教育、提高学生总体素质的基本途径。《中共中央国务院关于深化教育改革全面推进素质教育的决定》中指出：“学校教育不仅要抓好智育，更要重视德育，还要加强体育、美育、劳动技术教育和社会实践，使诸方面教育相互渗透，协调发展，促进学生的全面发展和健康成长。”劳动技术教育具有培养劳动技术技能、技术素养的主要功能，同时还具有以劳树德、以劳增智、以劳强体、以劳益美和以劳创新等促进学生全面发展的综合功能。

2. 创建目标

（1）从小培养学生的劳动意识及其良好的行为习惯，促进学生健全人格的发展。在家能帮助父母做些力所能及的家务劳动，在校能完成打扫卫生等基本的劳动。

（2）通过劳动基地的劳动，做到良好习惯的培养和不良习惯的矫正相结合，促进学生的健康，使学生掌握一些基本的劳动技术，培养学生热爱劳动的品质。

（3）依靠劳动基地建设来开设综合实践课程，可以使学生获得积极的劳动体验，形成良好的技术素养，培养良好的道德情操，学到课堂和书本上学不到的东西，更好地贯彻落实党的教育方针和深入推进以创新精神和实践能力为重点的素质教育。

3. 具体措施

（1）加强学习，确立劳动教育的地位。学校组织教师进一步学习教育方针，认识“五育”发展的整体性和全面性；学习《中共中央关于改革和加强中小学德育工作的通知》和国家教委《关于进一步加强中小学德育工作的几点意见》，从培养目标的高度，更多理解劳动教育的重要性和迫切性；学习《劳动教学纲要》，明确劳动教育的目的、任务和要求；学习各地劳动教育的先进经验，增强教育工作的时代感。同时，利用家长会，宣传劳动教育的意义和劳动教育的重要性，要求家长协助学校开展这方面的教育，从而确立了劳动教育的地位，促进了劳动教育的顺利开展。

（2）因地制宜，开辟劳动教育基地。劳动基地是进行劳动教育的物质保证。我们除在劳动课中认真进行爱劳动的教育和手工劳动实践外，还从实际出发，因地制宜，促进劳动基地的开辟与建立。首先，开辟校内的劳动教育实践基地（如图 5-1 所示）。学校的绿植草坪、校园清扫，以往都是由物业人员承担。现在，我们把这项工作作为学生进行劳动锻炼的一项任务，全部由学生承担。学校的绿化带、花坛和草坪，校园地面的清扫保洁，我们将划分给班级包干，负责定期拔草、除虫等工作。此外，我们积极倡导学生在家做到自己的事情自己做，父母的事情帮着做，还通过定期的问卷调查，及时了解情况，使劳动教育落到实处。

（3）开展研究，提高劳动教育质量。积极开展教学研究，努力提高劳动课教学的质量，是优化劳动教育的关键。首先，我们组织教师认真学习《大中小学劳动教育指导纲要（试行）》，深刻领会纲要对各年级学生进行劳动教育的具体要求。其次，我们以现行劳动教育课程为出发点，重点讨论和研究劳动课教学的基本模式。

（4）各班要结合自己的实际，有目的、有主题地组织丰富多彩的劳动教育活动，在劳动的过程中，遵循知、情、意、行相统一的原则。每班进行一次关于劳动教育的主题班会，组织一次社会实践活动，进行一次劳动技能竞赛活动，组建一个劳动兴趣小组，并及时整理活动的过程性资料。学期末，学校将评选劳动先进班集体。

（5）开展全校学生征集“劳动小窍门”“劳动金点子”等活动，培养学生在劳动中实践、学习、创新的能力。

（6）开展评选“最佳劳动基地”“劳动小能手”等活动。

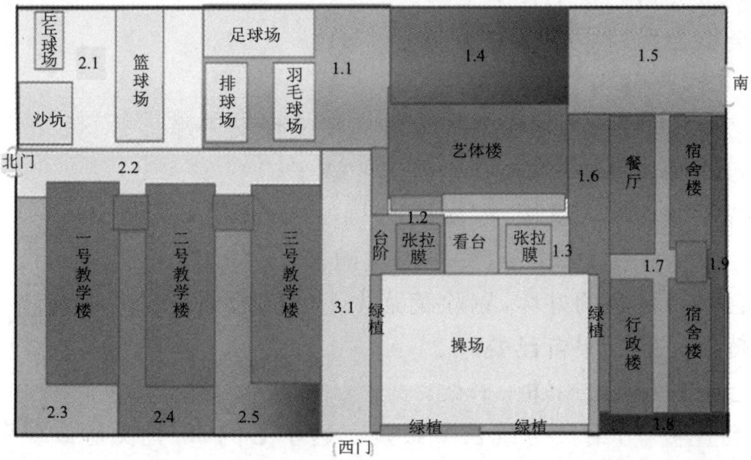

图 5-1　校内劳动教育实践基地分布图

4. 课程内容

结合学校实际情况，本学期劳动教育课程内容如下：

（1）学校。教室保洁及物品摆放、校园清洁区清扫、校园绿植养护（施肥、浇水、除虫）。

（2）家庭。家务劳动、绿植培育养护。

5. 具体安排

（1）班主任每天安排值日小组进行教室卫生保洁。校园清洁区、绿植养护按照班级划分片区，每周四第七节进行清洁和养护。

（2）不同年级、不同年龄的学生要掌握相应的家务劳动技能。

6. 延安市新区第二小学家务劳动清单

为了培养学生的动手、动脑和生活实践能力，树立“自己的事情自己做”的自主意识，进一步倡导学生热爱生活、热爱劳动，结合学校阶段劳动技能递进训练目标，学校制定了一系列的劳动技能关卡《小学 1-6 年级家务劳动体系清单》。

(1)一年级具体内容和要求:

① 在家能对垃圾进行分类。

② 学会洗袜子、红领巾。

③ 学习用扫把扫地,会用畚箕。

④ 学习叠衣服。

⑤ 饭前盛饭、摆碗筷。

⑥ 饭后收拾并擦干净桌子。

⑦ 会洗水果。

⑧ 坚持每天自己背书包上下学。

⑨ 学会擦黑板、抹桌椅、开关门窗。

(2)二年级具体内容和要求:

① 学习用拖把拖地,知道怎样才能拖得又快又干净。

② 学习清洗简单的小物品,如自己的袜子。

③ 坚持饭前帮家人盛饭、摆碗筷。

④ 坚持饭后收拾、擦桌子,并学习洗碗筷。

⑤ 学会分辨蔬菜的好坏,剔除蔬菜中不能吃的部分。

⑥ 坚持自己的衣服自己叠。

⑦ 学会整理自己的书柜、书架。

⑧ 学会叠被子,给父母或长辈做些表达孝心的事:把父母或长辈的被子叠得方正整齐。

⑨ 学习系鞋带。

⑩ 学会擦黑板、扫地、抹桌椅、开关门窗。在老师的指导下当好值日生,搞好室内外公共卫生。

(3)三年级具体内容和要求:

① 能自己洗头、梳头、洗澡,学会洗小件衣服。

② 会叠衣服。

③ 饭前盛饭、摆碗筷。

④ 饭后收拾桌子、擦桌子、洗碗筷。

⑤ 会洗自己的鞋子,帮家人擦皮鞋。

⑥ 会用水果刀削水果的皮。

⑦ 会用针线缝扣子,会用铅笔刀削铅笔。

⑧ 会打死结、活结、蝴蝶结等。

⑨ 水果拼盘大请客。

⑩ 给父母或长辈做些表达孝心的事:洗头、洗脚等。

⑪ 整理自己的书柜、书架。

（4）四年级具体内容和要求：

① 坚持进行垃圾分类，并用行动影响家人。

② 自己种植一种蔬菜、绿植。

③ 学习用针线缝扣子等。

④ 整理自己的衣橱衣物。

⑤ 坚持每周帮家人洗一次碗。

⑥ 坚持每月自己至少清洗一次衣物。

⑦ 用报纸等包装礼物。

⑧ 对书架进行归类整理。

⑨ 熟练系鞋带。

⑩ 能自己洗头发。

⑪ 帮助烈属、军属、残疾人和孤寡老人打扫庭院或干一些力所能及的事情。

（5）五年级具体内容和要求：

① 会用洗衣机洗衣服。

② 坚持每天帮家人盛饭，饭后一起收拾桌子。

③ 学会整理换季衣服。

④ 坚持每天整理自己的书桌、书柜。

⑤ 照顾小弟弟、小妹妹。

⑥ 养护花草。

⑦ 学会炒菜、煲粥。

⑧ 当客人来访时，热情招待客人，让客人感觉舒服。

⑨ 帮助烈属、军属、残疾人和孤寡老人打扫庭院或干一些力所能及的事情。

（6）六年级具体内容和要求：

① 能做简单的饭。

② 会自己换、洗床单和被套。

③ 帮忙洗车、吸地擦地、擦玻璃（里外两面）。

④ 会清理洗手间、马桶。

⑤ 扫树叶、扫雪。

⑥ 用洗衣机洗衣服（注意淡色深色的衣服分开洗、清洁剂的量、水量、洗衣机的操控、晾衣服等事项）。

⑦ 列出要买的东西的清单，到超市购买家人所需物品。

⑧ 拟定家庭出游计划和出行攻略。

三、科技领域

学校依托“润心科技”构建以“气象园”为主阵地的润心科技课程。学生通过对温度、湿度等信息的观察、记录、研究，学习相关科学知识，提高科学素质，倡导科学方法，传播科学思想，弘扬科学精神。

学校在“北斗七园”课程中注重以点带面，有效激活空间育人的持续活力；在管理、教学机制上实施年级负责制，不断提升学生在校园建设、学习中的参与感，不断增强学生在校园空间改善的获得感和幸福感，不断提高校园文化的育人功能。

第二节　思维万花筒

数学是一门科学，又是一种文化，数学教育必须同时体现数学的科学价值和文化价值。为了体现数学的文化价值，学校打造“数学思维万花筒”空间，实现“空间赋能”。学生通过“玩”，努力开发智力，锻炼多维的思维能力和逻辑推理能力；借助趣味数学游戏领略数学美，学习到数学文化的精髓，进而提升数学综合素养。

一、第一站：有趣的钟表

设计规则：拨一拨整时，并说出快几时了、几时过一点了；拨一拨直角、钝角、锐角，并说出是几时、几时几分；拨一拨几时几分几秒；拨一拨时间并量一量时针与分针、时针与秒针、分针与秒针形成夹角的度数（如图 5-2 所示）。

图 5-2　有趣的钟表

设计目的：《3-6 岁儿童学习与发展指南》中科学领域这样的价值取向清晰可见：初步感知生活中数学的有用和有趣；能从生活和游戏中感受事物的数量关系并体验到数学的重要和有趣，使儿童体会数学与人类社会的密切联系，体会数学的价值，增进对数学的理解和应用数学的信心。本活动建立在学生对钟表已经初步认识的基础上，目的是让学生建构时间的概念，进一步认识整时、半时，将学生的学习与他们真实的生活紧密联系在一起，整个活动突出数学领域情景化的特点，指引学生从生活经验出发，在研究现实问题的实践活动中学习数学，理解数学，运用数学。

二、第二站：玩转七巧板

设计规则：教师出示各种七巧板的成品图片，让学生自己拼出已选图案，速度越快越好，并可以完整地讲出七巧板的拼组规律(学生也可以自己设计并拼出有创意的图形，如图 5-3 所示)。

设计目的：学生通过七巧板拼摆出富有创意的图案，体会数学的美；在动手实践中培养观察力、记忆力、空间想象能力，发展实际操作能力，使创造性思维能力得以提升；在多样的拼摆活动中感受七巧板中所蕴含的多元文化。

图 5-3　玩转七巧板

三、第三站：计算小达人

设计规则：30 秒内计算出算式的得数(如图 5-4 所示)。

设计目的：提高学生的计算能力，并激发学生学习数学的兴趣。

图 5-4　计算小达人

四、第四站：盘古开天地

设计规则：学生抽出数字卡片，快速用加法或乘法找出另外两个数，使这两个数的和或积等于抽出的数（如图 5-5 所示）。

设计目的：数字游戏是数学的启蒙，游戏时学生瞬间要进行各种复杂的思维活动，学生在正确解答的同时，培养了良好的思维能力和思维品质。

图 5-5　盘古开天地

五、第五站：猜猜我是谁

设计规则：从前面不透明后面透明的箱子里摸一个立体图形。通过触摸，判断摸到的是什么立体图形并说出它的特点（如图 5-6 所示）。

设计目的：学生通过对立体图形的触摸，培养推理能力、语言组织能力以及用数学化的思维去描述、分析、解决问题的能力。

图 5-6　猜猜我是谁

六、第六站：数字华容道

设计规则：通过移动滑块，使数字按顺序排列，不允许跨越滑块，还要用最少的步数把滑块还原（如图 5-7 所示）。

设计目的：通过移动滑块使数字有序排列的整个过程，培养学生自主有序的思维能力，锻炼学生的逻辑思维能力和推理能力，进一步培养学生的创新意识和实践能力。

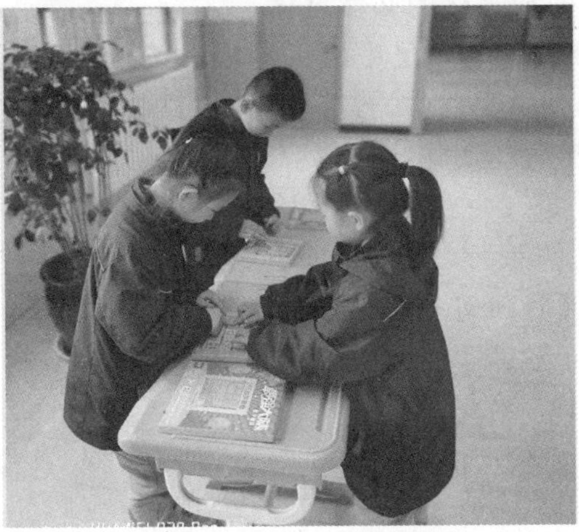

图 5-7　数学华容道

七、第七站：玩转魔方

设计规则：将正常的魔方打乱，可以对魔方使用任何正常的配色方案，但要求还原时每面只能有一种颜色（如图 5-8 所示）。

设计目的：通过活动展示学生的智慧，提高学生的动手能力，增强学生思维的灵活性，提升学生的精神面貌，丰富学生的课余生活。

图 5-8　玩转魔方

第三节　润心智慧馆

新时代是一个知识、信息、通信的时代，是以高新技术为核心的知识经济占主导地位的时代。当下和未来我国教育信息化必将朝着教育信息资源整合、教育信息化管理标准统一、教育者和受教育者基础素养和教育信息化投资效率提高、教育信息化评估体系不断完善的趋势发展，这也正是教育信息化建设由数字化走向智慧化的必然过程。

延安市新区第二小学立足中国大地办教育，全面落实立德树人根本任务，在“润心教育”办学实践中，推陈出新，根据教育部、教育厅关于教育信息化工作的部署，结合学校工作实际，始终坚持“教育信息化带动教育现代化，实现教育的均衡发展”的指导思想，围绕“服务学校、服务教师、服务学生、服务家长、服务社会”的宗旨，深入贯彻落实教育部《教育信息化十年发展规划（2011—2020年）》《陕西省教育信息化十年发展规划（2011—2020年）》关于“完成基础教育信息化目标任务”的要求，有计划、有目标、有内涵，扎实有序地推进智慧校园建设工作。

一、构建全学段智慧课程体系

学校致力于打造润心课程体系，把学生原有的认知发展水平作为课程参考依据，以学生的生活实践作为课程资源，以课程标准和学科素养为导向，以合作探究作为课程学习的主要形式，以良好思维品质的形成、创新意识的培养、综合素质的提升、情感的丰盈作为课程评价的标准，“智慧课程”是学校教育信息化的助推器，全学段开展智慧课堂，实现“技术赋能”。

（一）充分发挥课堂教学阵地作用

学校根据不同学段学情分析，构建层次化、学段式的信息技术课堂教学模式。从起始年级一年级开始渗透编程理念（如图5-9所示），让学生通过信息化手段获取各种学习资源的方法，掌握简单的图形化编程知识。

（二）充分挖掘智慧学习资源

学校借助华为大数据平台，依托“国家教育资源公共服务平台”和“陕西省教育人人通综合服务平台”进行教育资源共建共享，“班级优化大师平台”和微信群实时共享信息。局域网共享文件夹和微信工作群的开通大大增强了教师沟通、交流、教研的效果；吸收丰富的教育信息资源，给教师专业成长搭建了平台，拓宽了学生的学习渠道。学校重视育人研究，从个体“人”成长规律入手，研究分析“脑科学”；通过“行走的课堂”开设包括编程语言、

3D 打印、VR 技术、机器人、航模等开发学生心智的课程，丰富课堂教学形式，智慧化教学有序开展。

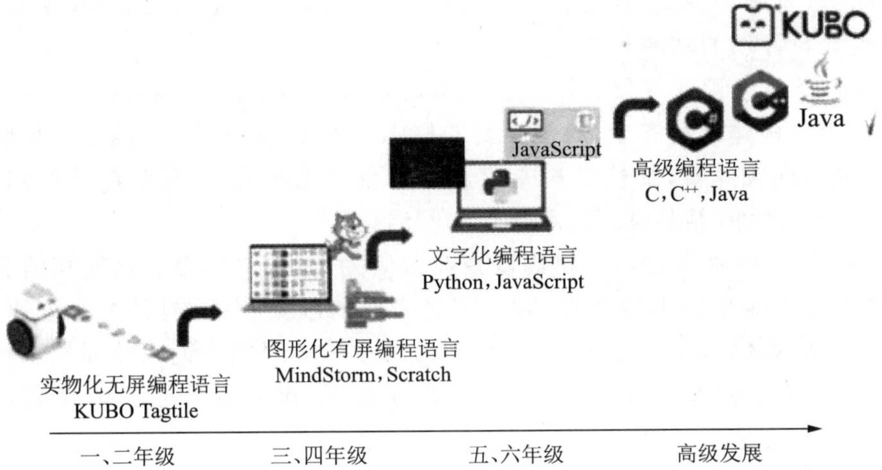

图 5-9　儿童人工智能编程梯度安排图

（三）充分打造智慧空间资源

学校不断追求教育信息化的与时俱进，根据学生成长特点，积极构建智慧校园氛围，先后打造“润心・心智馆”“润心・智慧场”“润心书屋”等智能化的教育教学空间，实现“空间赋能”。

（1）“润心・心智馆”。让每一个学生身心健康成长，是学校一直秉持的教育目标。心智成长事关学生的终身成长，学生通过科学的“感统训练”课程，开发心智，锻炼品质，磨炼意志。各种有趣的游戏设置，让学生快乐学习，健康成长。

（2）“润心・智慧场”。2022 年，学校着力打造“润心・智慧场”，在科学学科教学的基础上，开发打造多元的智慧课堂，开设更多的参与式、体验式的教学资源，让学生通过动手、动脑体会学习的乐趣，真正实现智慧前行。

（3）“润心书屋”。学校对基础设施、应用系统、信息终端等硬件环境和虚实融合的学习空间，智能化、个性化的育人环境进行了科学合理的运用。学校作为延安市图书馆首个校园分馆，在智慧校园的构建中，积极引进智慧阅读资源，全体师生办理了延安市图书馆的借书证，实现校内外智慧阅读。

二、构建扁平式智慧管理模式

学校实施“北斗领航，群星共辉”现代学校治理体系，形成“北斗七力”核心领导力。学校管理呈现事事见管理、处处有管理、人人都管理的扁平化智慧管理模式。

（1）云平台管理。我们搭建了学校教师云管理、学生云管理、教学云服务平台，实现校务管理的数字化、智能化，创新教育教学理念，变革教育教学方式，优化教育服务模式，使主体实现跨中心和信息系统的协同工作和交流，提高学校教育管理的功能和效率。

（2）资源库管理。我们搭建了校本资源管理平台，实现学校教学资源的共建、共享；构建学科齐全、种类丰富的校本资源库，涵盖学科资源库、教研论文库、教学视频库等，加快学科专业资源的数字化改造，实现学校管理档案、教案、试题、课件、精品课程的数字化和网络化。

（3）信息技术微管理。我们以企业微信为平台，进行办公运转和信息发布；熟练运用信息技术微管理，方便各类表册的收集整理，提升了办公效率；建立教师信息化应用能力培训制度，把信息技术应用能力纳入教师教学基本功考核；组织全体教师进行了专门的信息化培训，包括微课的使用、多媒体电教设备的使用等。

（4）家校互通微管理。学校利用微信公众号、企业微信群等平台，进行有效的家校互通。微信运营透明化，学校动态实时发布，家长对学校的教育教学情况知晓率不断提升。每周家长周校长会以“美篇”的形式对一周的所见、所闻、所感进行宣传报道，家校共育扎实有效。

（5）智能报修微管理。为了全面做好智能服务，学校搭建智能保修平台。教师们利用企业微信，及时反馈设备故障等问题，维修工及时维修，确保教育教学活动正常进行。

三、构建全景式智慧评价体系

学校重视全景技术开发，充分挖掘各种新媒介、新技术的优劣，从“为我所有”到“为我所用”，利用各项技术促进和实现学校治理的创新。以人工智能、大数据等为典型代表的新兴信息技术综合运用到教学、学习、管理、科研、生活和文化等各个方面，实现教育教学的关键流程再造与系统重构的新型校园生态。

（1）全景数据研究。其旨在挖掘和分析数据，为学校课程开发、数字教育、教师培训及各中心提供分级、分类授权的统计信息报表，对全校不同类型的多源数据进行综合统计和分析，通过横向和纵向比较，进行师生数据评估，从而提高学校的精准化管理水平。

（2）课程开发。课程建设通过大数据的挖掘来完成。学校利用数据挖掘技术对校园的数据尤其是非结构化数据进行分析和处理，进一步为学校课程开发提供更为科学精准的数据支持。如学校已开发的“北斗 STEAM 课程”“冰雪 STEAM 课程”“融 +”课程等，后续还将继续依托大数据挖掘更多的课程。

（3）数字教育。学校利用多媒体教室、平板电脑等现代化多媒体载体进行教学，以校园数字化信息和网络为基础，在计算机和网络技术上建立起对教学、科研、管理、技术服务、生活服务等校园信息的收集、处理、整合、存储、传输和应用，使数字资源得到充分优化利用。

（4）师生数据评估。学校基于腾讯微云、钉钉、班级小管家、班级优化大师、问卷星等平台，收集和积累数据，提供师生管理与量化评价的在线化，为学校积累考核、评估数据，实现智能化管理。

（5）建立“润心记忆”学生评估档案。学校以学期为单位对每位学生的综合表情进行动态式的监测、评估、分析。每一位科任教师都是评价者，针对学生学业、课堂、活动等多方面进行考核，并及时将考核内容与结果上传班级云管理平台。学期末全景评估中心会对各班的考核情况进行汇总、分析，形成学校综合素养数据分析二维码。学校还将每学期放假的通知书与学生评价二维码结合，形成“润心记忆”评价。家长可通过扫描二维码了解孩子一学期的动态表现，真正实现智慧化的动态评估。

四、构建自动化智慧保障系统

（1）组织领导。学校成立了智慧校园建设领导小组，由高巧玲校长担任组长，执行校长任副组长，各年级工作坊及相关教师参与。各项职能分工明确，责任落实。全景评估中心具体负责校园信息化建设。

（2）信息化规划。学校把信息化建设纳入整体规划并认真实施，成立信息化工作领导小组，由全景评估中心专门负责信息化工作业务，相关管理制度比较健全。

（3）制度保障。学校有《延安市新区第二小学智慧校园创建方案》《校园网安全管理制度》《网络中心管理细则》等一系列规章制度，从制度层面保障了智慧校园建设。

（4）基础设施。学校现接入300兆网络宽带，覆盖到每一个班级和教师办公室；每间普通教室均装有多功能一体机，实验室、会议室、微机室、音乐室等已完成多媒体设备安装，能满足教学需求；教师用机达到人手一机，全校共有计算机431台，目前学生用机比例为2.73∶1。学校有学生计算机教室4间，面积288平方米，按照标准45名学生配备，全部设备为最新配备。学校建有完善的广播系统，可以实现实时播放满足不同需要的广播，完成学校正常的上下课、课间操、眼保健操等的播放，并完成安全应急演练及大型活动时的播放指令。学校建有可移动的录播系统，可实现现场录制等功能。学校教师的教研课、研讨课、赛课等活动均利用录播教室完成。

（5）经费保障。学校合理安排经费开支，确保信息化设备正常运行，在学校经费不足的情况下，争取上级专项资金的支持，为教育教学正常开展提供保障。

（6）资金投入。智慧校园创建设施设备由教育局统一配送。学校智慧校园建设的经费纳入学校预算，校长工作室监督执行，保证专款专用，并且按照“三重一大”决策要求，规范严格执行，保证了可持续的经费投入。

五、形成多元化智慧收获样态

2019年以来，学校以“关注心灵成长，润育一颗中国心”为办学理念，特别重视教育信息化建设和教育教学手段现代化的培训和应用。短短三年时间，学校先后荣获全国2.0信息工程示范校、全国青少年人工智能教育示范基地学校、陕西省第四批STEAM教育实验学校等荣誉。教师专业成长也在教育信息化建设的推动下有所收获。2021年，学校STEAM“北斗”案例、王艳和曹伯芳老师的教育信息化微课作品在第二十四届全国教育教学信息化交流展示活动中分别荣获二、三等奖。学校教育信息化案例被评为区域优秀案例。

“智慧启迪梦想，科技点亮人生”，在教育信息化的建设中学校会以延安市智慧校园建设为契机，以最高目标，继续在智慧环境、智慧学习、智慧管理、智慧保障等方面持续发力，让智慧教育之花在延安市新区第二小学开得更加艳丽。

第四节　润心非遗馆

文化是一个民族赖以生存和发展的血脉之根，而非物质文化遗产则是各族人民世代相承的、与群众生活密切相关的各种传统文化表现形式和文化空间。它虽然无形，但是有用——代代人的勤劳、智慧与默契所凝成的结晶。时间的变迁，社会的变动，环境的变化，如此诸多的不定因素下，非物质文化就像是开在裂缝里的花，愈顽强愈美丽。今天，这些非物质文化遗产，已经有了新的面孔，她已经融合在了这个充满现代化的社会里。她在发展，在现代设计的发展中延续着她的生命。学校通过联合延安市非物质文化遗产保护中心，将非遗传承人引进校园，引进课堂，进而打造校内润心非遗馆，在学生参观与主动参与非遗活动的体验过程中，激发其关注传统文化、关注非遗文化的兴趣。

一、指导思想

当前，社会经济快速发展，科技手段日新月异，人们对精神文化的需求也相应地增加了。列宁曾说过：忘记归去，意味着背叛。非物质文化让我们更加了解我们自己所有的独特文化。青少年是文化传承的主力军，这类活动也是让学生们更能了解非物质文化的历史内容。

二、打造非遗文化课程

（1）民间文学。其主要包括黄帝传说故事、花木兰的传说、蓝花花的传说、美水泉的传说、烂柯山的传说。教师通过故事讲述和分享的方式，让学生了解地域本土的民间文学故事。

（2）民间音乐。其主要包括陕北民歌、黄陵民歌、安塞民歌、子长唢呐等。学校通过联系当地文化馆的非遗传承人，进入课堂教授学生学习民间音乐。

（3）民间舞蹈。其主要包括安塞腰鼓、洛川蹩鼓、宜川胸鼓、口斗鼓、延川大秧歌等。学校通过组建舞蹈队的方式，引入非遗课程，传承非遗文化，丰富学生的课余生活。

（4）民间美术。其主要包括安塞剪纸、黄陵面花、安塞民间绘画、黄陵麦秸画、延川剪纸、延川布堆画、洛川毛麻绣、洛川刺绣、洛川剪纸、富县薰画等。学校通过开设兴趣美术班，传承非遗文化。

三、润心文化课程活动案例——融·冬至

（一）引言

文化是一个国家、一个民族的精神家园，体现着一个国家、一个民族的价值取向、道德规范、思想风貌及行为特征。习近平总书记在讲话中谈道："中国传统文化博大精深，学习和掌握其中的各种思想精华，对树立正确的世界观、人生观、价值观很有益处。"

优秀传统文化蕴含着丰厚的民族精神和道德理念，是我们在新时代进行青少年道德建设的重要思想养分，对社会主义市场经济条件下的青少年进行世界观、人生观、价值观、理想信念等方面的教育有着极为重要的导向作用。

学校是进行优秀传统文化教育的重要阵地，如何让传统文化精髓与教育教学工作实实在在地融为一体？让学生们能够真正地接受优秀传统文化，领悟"传统之美"，是摆在教育工作者面前的一项重大课题。如何有效弘扬优秀传统文化、厚植爱国主义情怀、践行社会主义核心价值观等，延安市新区第二小学进行了初步探索、实践与反思。

（二）活动背景

2020 年 12 月 21 日，是中国的传统节日——冬至。冬至，又称为"冬节""长至节""压岁"等，是我国农历中的一个重要节气。包饺子是中国冬至时

节很多地方的传统习俗，源于汉代，盛于唐宋，相沿至今。学校于 2020 年 12 月 17 日制定了“融•元旦”系列课程活动方案，内容包括第一篇章——“冬至”我先行，第二篇章——“冬至”知多少，第三篇章——我来说“冬至”，第四篇章——“冬至”包饺子，第五篇章——老师讲“冬至”。

我们通过“冬至”系列课程活动，让学生们了解中国的传统节气以及“冬至”包饺子饮食文化，感受餐厅生活，体验舌尖上的安全，促进学生交流，增进同学友谊，增强班级凝聚力，培养学生们的团结协作精神，使其感知中华优秀传统文化的魅力，从而教育学生热爱祖国，热爱中华优秀传统文化。

（三）事件与过程

（1）2020 年 12 月 15 日，为了吸引学生们的兴趣，锻炼他们的动手能力、协调能力，也为了让学生们在“冬至”节日里学会包饺子，分享自己的劳动成果，学校准备了橡皮泥，要求美术教师在美术课上带领学生先行先试，用橡皮泥包“饺子”（如图 5-10 所示）。课堂上，教师先示范，后指导，学生们兴趣浓厚，个别学生心灵手巧，包的饺子有模有样。

（2）2020 年 12 月 18 日，为了让高年级学生初步了解“冬至”的相关知识，知道什么是“冬至”节气，学校要求高年级学生利用周末时间，搜集有关“冬至”的知识，并做成手抄报（如图 5-11 所示）。班主任教师于星期一将手抄报收集起来并展示在本班级的板报墙上。

图 5-10　包饺子

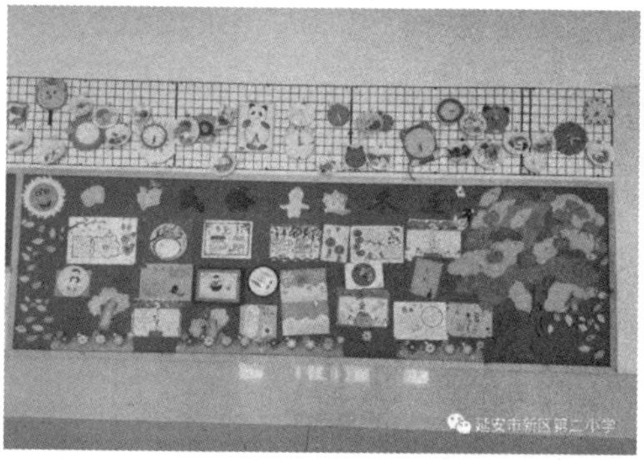

图 5-11　手抄报

（3）2020 年 12 月 21 日，为了让低年级学生初步了解“冬至”相关知识，知道什么是“冬至”节气，根据低年级学生的年龄特点，学校要求低年级学生搜集有关“冬至”的故事，并讲给老师和同学听。在节日当天，部分学生讲述了他所了解的“冬至”（如图 5-12 所示）。

（4）2020 年 12 月 21 日，为了让学生感受传统文化的魅力，落实学校“让生活成为教科书”的教育理念，教师带领学生到餐厅亲身体验包饺子的过程，让学生在劳动中体验快乐，在快乐中收获成长。包饺子现场气氛热烈，学生们兴趣盎然（如图 5-13 所示）。

图 5-12　讲“冬至”故事

图 5-13　在餐厅包饺子

（5）关于“冬至”，不同的地域有不同的饮食文化，为了进一步了解有关“冬至”的文化知识，学校要求教师以班队会的形式讲授“冬至”的起源、特征及不同地域的饮食文化，让学生真正熟悉“冬至”，爱上中华优秀传统文化。班队会上，教师们真正讲，学生们认真听，收获满满（如图 5-14 所示）。

图 5-14　以班队会的形式讲授“冬至”

（四）活动反思

早在 2014 年 3 月，教育部就印发了《完善中华优秀传统文化教育指导纲要》，要求把中华优秀传统文化融入课程和教材体系，有序推进中华优秀传统文化教育。“融·冬至”整个系列课程活动紧紧围绕该指导纲要，有计划、有安排、有落实，通过五个板块开展了形式多样、内容丰富的优秀传统文化教育，弘扬了爱国主义、家国情怀、人格修养等教育，完善了学生的道德品质，培养了健全人格。尤其是完整的系列课程设计比较新颖，使整个教育贯穿始终，让形式教育无处遁形。但在开展的过程中还存在诸多不足与问题。

不足一：低年级学生的“冬至”故事视频和高年级学生的手抄报收集比例不高，未设计评比环节。这需要育人研究中心整体安排评比，确保人人受到优秀传统文化教育。

不足二：包饺子环节细节准备不充分，学生人数多，嘈杂声较大，擀面杖等工具准备不够充足，分组安排不够合理。在后期系列课程活动中，教师要加强顶层设计，提前预设每个环节，做到有计划、有预案。

问题一：推动优秀传统文化进课堂，已成为社会共识，关键是以什么方式进才能将优秀传统文化入脑入心，使其成为中华民族的文化基因。这需要讨论和研究。

问题二：学校要推动优秀传统文化进课堂，除了教学时间，需进一步明确课程标准、评价方式，并加以落实。

第五节　行走的课堂

一、实施背景

为切实办好人民满意的教育，体现“办好一所学校，造福一方百姓”的宗旨，进一步增强教育的服务功能，促进学生多元成长和个性发展，体现学校办温暖、智慧、开放、共生的教育理念，我们结合学校实际，利用延时服务时间开设“行走的课堂”课程系列活动。其开设形式多样、生动活泼、健康向上的音乐、体育、美术、科技等各类特色课程活动，进一步培养学生兴趣，挖掘学生潜能，拓展学生素养，提高学生学习竞争力，培养一批合格加特长的优秀学生，进一步提高教育教学效率和办学品位，全面推进素质教育。

二、指导思想

（1）家长自愿，公益服务。放学后，延时服务需求以学生家长和学生自愿报名为主，坚持公益服务，切实解决家长后顾之忧。

（2）学校主导，确保安全。学校结合教室、校舍、场地等方面的资源优势，积极承担起学生课后服务工作，发挥学校课后服务主渠道作用。学校保证场地的安全、活动的安全，保证学生安全离校。

（3）丰富内涵，彰显个性。本着丰富校园文化生活，开阔学生视野，陶冶学生情操，启迪学生思维，发展学生个性特长，促进学生全面发展的目标，学校以延时服务为平台，成立相应的特色课程活动小组，努力促进学风和校风的优化，促进学校内涵发展。

三、服务原则

（1）坚持学生自愿原则。学生是活动的主体，原则上可以根据自己的兴趣、爱好和需要，自愿地选择活动项目。家长要根据学生意愿和实际做好课程选择。

（2）坚持与素质教育相结合原则。教师要利用音乐、体育、艺术、科技、文化等小组活动，努力确保每个学生每学年能够掌握一项技能，并逐步形成3～5项能体现本校特色的项目，做成学校的品牌活动。

（3）坚持服务第一原则。学生延时服务应充分遵循服务性原则，不以营利为目的，要以坚持服务为宗旨。

（4）坚持安全至上原则。学校要加强安全教育，强化"安保"工作，做到"集中有人监管，活动有安全措施，进出有统一组织"，确保师生安全。学校要与家长签订安全协议书，共同承担责任，做好安全保障工作。

四、服务范围

（1）服务对象：全体在校学生。

（2）服务主体：本校教师。

（3）服务时间：周一至周三下午3：50—5：30。

五、工作流程

（1）认真做好宣传。学校召开会议，传达上级工作精神，制定"行走的课堂"工作方案、考核办法、致家长的一封信回执单、延时服务申请表；通过学校微信公众号、家长群、家长会等方式宣传学校延时服务"行走的课堂"活动方案；发放致家长的一封信，向家长说明有关放学课后延时服务"行走的课堂"工作的具体工作事宜，确保全校师生及家长知晓。

（2）家长申请。家长和学生自愿报名。学校请家长在回执单同意、不同意相应处签名，并根据学生兴趣选择相应的课程。学校与家长签订《课后延时服务协议》，明确双方权利义务和责任分工。

（3）建设"行走的课堂"课程体系，成立服务教师团队。学校安排校内教师全员参与学生延时服务，授课教师由主教和助教组合而成，主教具备一定的专业技能，能够策划、组织、实施课程内容，助教以协助课程实施及学习专业技能为主。

六、组织实施

（1）下午放学后，班主任教师负责清点需要参加"行走的课堂"系列活动的学生，按照类别整队，一一交接给各课程服务教师。（如有请假者，班主

任要及时通知到学科服务教师）

（2）服务教师每天授课时要做好各活动小组学生的考勤工作，与班主任做好交接工作，保证不遗漏一名学生，确保学生的安全。

（3）各小组的活动要做到：活动有计划，有实施步骤；活动内容切实可行，有利于学生的健康发展；辅导教师做好活动情况记载和活动小组学生的管理工作。

（4）无缝衔接。每天下午17:30放学后，授课教师按时将学生整队带回各班教室，由班主任统一整队组织放学，保证学生安全离校。家长必须在规定时间内接孩子，确保学生安全回家。

（5）带班领导每天要做好各活动小组巡视工作，课程结束后带班领导配合班主任做好各班学生集体放学，负责清校。

七、工作要求

（1）统一思想，提高认识。延时服务工作是一项民生、民心工程，全体教师要牢固树立服务家长、服务学生的思想，积极创造条件，为确实有困难的学生家庭排忧解难，把好事办好。

（2）规范操作，强化管理。全体教师要切实增强规范意识，要坚持“学校统筹、相对集中”的原则，规范开展延时服务工作；要落实好“不讲授新课、不集体补课、不加重学生课业负担”的原则，促进学生健康成长；要严格规范学生交接程序，确保学生安全。

（3）集思广益，提高质量。全体教职工要充分发挥自身优势，积极开展各项适合于学生的有益活动，激发学生的参与兴趣，不断提高服务质量和水平；要加强研究和探索，使“行走的课堂”既满足家长的需求，又符合教育规律和学生健康成长规律；要与家长及学生多沟通，多听取各方合理化意见和建议，在实践中不断完善延时服务工作。

八、保障措施

（1）高度重视，精心组织。学校成立工作领导小组及办公室，充分认识放学后延时服务“行走的课堂”工作的重要意义，并将其作为重要的惠民服务事项，纳入学校工作常规，加强领导，精心策划，认真实施，确保活动落到实处，取得实效。

（2）一岗双责，确保安全。学校制定教师延时服务值班表，确保延时服务期间有良好的纪律和学生人身安全；落实延时服务教师负责制，服务教师要做好延时服务记录，出现紧急情况时及时救助并通知学生监护人和学校带班领导。离校时，服务教师必须亲自与学生家长做好交接，让学生安全离校。

(3) 规范管理,不越红线。学校严禁任何人以任何方式强制或者变相强制学生参加;严格按照学校安排内容开展服务活动,严禁擅自与社会机构合作进行有偿服务;任何人不得向学生及家长收取任何费用。

(4) 健全制度,有章可循。学校建立健全放学后延时服务工作相关制度,包括家校衔接制度、学生管理制度、检查考核制度、安全管理制度、风险评估和预警机制,以及学生意外伤害等突发事件的应急处理机制,确保延时服务工作有章可循,有规可依,有序进行,安全可靠。

(5) 评价考核,纳入绩效。学校管理人员、教师参与延时服务工作按照课时数计入工作量和纳入绩效考核范围。服务经费按照学校《延时服务经费发放办法》执行。

九、预期成果

(1) 培育学生的综合素养,发展学校素质教育成果。学校通过一门门不同课程的建设,从书画、舞蹈到语言艺术课程,从合唱、声乐到陶笛,从网球、羽毛球、乒乓球到玩转花棍,从象棋、围棋到益智课程,从摄影、电脑绘画到3D打印,具有一定特长和艺术兴趣爱好的学生在学校搭建的特色课程活动平台中快乐成长。学校有专业的教师指导,有章程、有计划、有步骤的规范化活动,把有不同特长和艺术兴趣爱好的学生组织在了一起,使每位成员寻找到了一个“岗位”,扮演了一个角色,获得了一种别样的成长经历。

(2) 更新教师教育观念,提升教师综合能力。在“行走的课堂”特色课程活动中,教师主动更新了自己的教育观念,转变了教师与学生的角色。同时,也总结出了教师指导学生进行自主活动的策略,建立了一支能指导学生开展特色课程活动的教师团队,有效地提高了教育教学质量。教师通过特色课程活动发展了学生的兴趣特长,提高了学生的实践活动技能,培养了学生良好的道德情操、审美能力、思维品质、组织能力,促进了学生的全面发展。

(3) 丰富美育教育内涵,打造学校美育特色。具有学校特色的艺术特色课程活动的开展,完善了学校艺术办学的实施途径、运行机制、组织形式和操作方法;开发了特色课程活动资源和教材,初步建立了小学“行走的课堂”活动的评价体系,促进了学校艺术教育的开展,形成了艺术办学特色。

十、课程规划方案

(一) 课程实施目标

学校通过“行走的课堂”使学生热爱学习、获取知识、发展能力,同时探索“五育并举”新途径。

（二）学生培养目标

（1）了解自我的兴趣爱好、能力特质，形成自我发展目标，促进自我规划的实现，达到“认知、体验、感悟、内化”。

（2）培养主动积极的学习态度和实践能力，形成自己的学习策略与方法。

（3）激发好奇心及观察力，善于从实际生活中发现和主动探索问题，培养他们的各种能力和创造性地解决问题的才干。

（4）培养与他人合作学习的能力，形成团队精神，在学习活动中有自律意识和关心他人的情感和品德。

（5）培养学生自主管理的意识和能力，建立新型的师生关系。

（6）通过特色课程活动，构建健康的校园文化氛围。陶冶道德情操，涵养艺术情趣，提高科学素养，锻炼强健体魄，充实课余生活，促进身心全面发展，实现让每一位学生都有一技之长的具体目标。

（三）教师发展目标

学会规划，提高专业技能，勇于担当，自觉推进，胸怀理想，富有激情；充满自信，挑战自我；善于合作，融入集体；富有爱心，提升人格；追求卓越，不断创新；关注社会，负有责任。

（四）课程类别

学校在保障学生安全的基础上，打破年级界限，组织和开展有利于学生全面发展、个性成长的形式灵活、内容丰富的课程活动。学校现有五大类、41项特色课程。

1. 基础课程

基础课程包括语文、数学、英语三科。

2. 特色课程

延安市新区第二小学特色课程设置如图 5-15 所示。

（1）文化类。其主要包括小小记者、英语故事屋、英文歌曲俱乐部、自然拼读俱乐部、趣味写作、主题阅读、趣味汉字、小小主持人。

（2）体育类。其主要包括围棋、象棋、啦啦操、拉丁舞、羽毛球、腰鼓、网球、乒乓球、跆拳道、花样跳绳、轮滑、玩转花棍。

（3）音乐类。其主要包括陶笛、合唱、舞蹈、声乐、形体训练。

（4）美术类。其主要包括吹塑纸版画、创意黏土、剪纸、华服、摄影、硬笔书法、软笔书法、陶艺。

（5）科技类。其主要包括少儿编程、机器人、航模、3D 打印、心智开发、益智、无土栽培。

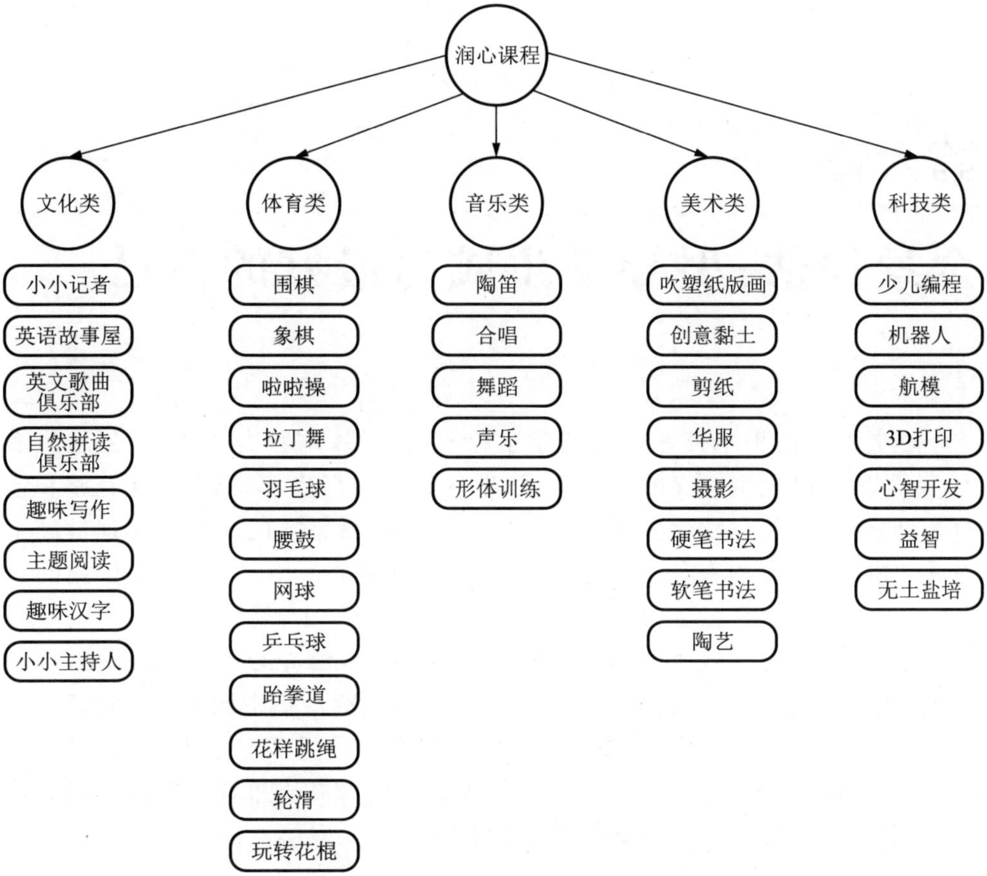

图 5-15　特色润心课程体系

（五）课程设置与教师配备

活动课程的确定要符合“八个性”：一是多样性，满足不同特长、不同层次学生发展的需要；二是专业性；三是艺术性；四是健体性；五是趣味性；六是学科性；七是渗透性，活动课程的开设要渗透和结合学校的特色教育；八是教育性，所有活动都坚持育人为本，遵循学生身心发展的规律，有利于学生的健康成长。

第六章

全景评估:引导学生成为最好的自己

心灵教育的根本使命是塑造学生完整的人格,培养内心资质,创造生命力,让学生获得人生意义的生存方式,发现人生的真善美,成为更加完整和谐的人,促使学生的个性化发展。心灵的健康是生命整体的健康。实现健康是心灵的本性,心灵内在的和谐以及所实现的卓越的人格品质,就是健康的状态。[①]"润心教育"是温润心灵的教育,是用心用爱去润泽人的心灵,用心用情去做有温度的教育。"润心"蕴含着"润泽生命,滋养心灵,培育新苗,日新其德"的深刻内涵。延安市新区第二小学以"润育一颗中国心"为教育理念"培养富有家国情怀、创新意识,具有良好的思维品质和健全人格的有情、有志、有识、有恒的全面发展的人"。全景评估牵动着高质量育人的出发点和落脚点,影响着学生生成甚至整个学校生态。

第一节　无处不在的润心感受

青少年阶段是人生"拔节孕穗期",要扣好人生"第一粒扣子",尤其需要精心引导和培育。润心教育,基于社会发展和学生成长的需要,以坚定的政治思想、正确的价值导向、良好的道德规范、严明的法治观念对学生进行循序渐进的系统化教育,润物无声,育人无痕。润心课程下的教与学"把教科书融入生活,让生活成为教科书"。德育即生活,处处可学习;德育即成长,时时见素养。学校要发挥智育对学生成长的促进作用,在智育中发挥德育、美育、体育、劳育对其的滋养作用,使育人过程相辅相成、相得益彰,培养学生成为担当民族复兴大任的时代新人。

---

① 金生鈜.教育何以是治疗:兼论教育与人的健康的关系[J].教育研究,2020,41(9):34-44.

一、全过程“润心”育人

教育重要的任务就是引导人追求心灵的大健康，并培育人实践健康的能力。也就是说，教育应当拥有理想的心灵、健康的理念，它必须理解人应当实现的心灵健康是什么，并知晓健康实践的艺术，从而引导人在追求心灵健康的过程中完善自身。①学校着力以道德养成教育为基础，打造“始于生本、源于生活、基于标准、立于合作、见于思维、成于创生、归于实践”的润心课程体系，培养“富有家国情怀、创新意识、思维品质、健全人格的有情、有志、有识、有恒全面发展”的润心少年。同时，还聚焦德育核心，做好“五个教育”：

打好“基”——行为养成教育；

突出“根”——优良传统教育；

抓住“线”——社会协同教育；

强化“魂”——理想信念教育；

稳固“本”——心理健康教育。

（一）研究育人

教育的本质是对人之天性的开发，个体生命的完整在于其心灵的自由与自然发展。②如果人的心灵健康及其生成就是实现心灵美善的人成为人的过程，那么，教育本质上就必须服务于人的心灵健康，因为教育本身不能与人的心灵美善相背离。教育是对人的理想育人方式的追求，它意味着教育与人的心灵的成长、健全、善好、福祉、繁盛和完整具有一致性。③日本当代企业家稻盛和夫和著名的哲学家梅原猛认为：“心灵教育”就是一心向善的教育，教给孩子“善的生活态度”，即什么是真善美。④心灵的完整性是教育的完整性的根据，教育促进心灵的整体健康才符合教育的本质，服务整体的心灵健康是教育的使命。我们要把研究育人作为培养学生的重要形式，让生活成为教科书，以师生在学校的日常生活为研究对象，通过全景观察确立育人方向和内容，以学生生理特征、认知水平为基点，从本质上找到解决思路，深度破解，用科学适切的解决策略培养学生守法、守纪，学会生活、学会做人。

---

① 克尔凯郭尔．致死的疾病[M]．北京：中国工人出版社，1997：19.

② 杨庭颂．庄子哲学及其教育思想论：评《庄子的心灵教育》[J]．中国教育学刊，2022（1）：111.

③ PETERMAN J F. Philosophy as therapy: An interpretation and defense of wittgenstein's late philosophical project[M]. Albany: state University of NewYork Press, 1992: 9.

④ 稻盛和夫，梅原猛．回归哲学：探求资本主义的新精神[M]．卞立强，译．上海：上海学林出版社，1996：103，131-133.

（二）课程育人

2017年，教育部印发《中小学德育工作指南》，为增强中小学德育工作的时代性、科学性和实效性，提出课程育人、文化育人、活动育人、实践育人、管理育人、协同育人是中小学德育工作的根本遵循。其中，课程育人是中小学德育工作的重要途径，要求充分发挥课堂教学的主渠道作用，将中小学德育内容细化落实到各学科课程的教学目标之中，融入教育教学的全过程。[①] 课程的起点是人，终点也是人，育人贯穿教育的整个过程，谓之课程整体育人。[②]

课程育人阶段，知识是基座，课程是灵魂，是知识的知识。课程引领下的知识既不是体验的直接复制，也不是记忆状态的直接转移。[③] 知识一改往日的静默，成为课程育人中最活跃的因素。课程育人，就是要将静默知识与动态知识并重，显性知识与隐性知识互补，以共同实现育人目标。

一个孩子带着许多潜能来到学校，他要在这里实现这些潜能。[④] 要实现这一目的，课程必须立足关注学生作为"整体的人"的发展，回归学生的生活世界和寻求个人理解的知识构建，以探究课程的整体性。这就要求课程能够从整体上促进学习者的学习并促进全人成长，因为现实中的人是同生命的整体联系在一起的。在这个意义上，课程的整体性恰恰是"生命的整体性"的本真反映。全人成长应充分发挥润心课程的主渠道作用，将育人内容细化落实到各学科课程教学目标中，融入渗透到教育教学全过程。我们要根据不同年级和不同课程的特点，充分挖掘各门课程蕴含的育人资源，将育人内容有机融入各门课程教学中。我们用好地方和学校课程，结合地方自然地理特点、民族特色、传统文化以及重大历史事件、历史名人等，因地制宜开发地方和学校润心课程，引导学生了解家乡的历史文化、自然环境、人口状况和发展成就，培养学生爱家乡、爱祖国的感情，树立维护祖国统一、加强民族团结的意识。学校要统筹安排地方和学校课程，开展法治教育、反邪教教育、文明礼仪教育、环境教育、心理健康教育、劳动教育、毒品预防教育、影视教育等专题教育。

---

① 中华人民共和国教育部．教育部关于印发《中小学德育工作指南》的通知［EB/OL］．（2017-08-22）［2021-06-23］．http：//www. moe. gov. cn/srcsite/A06/s3325/201709/t20170904-313128. html.

② 杨德军，江峰．课程整体育人的价值取向与实践路径［J］．课程·教材·教法，2021，41（6）：21-28.

③ 裴娣娜．变革性实践与中国基础教育的未来发展［M］．北京：教育科学出版社，2015：82.

④ 雅克·马里坦．教育在十字路口［M］．高旭平，译．北京：首都师范大学出版社，2010：11.

学校按照教育内容及实施途径构建“五维四翼”（从五项教育内容及六个实施途径入手，构建五个管理维度、四个执行工坊的工作运行机制）管理运行机制，实施课程育人，充分发挥课堂教学的主渠道作用，将中小学德育内容细化落实到各学科课程的教学目标之中，融入渗透到教育教学全过程。学校严格落实德育课程，按照《义务教育课程方案和课程标准（2022年版）》，上好道德与法治课，落实课时，不得减少课时或挪作他用。在教育教学方面，学校要引领教师围绕课程目标联系学生生活实际，挖掘课程思想内涵，充分利用时政媒体资源，精心设计教学内容，优化教学方法，发展学生道德认知，注重学生的情感体验和道德实践。学校大力开展“书香读吧”主题教育活动，推进书香班级、书香校园建设，向学生推荐阅读书目，调动学生阅读的积极性。学校结合各学科课程教学内容及办学特色，充分利用课后时间组织学生开展丰富多彩的科技、文娱、体育等社团活动，创新学生课后服务途径，开展“行走的课堂”活动，将课后延时服务与德育有机结合，拓宽德育课程渠道，保证德育课程质量。

（三）红色文化育人

文化滋养心灵，涵育德行，引领风尚。精神文化的习得和分享是个体成为人的关键。斯普朗格认为，个人只有习得和具有了作为文化形式的“团体精神、客观精神、规范精神、人格精神”①，才能真正成为人。红色文化是中国共产党领导全国各族人民在长期的革命、建设、改革进程中创造的以中国化马克思主义为核心的先进文化②，是中华民族积极进取的民族精神和崇高伟大的理想信念的彰显。推进以文化人、以文育人、以文培元，充分发挥红色文化的育人功能，是新时代创新与发展红色文化的内在要求。

红色文化承载着共产主义的理想信念和崇高伟大的民族精神，能够发挥指导理想信念、塑造高尚品德、凝聚民族精神、培养健康人格的多重思想政治教育功能。③其中，指导理想信念是指运用红色文化所蕴含的马克思主义信仰和共产主义理念，帮助学生成为有理想、有信仰、有责任感的合格人才；塑造高尚品德是指运用红色文化所蕴含的道德内容和伦理观念，帮助学生学习和领悟红色精神；凝聚民族精神是指运用红色文化所蕴含的红色精神对学生进行教化，激发学生的爱国情感；培养健康人格是指将红色文化融入思想政治教育实践，进而陶冶学生的情操。

---

① 邹进．现代德国文化教育学［M］．太原：山西教育出版社，1992：57.

② 刘润为．红色文化：中国人的精神脊梁［J］．红旗文稿，2013（18）：4-9.

③ 徐永健，李盼．试论红色文化资源与大学生思想政治教育的内在关联［J］．思想教育研究，2016（12）：84-88.

2017年10月，党的十九大报告提出，要坚定文化自信，推动社会主义文化繁荣兴盛，广泛开展理想信念教育，深化中国特色社会主义和中国梦宣传教育，弘扬民族精神和时代精神，加强爱国主义、集体主义、社会主义教育，引导人们树立正确的历史观、民族观、国家观、文化观。[①]2021年2月20日，习近平总书记在党史学习教育动员大会上强调："要抓好青少年学习教育，着力讲好党的故事、革命的故事、英雄的故事，厚植爱党、爱国、爱社会主义的情感，让红色基因、革命薪火代代传承。"[②]

延安市新区第二小学依据学校办学理念，因地制宜开展校园红色文化建设，把中华优秀传统文化和革命文化、社会主义先进文化融入教育教学，在人文社会科学专业和课程中，增加中华优秀传统文化内容，强化党史、新中国史、改革开放史、社会主义发展史教育，提升学生的文化底蕴。学校广泛开展文明校园创建，强化校训、校歌、校史的育人功能，培育健康向上、格调高雅的校园文化；注重发挥共青团、学校社团、学生自治组织的作用，运用学生喜闻乐见的话语和方式，开展主题鲜明、丰富多彩的活动，充分发挥学生自我教育作用；强化互联网思维，大力加强网络文化建设，推出一批在线、手机端开放课程，建好一批微信、微博公众账号，开发一批寓教于乐的测试赛事系统，将优秀网络文化成果纳入学校科研成果统计、职务职称评聘、评优评奖范围，使思想政治工作联网上线，增强时代感和吸引力。

（四）综合实践育人

综合实践活动作为一种教育性实践，是一种以自身为对象的特殊实践，是一种人性自我建构的实践活动。在自我建构的实践活动中，学生既是学习活动的主体又是客体，通过主客体的相互作用不断改造自己、发展自己、完善自己，对自身已有的心智结构进行审视与反思，"积极推进已有心智结构按所需要的方向发生相应的变化，实现预期目的对象化、现实化"[③]。皮亚杰认为，"儿童应通过动作进行学习"，动作学习发生的起点就是"主客体相互作用唯一一个可能的连接点——活动"。[④]他所说的"活动"，不是纯粹的理性思维活动或认知过程，而是动作、操作、应用、探究，是基于实践的问题解决。实践是人类最普遍的生存方式，其基本形态是工具性实践（生产斗争）、关系性

① 习近平．决胜全面建成小康社会 夺取新时代中国特色社会主义伟大胜利：在中国共产党第十九次全国代表大会上的报告（2017年10月18日）[N]．人民日报，2017-10-28（1）．

② 习近平．在党史学习教育动员大会上的讲话[J]．求是，2021（7）：4-17.

③ 鲁洁．教育：人之自我建构的实践活动[J]．教育研究，1998（9）：13-19.

④ 皮亚杰．皮亚杰教育论著选[M]．卢睿选，译．北京：人民教育出版社，1990：9-10.

实践(阶级斗争)和认知性实践(科学实验)。综合实践活动是一种教育性实践,[①]对学生发展具有重要的教育价值和育人功能,但其育人功能的实现必须克服表面活动、表层活动和表演活动的局限性,为综合实践活动奠定坚实的社会基础和价值基础。一切真实的实践都是社会性的、生命性的实践,进入世界是实践育人的根本过程,结成社会关系,进入社会结构,参与社会活动,构成主体与客观世界的生动互动,是实践育人的根本途径。

从教育的角度说,实践是一个人精神发育和成熟的过程。实践具有完善人之理智感、道德感和美感的价值,有助于学生对自我的认识、调控和反思。因此,实践学习的根本宗旨是导向学生的自我发展。它以生命实践活动为基础,能激发生命主体的生命自省、生命自觉、生命自悟三种内在精神活动。[②]

在综合实践活动中,学生在真实的自然环境和社会环境中全身心地体验,他们沉浸于真实的情境和真实的问题中,具身学习,赋予生命意义的体验和觉悟比任何说教都更有力量。所谓价值体认、责任担当,只有基于生命体悟才真正有发展性,否则价值观和责任感就只是接受层次而达不到自觉的境界。综合实践活动育人功能的根本价值目标是立德树人,培养社会主义建设者和接班人。为学生成长奠定正确的思想意识和价值观念,发展良好的思想品德,通过价值体认,增强对自然、对社会、对自我的责任感,建立爱国主义情感、尊重民族文化、传承先进文化并具有文化自信意识和文化自觉能力,这是综合实践活动育人功能的价值方向。同时,综合实践活动丰富了学生经验和体验,提升了学生在真实的情境中利用工具、手段和技术分析和解决实际问题的能力,发展创新意识和实践能力,是综合实践活动的育人功能的价值属性。正是基于此,综合实践活动才能促进学生的社会化发展和个性化成长,造就具有主体精神、家国情怀和参与社会活动能力的主体。

延安市新区第二小学以节日、主题教育为契机精心设计、组织开展主题明确、内容丰富、形式多样、吸引力强的教育活动,以鲜明正确的价值导向引导学生,以积极向上的力量激励学生,促进学生形成良好的思想品德和行为习惯。课程育人方面的综合实践活动课,结合延安地方自然地理特点、民俗特色、传统文化等,因地制宜开发劳动课程和"七园"德育课程,引导学生了解延安的历史文化、自然环境、人口状况和发展成就,培养学生爱家乡、爱祖国的感情,使学生树立维护祖国统一、加强民族团结的意识。学校加强对学生生活技能、劳动习惯、动手实践和合作交流能力的培养,统筹安排地方和学

---

① 郭元祥 . 论实践教育 [J]. 课程 • 教材 • 教法,2012(1):17-22.

② 郭元祥,舒丹 . 论综合实践活动的育人功能及其条件 [J]. 教育发展研究,2019,38(10):25-29.

校课程，开展法治教育、廉洁教育、反邪教教育、文明礼仪教育、环境教育、心理健康教育、劳动教育、毒品预防教育、影视教育等专题教育；利用爱国主义教育基地、公益性文化设施、公共机构、企事业单位、各类校外活动场所、专题教育基地资源，开展有益于学生身心发展的实践活动，不断增强学生的社会责任感、创新精神和实践能力。

（五）管理育人

学校一切教育教学活动及其管理的最终目的是学生的成长和发展，学生管理是学校管理中最基础性的工作，也是影响人才培养质量的重要环节。① 好的学生，既是教出来的，也是管出来的。严管就是厚爱，管理本身就具有导向作用、教育功能。②

延安市新区第二小学坚持从严治校、从严治教，坚持党风、校风、学风一起抓，把思想政治工作同鼓励师生端正学风、严谨治学统一起来，落实好学校章程和校纪、校规、校训，提升管校治校水平，为学生学习成长营造好气候、创造好生态。学校健全学校课堂教学建设管理办法，建立课程标准审核和教案评价制度，落实党委、纪委和主管部门领导干部督导听课制度；严肃课堂纪律，形成良好的课堂教学秩序，对突破政治底线和价值底线的戏说胡说应提出批评、及时制止；加强对学校学生社团的管理、引导、服务和联系，加强对讲座、论坛、读书会、学术沙龙等校园各类思想文化阵地的规范管理，不给错误思想观点提供传播渠道；加强和改进互联网管理，规范师生自媒体管理，做好网上舆论引导，鼓励学生利用所知所学，正面发声、理性思辨，传播网络正能量，营造风清气正的网络生态；加强师资队伍建设，健全教师政治理论学习制度、社会实践和校外挂职制度，把师德规范要求融入人才引进、课题申报、职称评审、导师遴选等各环节，实施师德"一票否决"，建设"学高""身正"的师资队伍，发挥教师思想政治素质的示范性；加强对教师教育管理和纪律约束，对违反校规校纪、法律法规的及时查处。

我们要做好新时代管理育人工作就要把握其方向性、服务性、规范性、创新性等特征，从发挥党的领导作用、构建管理育人协同机制、提升育人主体综合素养、创新管理育人有效载体等方面多维并进，推动学校管理育人工作取得实质性进展。③ 学校应建立实现全员、全程、全域育人的具体制度，明确

---

① 申纪云．育人为本理念中的高校学生管理[J]．中国高等教育，2007（10）：8-11.

② 田扬斯．试析如何把握全程育人全方位育人的着力点[J]．学校党建与思想教育，2017（3）：80-81.

③ 王东红，高雪．新时代高校管理育人：内涵、特征及优化路径[J]．现代教育管理，2021（11）：19-25.

学校各个岗位教职工的育人责任，规范教职工言行，提高全员育人的自觉性。学校还应积极争取家庭、社会共同参与和支持学校德育工作，引导家长注重家庭、注重家教、注重家风，营造积极向上的良好社会氛围；建立健全家庭教育工作机制，统筹家长委员会、智慧父母公益讲堂、家长周校长、家访等各种家校沟通渠道，丰富对家庭教育进行指导和服务的内容；构建社会共育机制，主动联系本地公安、司法、文化、共青团、妇联、社区、关工委等部门建立多方联动机制，搭建社会育人平台，实现社会资源共建，助力学生健康成长。

二、全方位"润心"育人

走向心灵的教育学关注的不仅仅是学生个体心灵的成长，这种"心灵"的培育还带有社会与文化的特征，能够表现出一个时代的精神状况。关乎心灵的教育注定是解放学生思想、解放学生精神、解放学生心灵的教育，任何压抑思想、压抑精神、压抑心灵的行为均走向了教育的反面。① 人类学习的目的不在"外"，而在于获得内心的澄明与心智的成长，即为了"成人"。因此，教育追寻的是学生内在的澄明与心灵的敞亮。教育之核心目的并非在于传授知识与技能，而在于理性智慧的萌发、人格品行的砥砺、道德良知的启迪。

（一）育人研究中心

夸美纽斯曾说过，如果要造就一个人，就必须由教育去完成。② 心灵教育需要注重全人向度。关乎学生心灵的教育具体表现在两个方面：一是关注学生的心灵自由。受工具理性主义制约的教育往往只重视学生的学业成绩，而忽视学生的道德养成与审美品性，不带功利目标的道德伦理与审美品性恰恰才是学生心灵走向自由的两项重要的教育内容。二是关注学生的思想"启蒙"。教育的终极价值是为了学生心智的启蒙、心灵的唤醒和心志的激荡，因此，教育绝非通过外在强加，而是要通过"启蒙"的历程，引发学生心智的成长，思想启蒙的教育追寻的是学生意识的觉醒。

（二）生态生活中心

"教育为实现其目的，必须从经验即始终是个人实际的生活经验出发。"③

---

① 王梦云，金杜娟．心灵教育：成人教育本质之所在［J］．河北大学成人教育学院学报，2021，23（1）：34-40.

② 夸美纽斯．大教学论·教学法解析［M］．任钟印，译．北京：人民教育出版社，2008：91.

③ 杜威．杜威教育论著选［M］．赵祥麟，王承绪，译．上海：华东师范大学出版社，1981：375.

在杜威看来，儿童的兴趣和思维等机能都不是无中生有的，离不开真实感性生活。只有从儿童现实生活入手，教育才是有效的、生动活泼的，而不是专断的。[①]生活的本质就是通过实践去打开周遭世界。那种把儿童视为现成的个人，采取满堂灌的教育方式，其实质仍是形而上学的。学校要改变这种状况，就必须从具体的境遇出发，强调教育过好当下的生活。延安市新区第二小学注重教育与学生实际生活密切相连，注重引导学生形成主动积极的学习方式，以开放性课题研究活动为载体，让学生在生活和运用中体验各科知识的价值与探究乐趣。学校根据各大节点、主题教育等时机，利用板报、橱窗、走廊、墙壁、地面等进行文化建设，展示学生自己创作的作品或进行主题创作。学校重视营造热烈的校园文化氛围，形成引导全校师生共同进步的精神力量，发挥文化育人的教育功能；发挥学生的作用，完善学生社团工作管理制度，建立体育、艺术、科普、环保、志愿服务等各类学生社团。学校要创造条件为学生社团提供经费、场地、活动时间等方面的保障。学校要严格中小学升挂国旗制度，除寒暑假和双休日外，应当每日升挂国旗；除假期外，每周一及重大节会活动要举行升旗仪式，奏唱国歌，开展向国旗敬礼、国旗下宣誓、国旗下讲话等活动。学校要开展校园节（会）活动，举办丰富多彩、寓教于乐的校园节（会）活动，培养学生的兴趣爱好，充实学生的校园生活，磨炼学生的意志品质，促进学生的身心健康发展。

（三）文化育人中心

著名教育家杜威曾指出："教育的目的在文化的陶冶，在人格的发展。"他希望"看到学校所施加于它的成员的影响将更为生动，更为持久，含有更多的文化意义"[②]。文化是教育之根，教育的本质是人与文化之间的双向建构。因此，文化育人是学校的重要任务和至高境界，牢固树立并积极践行文化育人理念应成为教育人的自觉追求。文化是一所学校赖以生存和发展的重要根基和血脉，也是学校间相互区别的主要标志和特征。也就是说，学校的教育品质与学校文化密切相关，学校文化建设是实现现代学校内涵发展的一条根本途径。[③]与碎片化、分割式的知识教育不同，文化育人是整体协同的。文化育人视教育为文化的过程，重视文化的整合和化成，是文而化之、以文化人。文化育人侧重于"育心"，旨在促使人心体和谐统一。文化育人是一

① 唐斌，朱永新．杜威"教育即生活"本真意义及当代启示［J］．中国教育学刊，2011（10）：84-87.

② 吴康宁．教育改革成功的基础［J］．教育研究，2012（1）：24-31.

③ 项红专．文化育人：背景、意涵与路径［J］．教育科学研究，2018（8）：13-17，23.

个整体的儒化过程，需要人的情感、认知和意志的协同配合和共同参与。相对于知识教育，文化育人更强调文化整合能力的提高和培养。这种文化的整合能力往往通过人的内化，积淀为人的心理结构，形成稳定的人格特征。文化育人不仅教人以知识技能，而且还授人以促使其自我发展的内在动因。“专业知识为他们奠定起步的基础，而文化则像哲学和艺术一样将他们引向深奥高远之境。”[①] 延安市新区第二小学以“关注心灵成长教育，润育一颗中国心”的办学理念为指导开展校园文化建设，使校园秩序良好、环境优美，校园文化积极向上、格调高雅，提高校园文明水平，让校园处处成为育人场所。同时，学校还利用春节、元宵、清明、端午、中秋、重阳等中华传统节日以及二十四节气，开展介绍节日历史渊源、精神内涵、文化习俗等校园文化活动，增强传统节日的体验感和文化感。学校利用植树节、劳动节、青年节、儿童节、教师节、国庆节等重大节庆日集中开展爱党爱国、民族团结、热爱劳动、尊师重教、爱护环境等主题教育活动；利用学雷锋纪念日、中国共产党建党纪念日、中国人民解放军建军纪念日、七七抗战纪念日、九三抗战胜利纪念日、九一八纪念日、烈士纪念日、国家公祭日等重要纪念日，以及地球日、环境日、健康日、国家安全教育日、禁毒日、航天日、航海日等主题日，设计并开展相关主题教育活动。学校开展仪式教育活动。仪式教育活动要体现庄严神圣，发挥思想政治引领和道德价值引领作用，创新方式方法，与学校特色和学生个性展示相结合。学校积极开展团队活动，加强学校团委对学生会组织、学生社团的指导管理，优化美化校园环境，使校园内一草一木、一砖一石都体现“关注心灵成长教育，润育一颗中国心”的育人氛围。

（四）全景评估中心

学生是有血有肉的人，教育的目的是激发和引导他们的自我发展之路。[②] 相应地，全景评估应关照学生个人成长和发展，借助评估引导和促进学生健康成长与全面发展。2020 年，中共中央、国务院印发的《深化新时代教育评价改革总体方案》指出，“改进结果评价，强化过程评价，探索增值评价，健全综合评价”[③]，建立科学的、符合时代要求的教育评价制度和机制，道出了教育评价之真谛。评价是对教育教学的目标、过程、结果等诸要素做出事实判断

① 王俊杰．由“学校人”向“系统人”转变：弋江区在全省率先实施教师无校籍管理[N]．大江晚报，2014-04-15（WBA06）．

② 怀特海．教育的目的[M]．庄莲平，王立中，译．上海：文汇出版社，2012：1.

③ 中共中央 国务院印发《深化新时代教育评价改革总体方案》[A/OL].（2020-10-13）[2021-06-26]. http：// www. gov. cn/zhengce/2020-10/13/content_5551032. htm.

和价值判断的活动，[①] 价值的主体性和主体的多样性决定了评价主体的多样性。[②]《小学生评价规定》以主体多样性为基本着力点，明确要求“评价主体多元，以教师为主，学生和家长多方参与”[③]，指出在学生评价过程中教师是主导者，学生是重要参与者，强调“学生基于自评和同伴互评获得自身发展”，家长是学生评价的辅助者，要求教师通过电话沟通、座谈会、家访等方式保证家长间接参与评价活动。教师作为教学活动的设计者和实施者，最了解评价的目的和要求，也最了解学生的学习情况，以教师评价为主能够确保评价的科学性、有效性。学生是评价最大的受益者，“也应成为自己最好的评估者”[④]。学生通过自评，可提升反思自我、改进自我和完善自我的能力，而通过同伴互评，可“以人为镜”，认识到自己的不足。家长作为学生的重要他人，是学生学习的重要支持力量。有研究表明，家长参与孩子的教育越多，孩子越能体验到成功的乐趣。[⑤] 家长积极参与学生评价能给予学生更为完善、立体、全局的反馈，促进学生更完整地发展。

“教育学是迷恋他人成长的学问”[⑥]，教育评价是指向学生成长与发展的教育活动，全景评估评价恰是这一逻辑的现实表达。延安市新区第二小学以发展性评价为导向，指出“评价学生的进步”“为学生的进步而评”“不得比较学生”“不得增加学生、教师、家长的负担”，而且在“结果使用”板块中强调“奖励进步显著的学生”。[⑦] 这些表述表明，延安市新区第二小学学生评价的宗旨不在于甄别、定位与比较，而在于促进学生进步与成长，增值是评价的目的，增值幅度是评价和奖励的关照点。

同时，延安市新区第二小学积极拓宽评价渠道，保证学生信息收集的多

---

① 杨志明，丁港，彭丽仪．考试与评价的国际经验与启示［J］．中国考试，2021(1)：29-36.

② 沃尔博格．教育评价［M］．张莉莉，译．重庆：西南师范大学出版社，2011：60.

③ Bộ Giáo dục và Đào tạo. Quy định đánh giá học sinh tiau học［EB/OL］.（2020-09-04）［2021-06-26］. https：// moet. gov. vn/van-ban/vanban/Pages/chi-tiet-van-ban. aspx？ItemID=1365.

④ EARL L M. Assessment as learning：Using classroom assessment to maximize student learning［M］. California：Corwin Press，2013：21.

⑤ WEBER E. 有效的学生评价［M］. 国家基础教育课程改革“促进教师发展与学生成长的评价研究”项目组，译．北京：中国轻工业出版社，2003：23.

⑥ 范梅南．教学机智：教育智慧的意蕴［M］．李树英，译．北京：教育科学出版社，2001：18.

⑦ 任辉，韦丽．越南新一轮小学生评价：体系框架、特征及启示［J］．中国考试，2022(4)：57-65.

维性、全面性、综合性;改变传统的评与被评的对立关系,消除学生在评价中的失语现象,调动学生的参与性、主动性,匡助学生树立自信。学校积极建设校园绿色网络,开发网络德育资源,搭建校园网站、论坛、信箱、班级电子班牌、微信群、QQ 群等网上宣传交流平台,通过网络开展主题班(队)会、家校互动等活动,引导学生合理使用网络,避免沉溺网络游戏,远离有害信息,防止网络沉迷和伤害,提升网络素养,打造清朗的文化氛围,积极推进教育评价的现代化,提高育人水平,将教育评价贯穿于提升学校育人质量的每一个细节之中。

(五)协同创生中心

当下管理界所聚焦的协同共生理念或许能为新时代的学校管理和教育教学变革提供一种新思维、新方法。2020 年暴发的新冠疫情,打开了一个充满不确定性的时代,很多行业、很多事情被重新定义。在这样的环境下,延安市新区第二小学如何基于协同共生的理念推动学校管理迭代升级?如何通过与各相关群体的共生共创,构建可持续发展的良好教育生态?

第一,价值更新。从竞争思维走向共生逻辑。[①] 现代管理学之父彼得·德鲁克有句名言:“动荡时代最大的危险不是动荡本身,而是仍然沿用过去的思维逻辑做事。”[②] 竞争思维强调比较,共生逻辑倡导合作。应对不确定的变革时代,我们更需要关注能够“与谁合作”,而不是“对手是谁”,任何个体或者组织要想获得可持续发展,必须超越竞争,走向共生。

第二,组织变革。从单边连接走向多维协同。“改革越深入,越要注意协同。”[③] 习近平总书记曾多次在不同场合提出协同发展、协同创新的理念。在动态变化的环境中,协同不仅仅是主体之间的简单协作与连通,更是基于“互联网 +”的多维度互动。是否具有协作的意识与能力,能否实现更多主体、更宽领域、更大规模的协同,关乎个体与组织的活力大小,也决定着其生长力、发展力的强弱。

延安市新区第二小学要实现更大范围、更有效率的协同,首先,需要管理者拥有开放包容的心态、互联共享的意识、共同创造的愿望。其次,管理者可以从人、事、环境的协同等多个维度出发搭建平台,构建资源整合、信息交互、

---

① 谢凡. 走向“协同共生”的学校管理变革 [J]. 中小学管理, 2021(11): 1.

② 铁翠香.“互联网 +”时代的价值共创路径探讨 [J]. 现代传播(中国传媒大学学报), 2016, 38(12): 76-79.

③ 胡敏. 新时代全面深化改革的成就、路径和方法论意义述要 [J]. 成都行政学院学报, 2021(6): 4-13, 33.

优势互补、合作共进的协作机制。可以通过打破边界，实现多元平台的畅通、不同场域的沟通、线上线下的融通、多维空间的联通，将学校培育成一个蓬勃生长的有机体。最后，管理升级：从层级链条走向生态网络。面对时代发展对全面育人、个性化培养的新要求，学校教育的改革发展要突破链条式的路径依赖，构建生态化的育人系统。管理者只有围绕育人目标，将各主体、各要素整合成一个育人网络，形成多向互动、整体联动的新格局，才能真正打造一个交融共生的生态系统。

新时期“双减”政策的落地、《中华人民共和国家庭教育促进法》的颁布，为区域和学校破解教育改革中的瓶颈提供了策略和抓手。学校管理者应以整体性和系统性思维构建“共享、互联、互补、互动、综合、融通”的育人系统，如整体推进德智体美劳“五育”融合实施，有效统整学校的课程改革、学科德育、作业设计、考试评价、课后活动等育人要素，探索超越时空的“一体化学习”方式，完善家校社共育机制……从而让“充满活力、富有效率、更加开放”的生态系统逐步形成。构建共生、共享、共创的学校教育生态，既是当下教育变革的需要，也是对话未来最好的方式。

三、全面“润心”育人

培养什么人，是教育的首要问题。习近平总书记在全国教育大会上指出：“我国是中国共产党领导的社会主义国家，这就决定了我们的教育必须把培养社会主义建设者和接班人作为根本任务，培养一代又一代拥护中国共产党领导和我国社会主义制度、立志为中国特色社会主义事业奋斗终生的有用人才。这是教育工作的根本任务，也是教育现代化的方向目标。”①

延安市新区第二小学全面“润心”育人以习近平总书记对少年儿童“从小学习做人、从小学习立志、从小学习创造”和“从小学先锋，长大做先锋”的要求为指导，注重学生的自主创造，旨在激发他们内在的成长潜力，充分调动学生的潜能。

全面“润心”育人所指有五：② 一是培养积极主动、健康发展的人生态度。儿童的心理天空应该是明亮的。明亮的天空、阳光的心态会成为儿童一辈子的力量，是内生力成长的重要动力。基础教育要做对人终身有用的事，不要不在乎积极主动、健康发展的人生态度。有此，则无论顺境、困境、逆境

---

① 何秀超．着力规范学校办学 全面优化育人环境［J］．中国教育学刊，2018（12）：56–59.

② 叶澜．探教育之所“是”，创学校全面育人新生活：新时期“新基础教育”研究再出发［J］．人民教育，2018（Z2）：10–16.

甚至身处危境，心态依然明亮，会主动想办法解决问题，而不是推卸责任或逃避。二是个体人格的养成与公民素养的自觉健全。人格比什么都重要，人格养成是内在力量的培育，未来社会是民主、自由的公民社会，需要有责任心的公民。自尊自信的人才会尊重人、相信人，不把他人当工具，也不把自己当工具。三是基础学习力的养成和自主拓展性学习需求与能力的培养。这里涉及学习潜力、发展潜力的开发。四是独立思考、批判性发现和创造性解决复杂问题的能力，在不确定、变动性增强的世态中实现自我发展的生存能力之养成。这是对人的深层挑战，未来社会更加多元、复杂，对人更有挑战，需要关注思维品质的培养。五是发展多方面的兴趣，培养融入和改变身边世界的能力，与人为善、热爱生活和生命的人生态度，以自觉创造并可能拥有幸福人生。我们希望每个人都拥有幸福人生，为此需要关注学生多方面兴趣的培养和开发。教育中的兴趣需要培养、开发和育成，不只是依顺学生当前的状态。

延安市新区第二小学注重通过各种活动促进学生的全面发展，如在日常的学习、生活、少先队活动中，广泛而不断深入地开展“润心银行学生成长财富奖章”活动，尊重每一个学生的个性，从学生看得见、摸得着的小事、小处入手，让他们从一点一滴做起，使每个学生都能看到自己的进步，感受到成功的喜悦。在此基础上，学校构建人人可行、天天可为、阶梯进步的“成长财富奖章”评价激励体系，注重训练过程与激励机制的有机结合，鼓励学生不断确立新的目标、追求进步；注重校内外阵地、社区、辅导员队伍等多种手段和方式、方法的综合运行机制的建立。学校鼓励学生坚持公正、民主、平等，自评、互评、他评相结合，使学生通过积极主动地参与“润心银行学生成长财富奖章”活动，独立自主地开展生动活泼、丰富多彩的奖章活动，学会生存，自强自立；学会服务，乐于助人；学会创造，追求真知，立志为建设中国特色社会主义现代化强国贡献力量，努力成长为社会主义现代化建设需要的合格人才，成长为能够担当民族复兴大任的时代新人，做共产主义事业的接班人。

第二节 智慧校园让评价更科学、客观、全面

智慧校园建设是一个以大数据为中心，将校园教学、生活和管理集为一体的智能化校园方式，通过智慧校园的建设实现更加便利和高效的校园生活、教学体验。智慧校园建设以为学生服务为中心，搭建学校的数据平台，实现数据的互联互通，有效地分析数据，利用数据分析结果做好校园管理工作，通过管理科学化决策，促进学生个性化成长和教师专业化发展，通过无处不在的网络学习、融合创新的网络科研、透明高效的校务治理、丰富多彩的校园

文化、科学合理的全景评估、方便周到的校园生活，从而形成智慧的教育生态圈。

一、实施背景

随着移动互联网、大数据、云计算的迅速普及与发展，校园管理与育人模式已发生结构性变革。在这个时空交汇的重要节点上，从数字校园到智慧校园的探索与建设已成为世界教育发展的重要趋势，也是新时代教育发展的崭新课题。[①]《2016年教育信息化工作要点》首次在中国教育系统范围内提出“智慧校园”的概念，催生了一系列智慧校园研究实践。2018年，教育部颁发《关于加强网络学习空间建设与应用的指导意见》，倡导学校加强网络学习空间建设，并以此为纽带，贯通教学、评价和管理等核心教育环节，从而推动教育变革，构建人人可学、时时可学、处处可学的“互联网+教育”新生态。智慧校园旨在实现教育评价更加客观、全面周到，重塑评价生态，提升育人效果，打造智慧校园样本。

传统的学生评价是以标准化纸笔测验和考试等方式整体考查学生发展情况，检测学校教育的效率与质量，学生评价以甄别为主，在评价过程中存在着评价目标单一、内容片面、方法简单划一、结果使用形式化等固有的弊端与顽疾，教育深陷沉重而又顽固的发展危机之中。而新时代背景下的学生综合素质评价是一种整体考查，全面衡量学生发展阶段与进展的评价机制，是对学生群体开展的全方面、各层次、宽领域的过程性评价，以促进学生全面而有个性的发展为终极目标和最终目的。延安市新区第二小学实施综合素质评价校本化已有近两年之久，总结其校本化实施路径、经验及模式，以求在完善实践的同时为其他小学个性化、健康地实施综合素质评价提供一种可参考、可借鉴的方法、路径与案例。同时，希望这些探究与思考能够对正在进行中的综合素质评价改革实践有所裨益。

二、智慧校园评价思路

教育信息化发展进程已初步遍布校园的各个角落，数字化校园正逐步向智慧化校园迈进，不断构建与完善智慧校园建设成为学校现代化发展战略的重要内容。[②]智慧学习环境下的评价更加关注学生的个性化学习诉求，而智慧校园建设可以推动以学生成长为核心的教育评价改革。

---

① 姜翠翠．“互联网+”背景下潍坊银行业务模式研究［D］．青岛：青岛科技大学，2016.

② 陈凤，先晓兵，王加年．“微哨”在高校移动数字校园建设中的应用［R］．杭州：教育部教育管理信息中心，2015：33-35.

(一)总体思路

智慧校园促进学生评价更科学、客观、全面的评价总体思路是:改变传统的“以理论考试成绩为主、以期末考试成绩为主、以任课教师评价为主”的评价模式,建立新的以“培养学生综合素养”为主线的立体评价体系。学校通过评价体系建设,提高学生的综合素质,激励学生进取,促进学生的未来发展。本案例强调学生在学习中获得自我发展的评价研究,所追求的不是给每一个学生下一个精确的结论,更不是给一个等级分数与他人进行比较,更多的是从心理发展的角度,体现对学生的关注和关怀;考虑学生的过去,重视学生的现在,更着眼于学生的未来,去探究一种学生自我主动发展的意识,逐步构建一套科学的、系统的、有特色的、操作性强的学生评价模式。

(二)具体思路

应用平台层是数智化校园应用与服务的内容体现,学校的各类应用在支撑平台层的基础上通过“数智化校园云平台”为师生提供精准的服务。

1. 以三维空间观融通数智化校园

在体系建设的过程中,数智化校园使用了数据标准与规划体系、组织结构体系、制度标准体系、安全与维护体系、监督评估体系与公共服务体系,来支撑系统的底层架构。智慧校园的基本内涵特征涵盖了智能化教学实况特征、智能学习轨迹特征和智能化学习空间特征,可为学校更好地使用各种应用场景提供支持。学校通过顶层设计和规划,坚持“四个统一”原则(即统一规划、统一建设、统一数据、统一管理),让校内所有的信息系统真正实现互联互通,从而为学校提供全面的适切服务,整体提升教育信息化在学校建设中的应用价值。①

智慧时代的校园空间以数据为驱动,重在识别学习者特征、感知学习场景,并提供个性化学习服务。②移动互联技术和云计算技术在校园应用的不断深入,不仅改变了校园的物理空间,而且极大地推动了教与学关系的变革,刷新了人们对教育场景的认识。基于三元辩证的空间认识论,本研究提出了数智化校园三维空间观,具体包括:一是物质空间,是指教学活动的载体、场所与物质条件,旨在充分发挥学校的育人属性,让学生获得更加全面、丰富的知识体系。二是社会空间,是指教学活动开展所依赖并不断生成的社会关系与秩序的空间,强调去中心化、动态化的教学关系,学生可以将疑难问题及时反馈

---

① 陈磊. 基于 IP 城域网 MPLS-VPN 的组网设计和实现 [D]. 南昌:南昌大学,2016.

② 张坤媛.“互联网 + 高等教育”创新发展研究 [J]. 中国成人教育,2016(10):30-33.

给教师，从而引发教学与德育调整；管理者能够尊重每个学生的需求和差异，从而制定个性化的发展策略。三是精神空间，是指个体在物质空间与社会空间中通过实际学习体验、整体感受而主观构建生成的自我反思和对话空间。①

2. 以自适应模型便利数智化校园感知复杂情境

学校通过变革课程结构、课程内容和教学方法，为学生全面而又有个性的发展提供强大支撑。同时，学校借鉴了世界诸多著名高中的经验，如开发多类型、多层级、相互关联的科技类课程，支持学生科技特长发展；提倡探究方法，内化科学精神，发展学生核心素养，平衡创新与考评的关系；提升学校课程教学设计的情境化与专业性，系统改善育人环境。学校为关注每一位学生的发展，让学生发现自己并成长为最好的自己，构建数智化校园自适应模型成为必然。该模型以既满足每一位学生有专属课程方案的个性化学习需要，又做到对学生综合素养和学习水平的动态评价为目标，构建面向对象的教育元素管理系统，将在线生成教育教学场景，自动采集或伴随式采集学生学习生活的过程性数据，进而汇聚到学生发展的大数据平台，数据将自动与学生的综合能力指标进行关联，促进学生综合素养提升。该模型根据教育教学优化的路径重构育人流程，将学生综合能力指标分解到学校每一个场景中，引导学校育人场景丰富化、多样性、可选择，全面提升学校育人水平，形成与学校理念相匹配的数字化智慧管理。学校以学生发展为核心，实施扁平化、分布式、分权制、制衡型管理机制，转变了组织形态。“小而美”组织集中各层级、各维度的教育数据，实现移动化的校务管理、高度整合的应用和灵活的流程设计，提升学校治理水平。从纵向看，学校愿景与各年级、各部门的工作目标彼此独立又相互呼应，借助于数智化校园，可实现目标的高效管理，将宏大的学校愿景落实到每位教师的日常目标中，并追踪和落实到一个个具体的关键过程和结果之中；从横向看，恰好与学校扁平化、分布式、分权式、制衡型的管理机制相互配套，能有效地实现学校各层级间的管理目标的协同，完善和优化学校现有的治理体系。

3. 以开放空间架构赋能数智化校园服务个性化与多元化服务

数智化校园的建设，为学校提供了从校园管理与评价到学习与生活一体化智慧应用环境的解决方案，汇集了众多校园应用，且业务覆盖学校的教务、德育、校办、后勤等多个部门，有助于学校实现教学的精细化、过程化、人性化管理。数智化校园利用移动互联和云计算的技术优势，提供泛在化的学

① 常晟，王佳雨，张洋，等．基于云数据环境的智慧校园建设与实践[J]．现代教育技术，2021, 31(11)：55-62.

习与交互、智能化的教学和管理、个性化的记录与评价、便捷化的家校互通等功能。在此基础上，学校构建了数智化校园服务体系。体系涵盖学生发展监测与心理检测内容，重点服务于对学生的个性化指导；教师发展监测与心理检测，重点服务于教师的专业成长与健康生活；教学管理体系，服务于教务管理与学校课程建设；后勤管理体系包含餐饮服务与设施设备使用等，服务于学校的高效、节能、环保发展，并逐步扩展为学校育人体系全覆盖，让学校所有软硬件设施都能够充分发挥育人功能。

为了实现学校工作全面覆盖，形成全过程、全方位、全员育人的线上体系，学校设计了数智化校园的开放空间架构。该架构包含交流与对话、记录与评价、管理与决策、学习与教育等四个子系统，旨在通过技术的交叉融合，对教与学全流程产生重要影响，并驱动“学生画像”与“素养护照”的生成。

三、评价的目的、原则与功能

（一）评价目的

基础教育健康发展的关键在于科学的评价制度。认真研究基础教育的评价体系及制度创新不仅关系到教育评价制度自身的改良和完善，更关系到基础教育乃至整个教育系统的健康发展。

智慧校园既具有顺应教育规律的科学属性和尊重技术思维、走向深度融合的技术属性，也具有强化共享融合、优化文化氛围的文化属性，还具有活跃师生关系、构建超级场域的社会属性。[①] 评价有力地促进了教育事业的发展，推动了学校的改革，基于学校已有的学生学习、考试及教育过程的数据支撑，智慧校园评价的目的在于促进学生的全面发展和个性化发展，并为每个学生插上梦想的翅膀，为国家培养有理想、有情怀的高素质人才。

（二）评价原则

目前的基础教育评价目的大都是指向选拔、鉴别，评价结果与奖惩结合得是很紧密的。[②] 其参评动机往往都希望能得到褒奖，至少不要受到惩罚，这种评价就难以做到公平、客观、准确，评价的信度和效度也必然受到影响。因此，在评价过程中应遵循以下原则：

（1）评价目标多维化。既注重学生知识与技能的掌握，又体现他们在过程与方法、情感态度与价值观方面的发展。

（2）评价方式多样。定量与定性相结合，笔试、口试与实际操作相结合，

---

① 王天平，闫君子．智慧课堂的概念诠释与本质属性［J］．电化教育研究，2019（11）：7.

② 张旸，杨正宇，陈凡．中西部基础教育评价改革：困境与突破［J］．中国考试，2022（9）：39-46.

学业成绩与成长记录相结合，终结性评价与过程性评价相结合。

（3）评价主体多元。学生自评、学生互评与教师及相关人员评价相结合。

（三）评价功能

教育的目的是使每一个受教育的人获得最大发展，重视评价的“提供信息”功能。学校评价的功能应强调校本评价的激励、发展等正面导向功能，淡化校本评价的甄别、选拔功能。

（1）激励功能。教学评价要肯定学生的达标速度[①]，使学生及时看到自己的学习成绩，获得成功的体验，激励学生的自信。

（2）反馈调控功能。新课程教学评价强调及时反馈，以利于及时发现、弥补、纠正学生的知识缺陷和认知错误，及时调整教学进度，改进教学方法，提高教学效能。反馈过程是师生双方在教学过程中进行信息获取、处理和输出的动态过程。

（3）鉴定功能。新课程教学评价从根本上促进了升学教育向素质教育的转化，促进了选择适合教育的学生向选择适合学生的教育的转化，有利于调节教师的工作和学习，促进学生全面发展，为师生改进、调节以后的教与学提供了必要的依据。

四、评价内容

延安市新区第二小学学生综合素质评价系统分别对学习生活、心智成长、潜力分析、全科素养等内容做出评价，基本涵盖了学生校内外全过程的发展轨迹。学校建立学生心理档案，以便学生了解自我、教师了解学生之用。学校根据学生发展性评价的指导意见，吸收现代教育评价中思想融入具有时代特征的内容，体现素质教育的评价观；利用“学生成长记录袋”整合形成学生的思想品德素质、科学素质、身体心理素质、劳动技能素质及个性兴趣爱好、情感态度等方面的综合素质评价体系。

根据评价内容的多元性和开放性原则，“学生成长记录袋”以学生在道德与习惯、成绩与方法、身体与健康、兴趣爱好与特长、情感态度与价值观等方面的发展为主要评价内容，可以是学生的性格、兴趣爱好、学习与生活的情感与态度的展示，也可以是学生优秀的作业，最好成绩的测验试卷，最满意的书法作品、手抄报、作文，最得意的读书笔记、活动报告或小论文，最精彩的口语录音、角色扮演录像，最喜欢的小制作、小发明、获奖证书纪念品、老师或家长的评语单等，只要能体现自己的成绩与进步的材料均可纳入“学生成长记录袋”。

---

① 严艳．注重课堂评价凸显激励功能［J］．福建论坛（社科教育版），2007（3）：63-64.

五、评价模式与程序

面向中国教育现代化2035，数智化校园从教育形态、内容、考核标准上对现有教育教学方法及理念的实施路径进行了探索，并以立德树人为根本，深化课程创新和教学改革。[①] 数智化校园的建设旨在为教学活动的优化提供情景资源的来源和解决方案，并应用信息化手段将每一项教育活动中的教、学、练、反馈、评价这一完整的教育闭环植入每一项具体功能中，让学校每一项对学生有帮助的场景、活动都像课程一样有明确的教学计划和培养目标，在系统的支撑下能够普及化、常态化地服务于学生的成长，且逐步将这些校本化育人场景转化为学校的育人课程，从而共同实现课程育人、文化育人、活动育人、管理育人、协同育人。[②]

（一）评价模式

学校希望通过学习空间资源的挖掘和以课堂为核心的持续改革推动学校育人模式改革，继而促进学校核心三元素（学生、教师、课程）优化迭代，促进智慧校园系统升级发展。相伴教学活动，智慧校园可以记录各类反映学生的学习情况、生活纪律、行为规范等方面的素养数据。相较于以往的纸笔记录方式，信息化助力学生行为的记录更加标准化、过程化、常态化。而当智慧校园在对各类数据采集充盈且结构化后，学生的行为信息将具有巨大的应用价值。大量的学生成长行为小数据汇聚起来，经分析处理后形成每一位学生的“素养护照”——这张“素养护照”可以全面刻画学生综合能力的成长过程，并以报告单的形式成为“学生画像”，为学生和家长提供一个综合的服务界面。我们从综合素养出发刻画学生的素养发展水平，可为教师提供教学诊断与改进的数据支撑，并为学生提供定制化的全方位培养方案，从而促进学生实现德智体美劳全面发展。

为了帮助教师个体和组织进行自我改进和完善的自我诊断，学校逐步形成了以学生发展为中心，以同伴、教师、教学、课程、资源、组织与领导、文化、安全八大要素为核心的诊断体系。以教师作为评价主体之一参与其自身教育教学专业成长的诊断过程，借用多种评价方式和技术采集多来源、多视角信息，帮助教师反思并优化教育教学行为，激发其自身内在动力以增进教育教学实绩，作为其反思的依据和成长的脚手架。教育的发生需要时间和空间，教师对每个学生教育教学实绩的改变也是需要静待花开的耐心和寄予美好期望的过程，善用“体检诊断”的思维减少高利害评价的频次，成长轨迹中用

---

① 杨程．校风校纪是立德树人的重要抓手［J］．教书育人（校长参考），2019（17）：1.

② 雷朝滋．智慧教育是中国教育自身发展的需要［J］．中国馆教育网络，2019（9）：65.

“促进者”的角色发挥教师画像应有的功能。

（二）评价程序

《义务教育课程方案和课程标准（2022年版）》明确要求，全面落实新时代教育评价改革要求，改进结果评价，强化过程评价，探索增值评价，健全综合评价，着力推进评价观念、方式方法改革，提升评价质量，更新教育评价观念；强化素养导向，注重对正确价值观、必备品格和关键能力的考查，开展综合素质评价；倡导评价促进学习的理念，注重提高学生自我评价、自我反思的能力，引导学生合理运用评价结果改进学习。该方案还要求注重对学习过程的观察、记录与分析，倡导基于证据的评价；关注学生真实发生的进步，积极探索增值评价；注重动手操作、作品展示、口头报告等多种方式的综合运用，关注典型行为表现，推进表现性评价。评价程序应以学生的日常表现为依据，采用多样的、开放式的评价方法，给予学生客观和公正的评价。

操作程序：

（1）开学初，以班级为单位，班主任登录腾讯微云，为每个学生建立“学习生活”“心智成长”“潜力分析”“全科素养”四个文件夹，以便后期上传资料，开展评价工作。

（2）各科任教师在期中考试前后，以图片或视频格式，各收集一次学生各科作业及过程性资料，上传至对应学生“学习生活”的文件夹。

（3）每学期，体育教师组织一次学生的体质测评，将评价结果以表格形式记录，上传至对应学生“心智成长”的文件夹。

（4）每学期，心理教师组织两次学生的心智测评，系统自动生成分析，将系统入口网址生成二维码，上传至对应学生“潜力分析”的文件夹。

（5）每学年的全科素养大赛，各科任教师对学生的参与情况和获奖情况，以表格形式记录生成学生个人二维码，上传至对应学生“全科素养”的文件夹。

（6）学期末，班主任和副班主任登录“美篇”，分工将以上信息编辑整合，最终生成学生每学期的“润心记忆”二维码，以卡片的形式发放给家长。

六、评价结果的呈现和应用

（1）评价结果的呈现。学生“润心记忆”及心理档案力求电子化、网络化，以二维码为主，使其实现网络化和简约化。

（2）评价结果的应用。评价的结果是学生综合素质的具体反映，学校将评价结果通知学生个人及其家长；形成性评价结果主要是使学生本人、家长以及教师能及时、全面地了解学生综合素质的发展水平，为学生和家长确定学生综合素质的发展目标提供参考，为教师有针对性地教育学生、帮助学生提高综合素质提供信息。

七、保障措施

为确保普通学生综合素质评价工作能公开、公正、公平、科学地进行，发挥评价对学校发展和学生发展的促进作用，学校建立和完善了评价工作的公示、监督等制度。

(1) 各班在评价工作开展前，全景评估中心将评价的内容、方法、结果的使用等向全体教师做出明确的说明和解释，对在评价过程中出现的弄虚作假行为进行相应的处理。

(2) 校长工作室对评价质量进行监控和评估，要充分了解评价工作的有关信息，及时处理评价过程中存在的问题。

八、改革取得的主要成果

学校新型学生评价模式是一种更高水准的学生评价模式，它要求教育者具备更高的知识素养与教育智慧。

1. 形成了较完整的评价模式改革方案

评价模式改革的过程，也是学校改革方案和规章制度不断完善的过程。学校通过两年的改革，形成了比较完善的评价模式改革制度，为学校下一步评价模式的改革奠定了坚实的基础。

2. 促进了教师素质的提高

(1) 评价模式改革的试行，对全体教师是一次思想的洗礼和教育，通过教学，教师们意识到了评价模式改革的重要意义。

(2) 通过试行，教师们学会了运用新的评价方式和手段。

(3) 通过评价改革，教师团队的教研水平、创新思维、理论水平、操作技能都有了较大长进，教学团队的“双师”素质明显提高。

3. 教学效果成效显著

相比传统教学，通过评价模式改革，教学质量在以下几个方面成效显著：

(1) 学生的学习积极性、主动性明显提高，团队合作意识增强。

(2) 学生的自学能力得到了很大提高和锻炼，学会了多渠道查找资料，翻阅文献。学生参阅的教材数量明显多于传统的教学班级，知识面得到了拓展。

(3) 学生发现问题、分析问题和解决问题的能力明显提高，尤其是独立解决问题的能力和水平有所上升。

（4）学生的语言表达能力、与人交流能力、自我展现和评价能力等都有了很大提高，通过一体化教学最大限度地开发了学生的综合能力。

学校学生评价模式的改革与实施是一项涉及面广、工作量大的系统工程，此次改革力求解决在学生评价模式的实践中的一些具体问题，加强学生评价的科学性和可操作性。我们只有在学生评价的具体实践中，本着尊重科学、实事求是、切合实际、因地制宜的原则，以教育理论为指导，以教育方针为依据，遵循中国特色社会主义文化的基本要求，坚持理论联系实际，广泛地开展调查研究，不断总结经验教训，以此来积极探索学生的评价模式，促进学校健康、可持续发展。

全面实施学生综合素质评价，有利于学生认识自我，规划人生，矫正自己的不足，推动学生积极主动地自然发展；也有利于学校根据学生的成长规律，转变人才培养模式，甚至改变过去以考试成绩为唯一标准的评价方式。但是，本案例虽然从学生综合素质评价中评价什么、用什么来评价及如何保障学生综合素质评价的真实可靠而有效等方面进行了探索，仍然存在诸多不足：尽管设计了学生综合素质评价的基本流程，但学生综合素质评价的有关规章制度、政策、相关评价项目目标、证据的遴选还处于试用阶段，在实施过程中必须尊重事实并适当修正和优化方案、制度、评价目标；有关记录表册的设计不够科学、规范，使用过程中需不断总结修正和优化，让学生综合素质评价更加趋于规范合理。另外，评价数据的收集与分析，仍然是阻碍学生综合素质评价的最大障碍，学生综合素质的培育、评价对教育者的考核、班主任工作量及岗位的认定等都禁锢着学生综合素质评价的实施与落实。在今后研究和实施过程中，我们还需要深入研究和推进，更需要有关教育主管部门的明示及学生综合素质评价实施者的潜心探索，方能形成更加科学、规范而有效的学生综合素质评价流程和体系，以推动各项制度改革和学生的素质教育，提高教育教学质量和全民素质。

第三节　全科素养大赛成就最好的自己

延安市新区第二小学全科素养教育的开展从形式、内容等方面来说相对比较成熟，思路更加清晰，组织更加严密和规范。为了更好地落实新时代教育评价的改革政策要求，夯实“润心教育”的生活大教育理念以及学校全景评估的实施策略，全科素养教育应顺应社会发展、顺应教育改革的优质方案和科学路径，在形式和内容上更加丰富的同时需要进一步做精、做细、做实。

一、实施背景

学校建校以来，紧紧围绕“关注心灵成长，润育一颗中国心”的办学理念，实施“把教科书融入生活，让生活成为教科书”的大生活课程教学路径，构建“7G”课程体系。全科素养教育呼应国家新时代教育评价改革的要求，是过程性评价、增值性评价的具体体现，是推进评价观念、方式方法改革的有效路径和有力手段。每学年为期一个月的全科素养大赛，从参与学生的全员性到学生参与的长期性，从形式的多样性到内容的全面性、丰富性均体现了评价的多样性和创新性，是学生教育过程中真实发生的、看得见的进步和成长，是实实在在的基于证据的评价。从项目的多样性来讲，如收拾小能手、趣味配音、小小讲解员、小小朗读者、小小故事王、小小法官、小小科学家、思维万花筒、小小演奏家、小小舞蹈家等，均是强化素养导向、提升关键能力、培养必备品质的典型案例，是“把教科书融入生活，让生活成为教科书”的全员实践，是不可复制的表现性评价。

二、全科素养大赛各学科方案

【方案一：】

金色太阳明日之星

——延安市新区第二小学第三届“金明杯”全科素养大赛实施方案

（一）活动目的

赤橙黄绿青蓝紫，谁持彩练当空舞。为积极响应国家“双减”政策，落实立德树人根本任务，实现全学科育人、全过程育人、全方位育人的理念，延安市新区第二小学紧紧围绕“关注心灵成长，润育一颗中国心”的办学理念和“把教科书融入生活，让生活成为教科书”的办学思想，实施全景评估，更新传统评价机制，发展多维度评价体系，夯实学科本质，提升学生思维品质和艺术素养，促进学生身心健康，知行合一。延安市新区第二小学第三届“金明杯”全科素养大赛又来到了我们身边。现将具体事项安排如下：

（二）比赛主题

金色太阳明日之星。

（三）时间安排

（1）报名时间：×××× 年 ×× 月 ×× 日—×× 月 ×× 日。

（2）比赛时间：×××× 年 ×× 月 ×× 日—×× 月 ×× 日。

（四）比赛地点

延安市新区第二小学。

（五）比赛内容

1. 参赛对象

全校学生。

2. 参赛内容及要求

1）赤

（1）我是小小作家（全体参加）。

① 主题：中段写作，低段写话。

命题写作：各班级教室（三、四、五年级语文教师负责）。

命题写话：各班级教室（一、二年级语文教师负责）。

② 比赛：各年级语文首席教师负责，本年级语文教师配合，统一组织学生参加比赛，任课教师初步筛选，推选优秀学生参加决赛。四、五年级每班至少选出 3 名优秀学生，一、二、三年级每班至少选出 2 名优秀学生。将作品进行二次筛选，确定具体奖项和获奖人数。

（2）我是小小讲解员（全体参加）。

① 主题：延安各红色景点。

② 初赛：参赛学生自行录制视频（穿校服，横屏拍摄），文件命名为：××年级××班 + 学生姓名 + 讲解题目，提交到各班语文教师处；任课教师初步筛选，推选优秀学生参加决赛。四、五年级每班至少选出 3 名学生，一、二、三年级每班至少选出 2 名学生参加决赛。

③复赛：参加决赛的选手须借助 ppt、背景音乐、道具、服装等手段进行讲解。要求脱稿，时长 2 ～ 3 分钟。

（3）我是小小朗读者。

① 主题：童心向党。

② 初赛：参赛学生自行录制视频（穿校服，横屏拍摄），文件命名为：××年级 × 班 + 学生姓名 + 讲解题目，提交到各班语文教师处；任课教师初步筛选，推选 20 名优秀学生参加决赛。（五年级 2 名，四年级 3 名，三年级 4 名，二年级 5 名，一年级 6 名）

③复赛：参加决赛的选手须借助 ppt、背景音乐、道具、服装等手段进行讲解。要求脱稿，时长 2 ～ 3 分钟。

（4）我是小小故事王。

① 主题：红色故事。

② 初赛：参赛学生自行录制视频（穿校服，横屏拍摄），文件命名为：××

年级 ×× 班级 + 学生姓名 + 题目，提交到各班语文教师处；任课教师初步筛选，推选 20 名优秀学生参加决赛。（五年级 2 名，四年级 3 名，三年级 4 名，二年级 5 名，一年级 6 名）

③ 复赛：参加决赛的选手须借助 ppt、背景音乐、道具、服装等手段进行讲解。要求脱稿，时长 2 ～ 3 分钟。

2）橙

守法懂法好少年，我是二小小法官。

① 参赛对象：全体学生。

② 比赛形式：知识竞赛。

③ 比赛内容：全校学生围绕《小学生行为规范》《小学生一日常规》“四史”（中共党史、新中国史、改革开放史、社会主义发展史）等开展学习展示和竞赛。

④ 比赛流程：

初赛：我是文明好少年（全体参加）。

各班道德与法治教师组织学生在本班级教室进行测试；根据测试成绩，各班推选 2 名学生进入复赛：一年级 24 名学生，二年级 22 名学生，三年级 18 名学生，四、五年级 12 名学生。

复赛：我是守法好公民、我是党的红娃娃。

采用现场淘汰制，分脱颖而出、你争我夺、反败为胜 3 个环节进行。

环节一：脱颖而出（必答题）。

① 形式：现场分年级进行，各年级选手依次答题。

② 题目设计：一年级 26 道题目，二年级 22 道题目，三年级 20 道题目，四、五年级 15 道题目。（题型为单选或判断）

③ 计分规则：答对一题计 10 分，答错不计分。

④ 答题规则：由主持人读题，各组依序回答，每题限时 10 秒。

⑤ 淘汰规则：根据现场计分，各年级分别推选 6 名选手进入团体赛。（若出现重分现象，可进行主观题加时赛）

⑥ 组队规则：各年级 6 名选手分别抽取标签，每队 3 名选手，同时抽取数字 1 者为第 1 队，同时抽取数字 2 者为第 2 队，依次类推组成 6 队。

环节二：你争我夺（抢答题）。

① 题目设计：该环节为 10 道填空题。

② 计分规则：答对一题计 20 分，答错不计分。

③ 答题规则：主持人读完题后，宣布开始抢答，各队代表用抢答牌进行抢答，最先抢到答题权者回答问题，限时 10 秒。在主持人宣布“开始”前举起抢答牌为犯规，取消本轮答题规则；如果已经说出答案，则该题做废，分数

最低的组被淘汰。

环节三:反败为胜(风险题)。

① 题目设计:该环节共有5道题目,分值分别为50分、40分、30分、20分、10分。

② 答题规则:每轮开始答题前由队员协商意见后,选择一种分值的风险题作答。答题人答题完毕,可以由队友补充作答,宣布“答题完毕”之后答题人与队友均不得补充或更正。10分值的风险题须在1分钟内答完,20分值的风险题须在2分钟内答完,30分值的风险题须在3分钟内答完,40分值的风险题须在4分钟内答完,50分值的风险题须在5分钟内答完。在选定相应难度的题目后作答,答对一道加上相应分数,答错一道扣掉相应分值的一半。正确与否由评委判定,分数最低那组被淘汰。

3)黄

(1)快乐实践:干家务我最行(家庭层面,全体)。

负责:各班主任。

二年级比赛内容:叠被子。用时最短、被子叠得最整齐者获胜。

三年级比赛内容:扫地、拖地。用时最短,打扫最干净者获得第一名,依次类推。

四、五年级比赛内容:餐后清洗两个碗、两个菜碟、两双筷子、一个炒菜锅并收拾餐桌。用时最短、收拾干净整洁者获得第一名,依次类推。

要求:需要家长横屏正面拍摄学生在家比赛的过程,学生穿校服、佩戴红领巾。

奖项设置:各班“干家务我最行”一等奖1名、二等奖2名、三等奖3名、优秀奖4名。

(2)能手比拼:我是整理小能手(学校层面,全体)。

负责:各班主任、年级首席班主任。

一年级比赛内容:整理书包(自备语文课本、数学课本、2本练习本、2本大书、1个文具盒、3支铅笔、1块橡皮、1把尺子、1个书包)。

二年级比赛内容:穿外套、系红领巾(一件校服外套、一条红领巾)。

三年级比赛内容:当场叠好一套校服(运动服套装)。

四、五年级比赛内容:打扫自己课桌周围的卫生(抹布、小扫把)。

比赛要求:

① 各班要高度重视,注重活动过程。

② 各班主任进行检查监督,评选出用时最短、整理最好的小能手,确保活动顺利开展。

奖项设置:各班“我是整理小能手”一等奖1名、二等奖2名、三等奖3名、优秀奖4名。

4）绿

（1）我是小小科学家（全体参加）。

① 预赛：参赛学生在家里进行科学实验并录制视频，讲解实验原理（穿校服，横屏拍摄），文件夹命名为：×× 年级 ×× 班＋学生名字＋题目，发给任课教师；任课教师初步筛选，推选优秀学生参加决赛。四、五年级每班选出3名学生，一、二、三年级每班选出2名优秀学生参加年级上的决赛。

② 复赛：每班进入复赛的小小科学家，在现场做实验并讲解自己的实验原理。参加决赛的小小科学家，需要自带实验材料，自己准备宣传海报，海报内容要求出现：学生实验照片、题目、实验原理、实验过程、初赛视频的二维码等。

（2）我是小老师（全体参加）。

① 预赛：参赛学生在家里进行数学故事的讲解并录制视频（穿校服，横屏拍摄），时长3分钟左右，文件夹命名为：×× 年级 ×× 班＋学生名字＋题目。代课教师进行筛选，推选出优秀学生参加决赛。四、五年级每班选出3名学生，一、二、三年级每班选出2名优秀学生参加年级上的决赛。

② 复赛：进入复赛的优秀小老师进行现场解说，参赛选手须借助多媒体、ppt等手段进行讲解。要求脱稿，时长3分钟左右。

（3）思维万花筒（所有学生在体验区体验4站数学活动）。

一年级：数学华容道、计算小达人、玩转七巧板、猜猜我是谁。

二年级：数学华容道、计算小达人、玩转七巧板、盘古开天地。

三年级：数学华容道、计算小达人、玩转七巧板、有趣的钟表。

四、五年级：数学华容道、计算小达人、玩转七巧板、玩转魔方。

（4）我是小小制作家（自制教玩具）。

① 教师作品。

a. 教育性。符合现阶段基础教育改革的基本理念，有利于培养师生创新精神和实践动手能力，有利于提升中小学实验教学质量，有利于创新人才培养。

b. 科学性。教具所示实验内容符合科学原理，体现科学知识和科学过程相统一的原则，有利于学习科学知识，树立科学意识，培养科学素养，掌握科学方法和实验操作基本技能。

c. 创新性。教具设计新颖，构思巧妙，体现新的实验活动方式、方法和内容；在应用新技术、新材料、新工艺方面有创新和发展；在信息技术和传统实验教学的有机融合方面有所创意。

d. 启发性。引发学习的兴趣和思考，适于探究式教学，有利于学生主动参与、互动、合作交流;有利于提升学生的观察能力、动手实践能力、创造性思维能力和团队合作能力。

e. 实用性。取材容易,结构简单,易于操作,性能稳定,安全可靠,造价低廉,外形美观,便于自制推广;有助于环保和可持续发展。

② 学生作品。

a. 制作的教具与学习内容、实验内容协调一致,有利于培养创新精神、实验动手能力,有利于自主学习、合作交流。

b. 符合科学原理,有利于学习科学知识,有利于掌握科学方法和实验操作技能,有利于树立科学思想和科学精神。

c. 设计构思巧妙,富有新颖性,有利于激发学习兴趣,促进动脑动手。

d. 取材方便,制作简单,使用安全,造价低廉,便于推广。

e. 作品符合参与者的年龄层次、知识及能力水平,具有独立创作的真实性。

提交要求:在家里制作好,在规定时间内提交,每班选取优秀作品参加决赛。

5)青

(1)我是小小歌唱家(全体学生)。

同唱一首歌。各年级定一首课本中的歌曲进行演唱,所有学生在家以录制视频的方式上传于优化设计大师,各班音乐教师进行评比,每班选出3首优秀作品,再进行年级评比,设一等奖5名、二等奖10名、三等奖15名。

文件夹命名为:×× 年级 ×× 班 + 学生名字 + 题目,自备服装和音乐伴奏。

(2)我是小小演奏家(自愿报名)。

可以采用独奏、合奏等形式,自选曲目,自备音乐伴奏和乐器(钢琴和架子鼓除外)。设一等奖1名、二等奖2名、三等奖3名。

要求:比赛曲目3级以上可参加,比赛期间不进行伴奏的更换。

(3)我是小小舞蹈家(自愿报名)。

可以采用独舞、双人舞、群舞等形式,舞种不限,自备服装、音乐伴奏,比赛期间不进行伴奏的更换。

(4)我是小小绘画家(全体学生)。

绘画大赛:作品必须体现学校生活中的场景故事(如课堂中、课间、上下学等场景),注重构思,不要求绘画技巧。油画、国画、水彩画、水粉画、钢笔画、铅笔画、蜡笔画、版画、招贴画等均可,绘画风格及材料不限,但不包括非绘画类的作品。

（5）我是创意小能手（全体学生）。

“变废为宝”创意来源于生活。学生留意、关注并观察周围的事物，体现环保意识。从“垃圾”到“作品”变废为宝的过程中，学生们可以不断创新、大胆尝试，感受废旧物品的用途和组合创新。材料不限，大小不限，形式不限。“变废为宝”创意比赛活动通过自制作品的方式，利用不同的废旧物品，想象、组合、尝试、体验创新设计的乐趣。

作品要求：

① 一律在规格为 8K 的纸质或是其他材料上绘制（油画作品应自备画框），横或竖放置均可，每张作品要求干净、整洁。

② 参加比赛的作品需要在背面贴上标签，写上作品名称、班级、姓名。

③ 学生提交作品时还需提交作品讲解视频（如：我叫 ×××，是延安市新区第二小学 ×× 年级 ×× 班的学生。我在学校生活中最喜欢的是在课堂 / 课间 / 上下学等场景中发生的故事。当时发生了……让我感受到了……或者是手工制作的过程），家长以公众号或“美篇”的形式进行推送，形成的二维码（每个学生一个二维码）在提交作品时贴在作品正面右下角，作品最后将扫描或拍照制作成画册。

④ 视频要求：横屏，时间在 3 分钟内。

⑤ 每班推选 3 幅以上优秀绘画作品和 3 个以上创意手工作品交给本班美术教师参加比赛，并填写比赛相关信息。

（6）我是跳绳小健将（全体学生）。

① 比赛内容：单人跳，低年级组（一、二年级）30 秒单人原地双脚摇跳，中年级组（三、四、五年级）1 分钟单人原地双脚摇跳。

② 竞赛规则：以绳从脚下通过一次并跳起一次计一次成绩，按 30 秒和 1 分钟所跳的次数确定成绩。跳绳过程中可以停顿，若在比赛过程中失误，队员可继续再跳，次数累计。

分低年级组、中年级组进行：一、二年级为低年级组，三、四、五年级为中年级组，中、低年级组又分男生组、女生组，各班男、女组的成绩相加为各班最后成绩。

（7）我是小飞人（全体学生）。

① 比赛方法及规则：

a. 以年级组为组别，以班级为单位，每班选出 4 名学生，男生 2 名，女生 2 名。男、女生分成 2 组，每组 6 人。参赛学生站在起跑线后裁判员再发令：各就位、预备、跑，学生向前跑出，跑完全程。下一组学生再听裁判员发令后继续进行，依次类推。

b. 以各年级为单位按照成绩取前10名进入决赛。

c. 比赛前学生要充分热身，做好准备活动。

d. 比赛过程中不可超越起跑线，不得抢跑，跑的过程中不得串道。

(8) 仰卧起坐小达人(全体学生)。

① 比赛要求：全校学生必须参加，以学生一分钟仰卧起坐个数计数。

② 比赛规则及形式：

a. 每班男、女生各5人参与校级比赛，对预赛名次进行排名，各组别分别取前20名进行决赛。各年级、班级分男子组和女子组。各班级男子组和女子组的成绩相加总和为各班最后团体成绩。

b. 比赛者在垫上仰卧，腿弯曲，两脚放在垫上，两手交叉抱在头后，用力收腹，上体抬起成屈腿坐，肘触膝。其他学生或裁判用两手按住比赛者的脚面。测试教师发出"开始"口令的同时，开始计时，记录1分钟内完成的次数。比赛者仰卧时，肩部不着垫不计数，两手没交叉抱在头后不计数，肘关节没碰到膝关节不计数(头碰到可以)。

(9) 我是小小书法家(全体学生)。

初赛安排：

① 比赛形式：软笔书法、硬笔书法(全体学生)。

②比赛内容及评分要求：一、二年级用铅笔书写(不要用自动铅笔)，三至五年级使用钢笔书写。

③ 书写内容：一年级写古诗《村居》，二年级写古诗《静夜思》，三年级写古诗《早发白帝城》，四年级写古诗《江畔独步寻花》，五年级写古诗《黄鹤楼送孟浩然之广陵》。

④ 全体学生自行在家完成初赛的内容，书写格式不限，字体要求均为正楷，作品中注明作者班级、姓名。

⑤ 软笔书法作品上交到班主任(落款)，班主任交给书法教师。硬笔书法作品上交各班级书法教师后，由年级组书法教师进行总评。

⑥ 各年级组书法教师对各年级收集的参赛作品进行汇总考评。

书法(软笔)复赛安排：

给参赛选手分发参赛号码(左胸前贴)，行走的课堂——软笔书法(1)、行走的课堂——软笔书法(2)、软笔复赛学生，美术社团部分学生现场书写书法作品并进行展示。

参赛内容：积极健康的诗句、励志名言警句(课堂练习)。

比赛时长：15～25分钟。

展示：10分钟。

6）蓝

（1）*I am a Singer* 英文歌曲比赛（全体参加）。

实施建议：各班学生在班级优化大师提交参赛视频，对应教师择优，每班报送 3 名学生进入复赛。复赛时，选手提前准备伴奏音乐，并自编动作，自备服装、号码牌，优化演唱效果。

（2）*Beautiful English* 美丽英文我书写（三、四、五年级）。

① 三年级：以字母、单词为主（年级统一出题）；四年级：以对话抄写为主（年级根据教材选定主题）；五年级：*My favorite food* 主题小报。

② 用笔要求：蓝色钢笔。

③ 用纸要求：A4 纸。

实施建议：全体学生根据要求，在家完成初赛作品，对应教师择优，每班选择 3 名学生参加复赛。

（3）*Fun Dubbing* 趣味配音（四、五年级）。

实施建议：可一人分饰不同角色，也可几人合作一个配音视频。各班学生在班级优化大师提交参赛配音视频，教师择优，每班报送 5 组作品进入复赛。复赛时，选手提前准备消音视频，自备服装、道具、号码牌，优化演出效果。

7）紫

（1）个人赛。

① 我要图形变变变（一年级）。一年级学生利用“画图”软件，在规定时间内完成一幅电脑绘画作品，主题为“图形变变变”，按照画面构思、审美、完整性评比出一、二、三等奖。

② 美丽二小我描绘（二年级）。二年级学生利用“画图”软件，在规定时间内完成一幅电脑绘画作品，主题为“我心中的二小”，按照画面构思、审美、完整性评比出一、二、三等奖。

③ 弹指神通（三、四年级）。三、四年级学生利用“金山打字通”软件，随机选一篇英文文章，在规定时间内进行测试录入，按照正确率和速率评比出一、二、三等奖。

④ 电子小报我来做（五年级）。五年级学生利用 word 文字编辑软件，在规定时间内完成一份电子小报，主题为“童心向党献礼祖国”，按照构思、审美、完整性评比出一、二、三等奖。

（2）挑战赛。

① 3D 打印我能行（自愿参加）。学生根据要求，利用 3D 打印笔打印校园一角或全貌。

② 闯关我最行（自愿参加）。利用机关兔编程 app 设置特殊的情境，看谁

能在最短的时间内完成比赛。

【方案二:】

"金明杯"全科素养大赛

——我的校园生活绘画大赛

校园生活多姿多彩,校园生活温馨有爱,同学之间的互相帮助,教师对学生的关爱,课堂和课间有趣的故事……为了让学生对身边事物、故事和人与人之间的感情、交往能有更深刻的了解和体会,感受到在学校这个大家庭中的温情,热爱学校,进一步增强作为小学生的自豪感,特举行我的校园生活绘画大赛。

活动内容:作品必须体现学校生活中的场景(如课堂中、课间、上下学等场景故事),注重构思,不要求绘画技巧。

作品形式包括:油画、国画、水彩画、水粉画、钢笔画、铅笔画、蜡笔画、版画、招贴画等,绘画风格及材料不限,但不包括非绘画类的作品。

作品要求:

(1)一律在规格为8K的纸质或是其他材料上绘制(油画作品应自备画框),横竖放置均可,每张作品要求干净、整洁,背面贴上标签,写上作品名称、班级、姓名。

(2)学生提交作品时还需提交作品讲解视频(如:我叫×××,是延安市新区第二小学××年级××班的学生,我在学校生活中最喜欢的是我在课堂/课间/上下学等场景中发生的故事。当时发生了……让我感受到了……),家长以公众号或"美篇"的形式进行推送,形成的二维码(每个学生一个二维码)在提交作品时贴在作品正面右下角。

(3)视频要求:横屏,时间在3分钟内。

(4)每班推选5幅以上优秀作品交给本班美术教师参加比赛。

作品提交截止时间:××××年××月××日。

作品表彰:根据学生作品设置一、二、三等奖若干。

第四节 润心记忆每一份成长和关爱

心灵教育的根本使命是塑造学生完整的人格、培养内心资质、创造生命力,让学生获得人生意义的生存方式,发现人生的真善美,成为更加完整和谐的人,促使学生的个性化发展。"润心教育"是温润心灵的教育。我们用心用爱去润泽人的心灵,用心用情去做有温度的教育。全景评估牵动着高质量育人的出发点和落脚点，影响着学生生成甚至整个学校生态。德智体美劳全面发展因个体差异会表现出发展程度不一、某一“领跑”之育与某一“跟跑”之育的差异。“五育”各要素有机联动。这种“互动关联”的发展特点，有助于学生了解自己、发现自己，明确最佳能力以及最高志趣值。延安市新区第二小学“润心教育”构建“润心文化”，不忘教育初心，牢记育人使命，凸显学校文化，以完成立德树人的根本任务。“润心教育”是在实践中滋生出的理念，它也必将在实践中丰盈和完善。

一、用“爱心”彰显精神文化

前苏联教育家苏霍姆林斯基说：“没有爱，就没有教育。”笔者也充分体会到这句话的巨大力量，“爱”是事物发展的根基、源泉和灵魂。校长有一颗爱心，去经营学校，会带动、引领学校不断向前发展；教师有一颗爱心，会感染、影响每一个学生健康成长；学生有一颗爱心，会从小种下真善美的种子，受益终身。作为一名合格的校长，理应是学生的师长、教师的益友。以爱为起点，时刻牵挂学校，一心钻研工作，坚守在教育一线；坚持脚踏实地为教师成长和学生发展服务；用敬业和自律塑造榜样形象，把率先垂范和与人为善当作行动准则。学校针对学生的年龄特点和兴趣爱好，以爱为轴，以感恩教育为主题，立足生活情境，调动多方教育资源，采用教师、学生、家长互动方式开展德育。德育要“从娃娃抓起”。如引导新时代的学生们唱响《没有共产党就没有新中国》《我们是中国少年先锋队队员》等歌曲，对其成长意义深远。一系列“接地气”的教育方法和手段的运用，使延安市新区第二小学培养了一批又一批树立起正确世界观、人生观、价值观的好学生。

二、用“和心”经营制度文化

“和心”指平和之心。所谓制度管人、文化管心，制度文化作为文化整体的一个组成部分，既是精神文化的产物，又是物质文化的工具。当制度体现为规则时，它反映了文化的价值、精神和理念。著名的教育家陶行知先生认为，学校规章制度是“学校所以立之大本”，是师生“共同的约言”。学校制定规范的管理制度本身不是为了限制人的思想，束缚人的手脚。相反，通过广大教职工的自觉性来维护制度的公平、公正，规范教职工的行为，提升学校的品位，这就需要学校将制度约束与营造和谐的人文环境相结合。制度管理既要遵循以规章制度为中心的管理，又要体现以人为本的人本化管理。制度文化是一所学校的有效管理手段，以一种无形的力量对学校中的每个成员产生影响，以潜在的规则规范着每个成员的行为，使生活在这个群体中的成员不断调节自己的心理和行为方式，以获得群体的肯定。校长一定要对建立注重价值引领和精神追求的学校制度文化进行思考，而“和心”经营，有利于创建学校品牌。

三、用“净心”建设物态文化

在社会主义核心价值观的统领下，在学校物态文化建设中，学校遵循“让每一面墙都会说话，每一个角落都闪光，每一处设计都能启迪人的心灵”的理念，将物态文化与学校教育教学活动有机结合，让师生内心得以净化，从而实现环境育人、自我管理。走进学校，“立德树人”的雕塑诠释着落实教育根本任务的办学导向；“关注心灵成长，孕育一颗中国心”时刻提醒师生的健康成长；“团结 紧张 严肃 活泼”的校风提醒大家坚持弘扬延安精神，用延安精神教书育人；南门“润心”石彰显学校育人理念，凸显润心立人指向，落实“扎根黄土地，润育中国人”的办学思想。学校正在全面建设温馨、温暖、舒心、走心、顺心的心育校园文化，让“净化心智，启迪心灵”的物态文化深入人心，滋养校园。

四、用“匠心”设计活动文化

一所学校最出彩的应该是活动文化，实现立德树人根本任务最直接、有效的途径也应该是学校的活动文化。笔者认为，作为学校的管理者最应该关注的是要如何设计学校的活动文化，深化活动育人，浸润师生心灵。学校要用精细的管理和精彩的活动，为师生搭建广阔的展示平台，让每一个人在活动中感受成长的幸福，实现办学目标。如学校坚持开展感恩教育系列活动，“感动学校年度人物评选”“感恩父母日”“我该如何来爱你”等一系列活动，使学生常怀感恩之心，懂得珍惜自我，学会尊重和理解，从而达到励志向上的育人目的；“校园朗读者”活动，使学生认识自我，养成良好的阅读习惯；“经典永流传”活动，让师生体会到学习的快乐，接受传统文化精神的熏陶，培育不忘初心的良好品格；“浓情庆端午”“中秋月儿明”“重阳敬长辈”“烈士纪念日不忘国耻”等一系列主题活动，将感恩教育、爱国主义教育穿成一条主线，走进师生心灵，深受师生欢迎。学校创办的心灵在线、润心记忆、润心银行等，成为记录丰富活动的载体。社会实践活动贴近生活，排球、乒乓球、羽毛球、跳绳比赛的定期开展使师生的文化生活更加多姿多彩。学校以学生为主体，以主题鲜明、喜闻乐见的教育活动为载体，让每一位学生成为活动的主角，在活动中认识自我、发展自我，从而达到教育与自我教育的目的。学校开展师生文化活动，勾勒师生美好生活，师生的幸福感、获得感在活动中得以实现和完善，彰显教育情怀。

五、用“慧心”构建课程文化

何为课程？课程是贯彻落实党的教育方针和教育思想的载体，是国家意志的体现，是立德树人、实现教育目标的根本途径。课程是指学校学生所应学习的学科总和及其进程与安排。何为课程文化？笔者理解的课程文化是文化在学校教育领域中的一种创生，它的影响不以人的意识为转移，能释放出更大更强的育人能量。它是师生在学校生活、工作、学习全过程中形成的实现核心素养的文化氛围。学校围绕“润心教育”开展课程文化，构建润心课堂，创新润心课程，确定了“正心”修德课程、“慧心”极致课程、“健心”炼体课程、“悦心”促美课程、“明心”知行课程，把课程建设贯穿到教育教学的全方面，实现全员参与，全员育人。因此，学校把握现有路径，结合师情、学情、校情，找准核心文化，通过课程文化建构课程体系，从而实现发展目标，落实核心素养。

结 语

少年强则国强

培养学生爱祖国、爱人民、爱集体、爱家乡、爱学习、爱劳动是教育的基本目标。引导学生从小树立远大理想,有追求、有志向,坚持不懈、努力奋斗,对一个人一生的发展有直接而深远的影响。在不断学习实践过程中,逐步形成的情感体系、认知体系以及良好的思维品质和健全的人格更是关系到一个人在未来生活中的担当与责任意识以及综合能力、综合智慧的形成与良性发展,这无论是对个人、对国家还是对社会都有着重要的影响。

家国情怀、创新意识、思维品质、健全人格等方面的培养是现代教育所追求的目标,是时代发展的需求。培养"有情"之人,要引导学生从小树立浓郁的亲情意识、生命意识、家国情怀,培养学生由爱家、爱人、爱自然导向爱党、爱国、爱中华民族,逐步形成爱生命、爱人类、爱自然,爱家庭、爱集体、爱家乡,爱党、爱国、爱中华民族的逐层递进与升华的三个层面的意识形态。从小树立远大志向,对一个人的一生具有深远的影响。培养"有志"之人,引导学生在学习、生活等认知过程中形成符合自身特质与自愿追求的目标、志向、志趣,并在此过程中养成坚忍不拔的意志品质。培养"有识"之人,不仅是建构丰厚的知识体系,还包含见识、格局,以及获得知识、形成认知的方法、能力。培养"有恒"之人,给予学生坚持不懈的意志品质,更是决定一个人的理想能否顺利实现的基础。因此,"培养富有家国情怀、创新意识,具有良好思维品质和健全人格的有情、有志、有识、有恒的全面发展之人"正是适应现代教育发展需求、符合教育发展规律而确定的育人目标,是培育中国好少年、落实少年强则中国强、实现中华民族伟大复兴的实践路径。

参考文献

一、著作类

[1] EARL L M. Assessment as learning: Using classroom assessment to maximize student learning[M]. California: Corwin Press, 2013.

[2] PETERMAN, J F. Philosophy as therapy: An interpretation and defense of wittgenstein's late philosophical project[M]. Albany: State University of New York Press, 1992.

[3] WEBER E. 有效的学生评价 [M]. 国家基础教育课程改革“促进教师发展与学生成长的评价研究”项目组,译 . 北京:中国轻工业出版社,2003.

[4] 阿伦特 . 黑暗时代的人们 [M]. 王凌云,译 . 南京:江苏教育出版社,2006.

[5] 柏拉图 . 理想国 [M]. 郭斌和,张竹明,译 . 北京:商务印书馆,2020.

[6] 伯特兰•罗素 . 伦理学和政治学中的人类社会 [M]. 肖巍,译 . 石家庄:河北教育出版社,2003.

[7] 稻盛和夫,梅原猛 . 回归哲学:探求资本主义的新精神 [M]. 卞立强,译 . 上海:上海学林出版社,1996.

[8] 杜威 . 杜威教育论著选 [M]. 赵祥麟,王承绪,编译 . 上海:华东师范大学出版社,1981.

[9] 杜威 . 杜威教育名篇 [M]. 赵祥麟,王承绪,编译 . 北京:教育科学出版社,2006.

[10] 马克斯•范梅南 . 教学机智:教育智慧的意蕴 [M]. 李树英,译 . 北京:教育科学出版社,2001.

[11] 怀特海 . 教育的目的 [M]. 庄莲平,王立中,译 . 上海:文汇出版社,2012.

[12] 黄希庭,郑希付 . 健康心理学 [M]. 上海:华东师范大学出版社,2003.

[13] 霍恩 . 杜威的教育目的论述评(上)// 瞿葆奎 . 教育目的 [C]. 北京:人民教育出版社,1989.

[14] 克尔凯郭尔 . 致死的疾病 [M]. 北京:中国工人出版社,1997.

[15] 克里希那穆提．教育就是解放心灵 [M]．张春城，唐超权，译．北京：九州出版社，2010.
[16] 夸美纽斯．大教学论 • 教学法解析 [M]．任钟印，译．北京：人民教育出版社，2008.
[17] 马克思，恩格斯．马克思恩格斯全集：第 1 卷 [M]．北京：人民出版社，1972.
[18] 马克思，恩格斯．马克思恩格斯全集：第 20 卷 [M]．北京：人民出版社，1971 .
[19] 马克思，恩格斯．马克思恩格斯全集：第 22 卷 [M]．北京：人民出版社，1979.
[20] 马克思，恩格斯．马克思恩格斯全集：第 23 卷 [M]．北京：人民出版社，1979.
[21] 马克思，恩格斯．马克思恩格斯全集：第 2 卷 [M]．北京：人民出版社，1995.
[22] 马克思，恩格斯．马克思恩格斯全集：第 3 卷 [M]．北京：人民出版社，1960.
[23] 马克思，恩格斯．马克思恩格斯全集：第 42 卷 [M]．北京：人民出版社，1979.
[24] 马克思，恩格斯．马克思恩格斯全集：第 46 卷 [M]．北京：人民出版社，1980.
[25] 裴娣娜．变革性实践与中国基础教育的未来发展 [M]．北京：教育科学出版社，2015.
[26] 皮亚杰．皮亚杰教育论著选 [M]．卢睿选，译．北京：人民教育出版社，1990.
[27] 苏霍姆林斯基．育人三部曲 [M]．毕淑芝，赵玮，唐其慈，等，译．北京：人民教育出版社，2015.
[28] 塔巴．制定教育目的之方法 // 瞿葆奎．教育目的 [C]．丁证霖，选编．北京：人民教育出版社，1989.
[29] 沃尔博格．教育评价 [M]．张莉莉，译．重庆：西南师范大学出版社，2011.
[30] 雅克•马里坦．教育在十字路口 [M]．高旭平，译．北京：首都师范大学出版社，2010.
[31] 亚里士多德．灵魂论及其他 [M]．北京：商务印书馆，2007.
[32] 晏阳初．晏阳初文集 [M]．北京：教育科学出版社，1989.

[33] 中共中央文献研究室．十七大以来重要文献选编(上)[M]. 北京：中央文献出版社，2009.
[34] 中华人民共和国教育部. 义务教育课程方案和课程标准(2022 年版)[M]. 北京：北京师范大学出版社，2022.
[35] 邹进. 现代德国文化教育学 [M]. 太原：山西教育出版社，1992.

二、论文类

[1] ELLEN OSMUNDSON，何珊云，王小平．理解课堂中的形成性评价[J]. 全球教育展望，2012，41(4)：3-6，20.
[2] KELLEY T R，KNOWLESJ G. A conceptual framework for integrated STEAM education [J]. International Journal of STEM Education，2016，3(1)：3.
[3] MARSHAL L J. Connecting art，learning，and creativity: A case for curriculum integration [J]. Studies in Art Education，2005，46(3)：227.
[4] 柏毅，庞谦竺，信疏桐．STEAM 教育评价的内容与策略 [J]. 中国民族教育，2018(Z1)：22-25.
[5] 本刊编辑部. 推进建立中小学校党组织领导的校长负责制 [J]. 人民教育，2022(12)：6.
[6] 曾美婷. 立起劳动评价风向标 [N]. 中国教师报，2020-05-13(006).
[7] 曾文婕. 从"教学目标"到"学习目标"：论学习为本课程的目标转化原理 [J]. 全球教育展望，2018，47(4)：11-19.
[8] 陈凤，先晓兵，王加年．"微哨"在高校移动数字校园建设中的应用 [R]. 杭州：教育部教育管理信息中心，2015：33-35.
[9] 陈磊．基于 IP 城域网 MPLS-VPN 的组网设计和实现 [D]. 南昌：南昌大学，2016.
[10] 陈志尚，张维祥．关于人的需要的几个问题 [J]. 人文杂志，1998(1)：20-26.
[11] 程德生．新时代促进学校全面发展的实践研究 [J]. 中国教育学刊，2020 (S2)：15-17.
[12] 程红兵．教育治理现代化进程中学校治理体系变革研究 [J]. 全球教育展望，2017(11)：101.
[13] 程斯辉，刘宇佳．论管理育人在学校育人体系中的主导地位 [J]. 学校党建与思想教育，2020(24)：66-68.
[14] 程斯辉. 试论基础教育的本质 [J]. 中国教育学刊，2004(1)：15-19.
[15] 戴开成. 新时代习近平文化育人系统思维研究 [J]. 系统科学学报，2023 (2)：82-85.

[16] 丁文萃，杨李娜．中小学校本课程评价主体探析［J］．西南交通大学学报（社会科学版），2013，14（2）：77-80.

[17] 郭元祥，舒丹．论综合实践活动的育人功能及其条件［J］．教育发展研究，2019，38（10）：25-29.

[18] 郭元祥．论实践教育［J］．课程・教材・教法，2012（1）：17-22.

[19] 蒿楠．论教育治理体系下的学校自主发展［J］．教育理论与实践，2016，36（29）：10-13.

[20] 何美惠，叶彩红．小学科学学业评价原则和实践要点：以探究性试题编制为例［J］．课程•教材•教法，2020，40（7）：124-129.

[21] 何善亮．在学科教学中开展 STEAM 教育的有效策略［J］．天津师范大学学报（基础教育版），2020，21（3）：1.

[22] 何秀超．着力规范学校办学 全面优化育人环境［J］．中国教育学刊，2018（12）：56-59.

[23] 侯红梅，顾建军．我国小学劳动教育课程的时代意蕴与建构［J］．课程・教材・教法，2020，40（2）：4-11.

[24] 胡锦涛．坚持把教育摆在优先发展战略地位 努力办好让人民群众满意的教育［N］．光明日报，2006-08-31（001）.

[25] 胡敏．新时代全面深化改革的成就、路径和方法论意义述要［J］．成都行政学院学报，2021（6）：4-13，33.

[26] 黄济．对教育本质的再认识［J］．中国教育学刊，2008（9）：1-4，23.

[27] 黄家骅．面向教育现代化的新优质学校建设［J］．福建基础教育研究，2022（7）：17-23.

[28] 吉兆麟．学校管理文化的消极失范及其对策［J］．江苏教育学院学报（社会科学版），1999（1）：24-26.

[29] 姜翠翠．"互联网 +"背景下潍坊银行业务模式研究［D］．青岛：青岛科技大学，2016.

[30] 习近平．交流互鉴，使文明充满生命力 习近平主席在联合国教科文组织总部发表演讲［J］．中国宗教，2014（4）：2.

[31] 金生鈜．教育何以是治疗：兼论教育与人的健康的关系［J］．教育研究，2020，41（9）：34-44.

[32] 康均心．论延安精神与构建和谐校园［J］．华中农业大学学报（社会科学版），2006（5）：22-28，32.

[33] 蓝均政．中小学智慧校园建设的探索［J］．教育信息技术，2020（Z1）：142-144.

[34] 雷朝滋．智慧教育是中国教育自身发展的需要[J]．中国馆教育网络，2019(9)：65.
[35] 李春阳，宋娅．智慧校园建设中的智慧课堂新探[J]．中小学管理，2020(6)：48-49.
[36] 李刚．科学大概念的课程转化研究：以小学科学课程中的能量大概念为例[D]．长春：东北师范大学，2019.
[37] 李刚．围绕大概念的STEAM整合课程建构与应用研究[J]．天津师范大学学报(基础教育版)，2022，23(2)：64.
[38] 李晶晶．高职院校党团一体化建设实践路径探析：以嘉兴职业技术学院为例[J]．办公室业务，2022(6)：80-81.
[39] 李铁安．让课堂彰显育人的本体功能[J]．教育研究，2018，39(10)：85-92.
[40] 刘广浩．中华优秀传统文化的育人价值及其实现路径探析：基于高校思想政治教育的视角[J]．职业技术，2021(3)：71-75.
[41] 刘辉．教育学视角下高校"时代新人"培育研究新探[J]．老区建设，2020，541(2)：84-89.
[42] 刘建德．大力弘扬延安精神 办人民满意的大学[J]．高校理论战线，2005(10)：41-42.
[43] 刘润为．红色文化：中国人的精神脊梁[J]．红旗文稿，2013(18)：4-9.
[44] 刘志军，徐彬．新课标下课程与教学评价方式变革的挑战与应对[J]．课程•教材•教法，2022，42(8)：4-10，24.
[45] 柳海民，邹红军．高质量：中国基础教育发展路向的时代转换[J]．教育研究，2021，42(4)：11-24.
[46] 鲁洁．教育：人之自我建构的实践活动[J]．教育研究，1998(9)：13-19.
[47] 陆永胜．王阳明"知行合一"的理论效力与实践能力[J]．江淮论坛，2020(6)：106-113，197.
[48] 罗爽．论高等学校法人制度的根本性质及其意义[J]．高等教育研究，2014(3)：15-24.
[49] 马恋．改革开放以来我国基础体育教育改革价值取向变迁的研究[D]．长沙：湖南师范大学，2015.
[50] 慕玮，杨春平．论高职院校师资队伍整合的出发点及路径[J]．黑龙江高教研究，2017(3)：138-140.
[51] 欧阳子豪．学科核心素养的融通培养：现实诉求和基本策略[J]．中国教育学刊，2022(2)：34-39，98.

[52] 潘洪亮. 中小学综合科学课程设计的理念与策略[J]. 教育发展研究，2002(2)：77-79.

[53] 齐卫平."两学一做"常态化战略意义的三个认识维度[J]. 江苏行政学院学报，2017(6)：80-84.

[54] 任辉，韦丽. 越南新一轮小学生评价：体系框架、特征及启示[J]. 中国考试，2022(4)：57-65.

[55] 申纪云. 育人为本理念中的高校学生管理[J]. 中国高等教育，2007(10)：8-11.

[56] 沈亚萍. 融合：STEAM课程校本化实施的有效尝试[J]. 教育理论与实践，2021，41(35)：43-45.

[57] 宋时春. 论课程育人的三种逻辑与当代选择[J]. 教育科学研究，2021(12)：56-61.

[58] 孙刚成，宋晓鸽. 新中国成立以来的劳动教育政策演变分析[J]. 湖南第一师范学院学报，2021，21(4)：35-40，71.

[59] 孙科技."精准施策"理念下教育政策执行质量提升路径研究[J]. 宏观质量研究，2022，10(1)：83-93.

[60] 谭芳丽. 党建带团建指导思想下的班团一体化运行机制建设[J]. 产业与科技论坛，2022，21(17)：283-284.

[61] 唐斌，朱永新. 杜威"教育即生活"本真意义及当代启示[J]. 中国教育学刊，2011(10)：84-87.

[62] 田伟，辛涛，胡卫平. 义务教育阶段的科学教育：关键问题与对策建议[J]. 北京师范大学学报(社会科学版)，2021(3)：82-91.

[63] 田扬斯. 试析如何把握全程育人全方位育人的着力点[J]. 学校党建与思想教育，2017(3)：80-81.

[64] 铁翠香."互联网+"时代的价值共创路径探讨[J]. 现代传播(中国传媒大学学报)，2016，38(12)：76-79.

[65] 汪信砚. 习近平对马克思主义哲学的创造性运用和创新性发展[J]. 求是学刊，2022，49(4)：1-10.

[66] 王东红，高雪. 新时代高校管理育人：内涵、特征及优化路径[J]. 现代教育管理，2021(11)：19-25.

[67] 王娇娥. 学校共同体探析[J]. 学园，2014(12)：24-25.

[68] 王敬良. 小学骨干教师省级培训课程、师资整合的实践与思考[J]. 山东教育学院学报，2002(2)：26-27.

[69] 王炯. 新形势下做好企业档案编研工作的几点建议[J]. 城市建设理论

研究：电子版，2012（35）：1-5.
[70] 王俊杰．由“学校人”向“系统人”转变：弋江区在全省率先实施教师无校籍管理[N]．大江晚报，2014-04-15（WBA06）.
[71] 王梦云，金杜娟．心灵教育：成人教育本质之所在[J]．河北大学成人教育学院学报，2021，23（1）：34-40.
[72] 王南方．促进人的发展：理想教育的本质使命[J]．教育与现代化，2007（3）：11-15.
[73] 王胜本，李鹤飞，刘旭东．构建新时代高质量服务育人体系[J]．中国高等教育，2021，675（17）：50-52.
[74] 王胜本，刘旭东，李鹤飞．新时代高校服务育人：重要价值、优化图景、推进路向[J]．国家教育行政学院学报，2021（11）：53-59.
[75] 王天平，闫君子．智慧课堂的概念诠释与本质属性[J]．电化教育研究，2019（11）：7.
[76] 王卫军．新形势下“三全育人”落实机制的构建思路与要点[J]．课程教学研究，2020（8）：66-72，80.
[77] 吴晶，胡浩．习近平在全国教育大会上强调 坚持中国特色社会主义教育发展道路 培养德智体美劳全面发展的社会主义建设者和接班人[J]．人民教育，2018（18）：6-9.
[78] 吴康宁．教育改革成功的基础[J]．教育研究，2012（1）：24-31.
[79] 向晶．追寻目标：学生幸福的教育关照[J]．全球教育展望，2014，43（11）：17-24.
[80] 项红专．文化育人：背景、意涵与路径[J]．教育科学研究，2018（8）：13-17，23.
[81] 谢登斌，文建章．中小学治理能力现代化的困境及其消解路径[J]．中国教育科学（中英文），2022，5（4）：72-82.
[82] 谢凡．走向“协同共生”的学校管理变革[J]．中小学管理，2021（11）：1.
[83] 辛涛，姜宇，林崇德，等．论学生发展核心素养的内涵特征及框架定位[J]．中国教育学刊，2016（6）：3-7.
[84] 徐彬，刘志军．指向核心素养的课程评价探析[J]．课程·教材·教法，2019，39（7）：21-26.
[85] 徐光斌．以先进理念和科学决策促小学校长管理[J]．求知导刊，2020（42）：95-96.
[86] 徐永健，李盼．试论红色文化资源与大学生思想政治教育的内在关联[J]．思想教育研究，2016（12）：84-88.

[87] 许杰. 教育治理中的学校主体建构 [J]. 教育科学研究，2015(11)：19-23.

[88] 薛源. 课程评价中学生的主体性特征探析 [J]. 全球教育展望，2005，34(1)：56-59，9.

[89] 严艳. 注重课堂评价凸显激励功能 [J]. 福建论坛(社科教育版)，2007(3)：63-64.

[90] 杨程. 校风校纪是立德树人的重要抓手 [J]. 教书育人(校长参考)，2019(17)：1.

[91] 杨德军，江峰. 课程整体育人的价值取向与实践路径 [J]. 课程•教材•教法，2021，41(6)：21-28.

[92] 杨庭颂. 庄子哲学及其教育思想论：评《庄子的心灵教育》[J]. 中国教育学刊，2022(1)：111.

[93] 杨晓慧. 高等教育“三全育人”：理论意蕴、现实难题与实践路径 [J]. 中国高等教育，2018，613(18)：4-8.

[94] 杨晓萍，杨柳玉，杨雄. 幼儿园科学教育融入 STEAM 教育的核心价值与实施路径 [J]. 天津师范大学学报(基础教育版)，2018，19(4)：72.

[95] 杨晓奇. 教师教育研究的理论自觉及其提升 [J]. 高校教育管理，2018，12(4)：95-102.

[96] 杨修平. 论“课程育人”的本质 [J]. 大学教育科学，2021(1)：60-70.

[97] 杨志明，丁港，彭丽仪. 考试与评价的国际经验与启示 [J]. 中国考试，2021(1)：29-36.

[98] 叶澜. 探教育之所“是”，创学校全面育人新生活：新时期“新基础教育”研究再出发 [J]. 人民教育，2018(Z2)：10-16.

[99] 游旭群，靳玉乐，李森，等. 新时代教师教育高质量发展大有作为 [J]. 高校教育管理，2022，16(5)：1-21.

[100] 俞可平. 治理和善治：一种新的政治分析框架 [J]. 南京社会科学，2001(9)：40-44.

[101] 张华. 教育信息化背景下智慧校园的建设 [J]. 教学与管理，2019(36)：33-35.

[102] 张华. 论核心素养的内涵 [J]. 全球教育展望，2016(4)：10-24.

[103] 张坤媛. “互联网 + 高等教育”创新发展研究 [J]. 中国成人教育，2016(10)：30-33.

[104] 张瑞，刘志军. 教师：不可或缺的课程评价主体 [J]. 课程•教材•教法，2008(8)：11-16.

[105] 张卫国．以高质量教师教育造就新时代“大国良师”[J]．人民教育，2022（11）：29-32.
[106] 张旸，杨正宇，陈凡．中西部基础教育评价改革：困境与突破［J］．中国考试，2022（9）：39-46.
[107] 张宇．初论学校管理中的全过程民主［J］．中小学管理，2022（3）：30-33.
[108] 赵德成，曹宗清，张颖怡．现代学校治理新思考：一个五维度综合分析框架［J］．中小学管理，2021（4）：9-13.
[109] 赵婀娜，黄超，吴月，等．“努力做祖国和人民需要的好孩子”：习近平总书记这样寄语少年儿童［J］．人民周刊，2022（10）：26-30.
[110] 赵磊磊，代蕊华，赵可云．人工智能场域下智慧校园建设框架及路径［J］．中国电化教育，2020（8）：100-106，133.
[111] 中共中央 国务院关于全面加强新时代大中小学劳动教育的意见［N］．人民日报，2020-03-27（001）.
[112] 钟良．党团队“六个一体化”建设培养合格建设者和可靠接班人［J］．中国共青团，2020（6）：71-73.
[113] 周彬．论回归立德树人的课堂教学建构［J］．中国教育学刊，2020（4）：48-53.
[114] 朱金平．学校教研的互嵌式关系［J］．教育理论与实践，2021，41（5）：15-18.
[115] 朱郁华．学情分析：教师新的教学基本功［J］．教学与管理，2013（22）：22-23.
[116] 庄惠芬，潘莉．小学“进阶式劳动课程群”的建构与实践［J］．劳动教育评论，2020（2）：128-145.

三、网络文献类

[1] Bộ Giáo dục và Đào tạo. Quy định đánh giá học sinh tiau học[EB/OL].（2020-09-04）[2021-06-26]. https://moet.gov.vn/van-ban/vanban/Pages/chi-tiet-van-ban.aspx?ItemID=1365. 小学劳动教育体系课程化实地观察［EB/OL］. https://wenku.baidu.com/view/e16ee36e667d27284b73f242336c1eb91b37337a.html.
[2] 张晓松．习近平：中国的民主是一种全过程的民主［EB/OL］.（2019-11-03）[2022-02-20]. https://baijiahao.baidu.com/s?id=1649154966826521697&wfr=spider&for=pcl.
[3] 中共中央 国务院印发《深化新时代教育评价改革总体方案》[A/OL].

（2020-10-13）[2021-06-26]. http:// www. gov. cn/zhengce/2020-10/13/content_5551032. htm.

[4] 中共中央办公厅．关于建立中小学校党组织领导的校长负责制的意见（试行）[EB/OL].（2022-01-27）[2022-02-20]. https://baijiahao. baidu. com/s？ id=1723056018789989098&wfr.

[5] 中华人民共和国教育部. 教育部关于印发《中小学德育工作指南》的通知[EB/OL].（2017-08-22）[2021-06-23]. http://www. moe. gov. cn/srcsite/A06/s3325/201709/t20170904-313128. html.

[6] 中华人民共和国教育部. 中华人民共和国家庭教育促进法[EB/OL]. [2021-11-23]. http://www. moe. gov. cn/jyb_sjzl/sjzl_zcfg/zcfg_qtxgfl/202110/t20211025_574749. html.